迷わず学ぶ
認知行動療法
ブックガイド

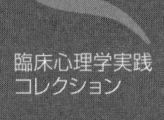

臨床心理学実践
コレクション

下山晴彦／林潤一郎 編

岩崎学術出版社

目次

イントロダクション――認知行動療法を学ぶための読書案内

1. はじめに …………………………………………………………… 13
2. 心理力動学派の心理療法から認知行動療法に発展するために … 14
   「臨床心理学をまなぶ1 これからの臨床心理学」「心理療法の統合を求めて」
3. クライエント中心療法から認知行動療法に発展するために …… 15
   「心理療法におけることばの使い方」「方法としての動機づけ面接」
4. 認知行動療法のアセスメントとケース・フォーミュレーションを学ぶために ………………………………………………………… 17
   「臨床心理アセスメント入門」
5. おわりに …………………………………………………………… 19
   「専門職としての臨床心理士」「(認知) 行動療法から学ぶ精神科臨床ケースプレゼンテーションの技術」

第Ⅰ部　認知行動療法の基本　21

第1章　認知行動療法の全体像を知る

01 認知行動療法を学ぶ ……………………………………………… 24
下山晴彦編

02 認知行動療法臨床ガイド ………………………………………… 26
D・ウェストブルック，H・ケナリー，J・カーク著　下山晴彦監訳

03 新世代の認知行動療法 …………………………………………… 28
熊野宏昭著

第2章　行動療法を学ぶ

04 新行動療法入門 …………………………………………………… 30
宮下照子，免田 賢著

05 方法としての行動療法 ……………………………………… 32
　山上敏子著

06 神経症の行動療法——新版　行動療法の実際 …………… 34
　J・ウォルピ著　内山喜久雄監訳

第3章　認知療法を学ぶ

07 認知行動療法入門——短期療法の観点から ……………… 36
　B・カーウェン, S・パーマー, P・ルデル著　下山晴彦監訳

08 認知療法実践ガイド 基礎から応用まで
　——ジュディス・ベックの認知療法テキスト ……………… 38
　J・S・ベック著　伊藤絵美, 神村栄一, 藤澤大介訳

09 認知療法——精神療法の新しい発展 ……………………… 40
　A・T・ベック著　大野　裕訳

第4章　第3世代の認知行動療法を学ぶ

10 臨床行動分析のABC ………………………………………… 42
　J・ランメロ, N・トールネケ著　松見淳子監修, 武藤　崇, 米山直樹監訳

11 マインドフルネス認知療法——うつを予防する新しいアプローチ …… 44
　Z・V・シーガル, J・M・G・ウィリアムズ, J・D・ティーズデール著　越川房子監訳

12 認知行動療法家のためのACTガイドブック ……………… 46
　J・V・チャロッキ, A・ベイリー著　武藤　崇, 嶋田洋徳訳

第5章　エビデンスベイスト・アプローチに基づく
各障害の認知行動理論を学ぶ

13 認知臨床心理学入門——認知行動アプローチの実践的理解のために … 48
　W・ドライデン, R・レントゥル編　丹野義彦監訳

14 認知行動療法の科学と実践 ………………………………… 50
　D. M. Clark, C. G. FairBurn 編　伊豫雅臣監訳

15 エビデンスベイスト心理治療マニュアル …………………… 52
　V・B・V・ハッセル, M・ハーセン編著　坂野雄二, 不安・抑うつ臨床研究会編訳

第Ⅱ部　認知行動療法を実践する　55

第6章　行動療法を基盤として認知行動療法を実践する

16 山上敏子の行動療法講義 with 東大・下山研究室 …………… 58
山上敏子，下山晴彦著

17 はじめての応用行動分析—日本語版 第2版…………………… 60
P・A・アルバート，A・C・トルートマン著　佐久間徹，谷 晋二，大野裕史訳

18 行動変容法入門 ………………………………………………… 62
R・G・ミルテンバーガー著　園山繁樹，野呂文行，渡部匡隆，大石幸二訳

19 実践家のための認知行動療法テクニックガイド
　　　—行動変容と認知変容のためのキーポイント ……………… 64
坂野雄二監修　鈴木伸一，神村栄一著

20 強迫性障害の行動療法 ………………………………………… 66
飯倉康郎編著

第7章　認知療法を基盤として認知行動療法を実践する

21 認知行動療法を始める人のために …………………………… 68
D・R・レドリー，B・マルクス，R・ハイムバーグ著　井上和臣監訳　黒澤麻美訳

22 CBTカウンセリング　認知療法・認知行動療法カウンセリング
　　初級ワークショップ …………………………………………… 70
伊藤絵美著

23 認知療法・認知行動療法　治療者用マニュアルガイド ……… 72
大野 裕著

24 認知行動療法トレーニングブック（DVD付）………………… 74
J. H. Wright, M. R. Basco, M. E. Thase 著　大野 裕訳

25 認知行動療法トレーニングブック—統合失調症・双極性障害・難治性
　　うつ病編（DVD付）…………………………………………… 76
J.H. Wright, D.Turkington, D.G. Kingdon, M.R. Basco 著　古川壽亮監訳　木下善弘，木下久慈訳

第8章　第3世代の認知行動療法を実践する

26 30のキーポイントで学ぶ マインドフルネス認知療法入門
　　—理論と実践 …………………………………………………… 78

R・クレーン著　大野　裕監修　家接哲次訳

27 弁証法的行動療法実践トレーニングブック
　　　――自分の感情とよりうまくつきあってゆくために ………………… 80
　　M・マッケイ，J・C・ウッド，J・ブラントリー著　遊佐安一郎，荒井まゆみ訳

28 ACT（アクセプタンス＆コミットメント・セラピー）をはじめる
　　　――セルフヘルプのためのワークブック …………………………… 82
　　S・C・ヘイズ，S・スミス著　武藤　崇，原井宏明，吉岡昌子，岡嶋美代訳

29 ACT（アクセプタンス＆コミットメント・セラピー）をまなぶ
　　　――セラピストのための機能的な臨床スキル・トレーニング・マニュアル 84
　　J・B・ルオマ，S・C・ヘイズ，R・D・ウォルサー著　熊野宏昭，高橋　史，武藤　崇監訳

第9章　子どもと若者のための認知行動療法を実践する

30 子どもと若者のための認知行動療法
　　　――上手に考え，気分はスッキリ ……………………………………… 86
　　P・スタラード著　下山晴彦監訳／松丸未来，下山晴彦，P・スタラード著

31 認知行動療法による子どもの強迫性障害治療プログラム
　　　――OCDをやっつけろ！ ……………………………………………… 88
　　J・S・マーチ，K・ミュール著　原井宏明，岡嶋美代訳

32 子どもと家族の認知行動療法（シリーズ全5巻） ……………………… 90
　　P・スタラード編　下山晴彦監訳

第Ⅲ部　認知行動療法の技法を学ぶ　93

第10章　動機づけ面接を学ぶ

33 熟練カウンセラーをめざすカウンセリング・テキスト ………… 96
　　G・イーガン著　鳴澤　實，飯田　栄訳

34 動機づけ面接法――基礎・実践編 ……………………………………… 98
　　W・R・ミラー，S・ロルニック著　松島義博，後藤　恵訳

35 動機づけ面接法実践入門――あらゆる医療現場で応用するために ……100
　　S・ロルニック，W・R・ミラー，C・C・バトラー著　後藤　恵監訳，後藤　恵，荒井まゆみ訳

第11章 ケースフォーミュレーションを学ぶ

36 認知行動療法ケースフォーミュレーション入門 ……………… 102
M・ブルック, F・W・ボンド編著　下山晴彦編訳

37 認知行動療法におけるレジリエンスと症例の概念化 …………… 104
W・クイケン, C・A・パデスキー, R・ダッドリー著　大野　裕監訳

38 認知行動療法実践ワークショップⅠ──ケースフォーミュレーション編
　　（1）インテーク面接・初回セッション・応急処置 ……………… 106
伊藤絵美著

39 ACT（アクセプタンス＆コミットメント・セラピー）を実践する
　　──機能的なケース・フォーミュレーションにもとづく臨床行動分析的アプローチ ……………………………………………………… 108
P・A・バッハ, D・J・モラン著　武藤　崇, 吉岡昌子, 石川健介, 熊野宏昭監訳

第12章 介入デザインの実際を学ぶ

40 ケース概念化による認知行動療法・技法別ガイド
　　──問題解決療法から認知療法まで …………………………… 110
中野敬子著

41 認知行動療法における事例定式化と治療デザインの作成
　　──問題解決アプローチ ………………………………………… 112
A・M・ネズ, C・M・ネズ, E・R・ロンバルド著　伊藤絵美監訳

42 事例で学ぶ認知行動療法 …………………………………………… 114
伊藤絵美著

43 対人援助職のための認知・行動療法
　　──マニュアルから抜け出したい臨床家の道具箱 …………… 116
原井宏明著

第13章 さまざまな介入技法を学ぶ

44 リラクセーション法の理論と実際
　　──ヘルスケア・ワーカーのための行動療法入門 …………… 118
五十嵐透子著

45 マインドフルネスストレス低減法 ……………………………… 120
J・カバットジン著　春木　豊訳

46 読んでわかるSSTステップ・バイ・ステップ方式

　　　　　―2DAYS ワークショップ ……………………………… 122
　　　　熊谷直樹，天笠　崇，加瀬昭彦，岩田和彦監修　佐藤幸江著

　　47　強迫性障害を自宅で治そう！
　　　　　―行動療法専門医がすすめる，自分で治せる「3週間集中プログラム」 124
　　　　E・B・フォア，R・ウィルソン著　片山奈緒美訳

　　48　PTSDの持続エクスポージャー療法
　　　　　―トラウマ体験の情動処理のために ……………………… 126
　　　　E・B・フォア，B・O・ロスバウム，E・A・ヘンブリー著　金　吉晴，小西聖子監訳

　　49　改訂版 アサーション・トレーニング
　　　　　―さわやかな〈自己表現〉のために ……………………… 128
　　　　平木典子著

第14章　集団で実施する技法を学ぶ

　　50　認知行動療法を身につける
　　　　　―グループとセルフヘルプのためのCBTトレーニングブック ……… 130
　　　　伊藤絵美・石垣琢麿監修　大島郁葉・安元万佑子著

　　51　集団認知行動療法実践マニュアル ……………………………… 132
　　　　中島美鈴，奥村泰之編集　関東認知行動療法研究会著

　　52　さあ！はじめよう　うつ病の集団認知行動療法（DVD付） ……… 134
　　　　松山　剛，大野　裕監修　岡田佳詠，田島美幸，中村聡美著

　　53　うつ病の集団認知行動療法実践マニュアル
　　　　　―再発予防や復職支援に向けて …………………………… 136
　　　　鈴木伸一，岡本泰昌，松永美希編　松永美希，吉村晋平，国里愛彦，鈴木伸一著

　　54　統合失調症のための集団認知行動療法 ………………………… 138
　　　　E・ウィリアムズ著　菊池安希子監訳

第Ⅳ部　問題に適した方法を活用する　141

第15章　不安障害への適用

　　55　不安障害の認知行動療法（1）パニック障害と広場恐怖―不安障害
　　　　から回復するための治療者向けガイドと患者さん向けマニュアル …… 144
　　　　G・アンドリュース，M・クリーマー，R・クリーノ，他著　古川壽亮監訳

56 不安障害の認知行動療法（2）社会恐怖――不安障害から回復するための治療者向けガイドと患者さん向けマニュアル ･･････････････ 146
G・アンドリュース，M・クリーマー，R・クリーノ，他著　古川壽亮監訳

57 不安障害の認知行動療法（3）強迫性障害とPTSD――不安障害から回復するための治療者向けガイドと患者さん向けマニュアル ･･････････ 148
G・アンドリュース，M・クリーマー，R・クリーノ，他著　古川壽亮監訳

58 対人恐怖とPTSDへの認知行動療法
　　――ワークショップで身につける治療技法 ･･････････････････････ 150
D・M・クラーク，A・エーラーズ著　丹野義彦編/監訳

第16章　うつ病への適用

59 新版 うつ病の認知療法 ･･ 152
A・T・ベック，A・J・ラッシュ，他著　坂野雄二監訳　神村栄一，清水里美，前田基成訳

60 うつ病の行動活性化療法
　　――新世代の認知行動療法によるブレイクスルー ････････････････ 154
C・R・マーテル，M・E・アディス，N・S・ジェイコブソン著　熊野宏昭，鈴木伸一監訳

61 慢性うつ病の精神療法―― CBASPの理論と技法 ･･････････････････ 156
J・P・マカロウ著　古川壽亮，大野 裕，岡本泰昌，鈴木伸一監訳

第17章　発達障害・知的障害への適用

62 発達障害・不登校の事例に学ぶ行動療法を生かした支援の実際 158
小野昌彦，奥田健次，柘植雅義編

63 応用行動分析で特別支援教育が変わる
　　――子どもへの指導方略を見つける方程式 ･･････････････････････ 160
山本淳一，池田聡子著

64 わかりやすい発達障がい・知的障がいのSST実践マニュアル ･･････ 162
瀧本優子，吉田悦規編

65 お母さんの学習室
　　――発達障害児を育てる人のための親訓練プログラム ････････････ 164
山上敏子監修

第18章　統合失調症への適用

66 統合失調症の認知行動療法 ････････････････････････････････････ 166

D・G・キングトン，D・ターキングトン著　原田誠一訳

67 わかりやすい SST ステップガイド　第2版
　　──統合失調症をもつ人の援助に生かす〈上巻〉基礎・技法編 ……… 168
　　A・S・ベラック，S・ギンガリッチ，K・T・ミューザー，他著　熊谷直樹，岩田和彦，天笠　崇訳

68 統合失調症を理解し支援するための認知行動療法 ………………… 170
　　D・ファウラー，P・ガレティ，E・カイパース著　石垣琢麿，丹野義彦監訳

第19章　パーソナリティ障害への適用

69 弁証法的行動療法実践マニュアル
　　──境界性パーソナリティ障害への新しいアプローチ ………… 172
　　M・M・リネハン著　小野和哉監訳

70 パーソナリティ障害の認知療法──スキーマ・フォーカスト・アプローチ
　　（CD-ROM 付）………………………………………………………… 174
　　J・E・ヤング著　福井　至，貝谷久宣，不安・抑うつ研究会監訳

71 自傷行為治療ガイド …………………………………………………… 176
　　B・W・ウォルシュ著　松本俊彦，山口亜希子，小林桜児訳

第20章　不眠・摂食障害・疼痛への適用

72 不眠症の認知行動療法──治療者向けマニュアル（CD-ROM 付） …… 178
　　J・D・エディンガー，C・E・カーニィ著　北村俊則監訳　坂田昌嗣訳

73 摂食障害の認知行動療法 ……………………………………………… 180
　　C.G. Fairburn 著　切池信夫監訳

74 慢性疼痛の治療：治療者向けガイド──認知行動療法によるアプローチ
　　………………………………………………………………………… 182
　　J・D・オーティス著　伊豫雅臣，清水栄司監訳

おわりに　*184*
原書一覧　*186*
事項索引　*191*
人名索引　*196*

迷わず学ぶ
認知行動療法ブックガイド

イントロダクション
──認知行動療法を学ぶための読書案内

1．はじめに

　認知行動療法（CBT）は，世界的観点でみるならば，今やメンタルヘルス活動の中心的方法となっています。英米圏をはじめとする諸外国では，効果研究の結果，CBTの有効性が確認され，さまざまな領域で活用されています。これまで導入が遅れていた日本でも，2010年よりうつ病に対するCBTの保険適用が認められ，精神医療における重要性が増してきました。そこで，メンタルヘルスの一翼を担う心理職においてもCBTを活用できることが緊急の課題となっています。

　近年，このような課題に応えるために日本でも，英米圏で出版されているCBTの書物を翻訳することを通して紹介がされてきました。しかし，その多くが特定の立場や技法に偏っていることが多く，体系的にCBTの全体を学ぶことが難しくなっています。特にCBTにおいては第1世代，第2世代，第3世代と発展してきているために，その全体の構造を踏まえた上で，体系的に理論と技法を学ぶことが必要となりますが，そのような視点から学習過程を解説した書物はほとんどみられません。そのため，読者や学習者の側で混乱が起きています。

　そこで，CBTに関連して日本語で出版されている多数の書籍の中から代表的な良書を選択し，それらをCBTの体系に基づいて整理して紹介し，読者がCBTを正しく理解するためのブックガイドが必要であると考え，本書の編集を思い立ちました。具体的には，CBTの専門書籍をテーマごとに下位分類し，学習段階に応じて体系的に整理し，1冊ごとに見開き2頁にまとめ，全体を構成するものとしました。

　第1章では，CBTにあまりなじみのない読者が，本書で採用された専門書籍を読みこなすための基礎知識と，そのために参考となる書物を紹介することにします。

2. 心理力動学派の心理療法から認知行動療法に発展するために

　日本の臨床心理学においては，その発展の歴史的経緯から現在においても精神分析学やユング心理学といった心理力動学派の心理療法の人気が根強いといえます。特に大学院で臨床心理学を教える教員の多くが自ら学生時代に学んだ心理療法をそのまま教える傾向が強いことが，日本において心理力動学派が強い影響力を及ぼしていることの主な要因と考えられます。その犠牲になっているのが，若い学生です。現場に出て初めて，大学院で学んだことの多くが実際には役立たないことを知ることになります。そして，CBT など，現場で求められている方法については，卒後研修で身銭を切って学ぶことを余儀なくされるのです。学会や臨床心理士会の CBT の研修会に多くの参加者が殺到するのは，このような理由によるわけです。

　このような現状において，なぜ世界の臨床心理学において CBT が中心的技法になっているのか，なぜ日本の臨床心理学においては未だに心理力動学派の心理療法の人気が根強く残っているのかを知ることが，CBT を学ぶ心の準備を整えることになります。この点に関しては，『**臨床心理学をまなぶ1　これからの臨床心理学**』[1]を読むことをお勧めします。同書を読むことによって，臨床心理学の時代的発展の中に CBT を位置づけることが可能となり，その方法論的意義が理解できます。読者は，現代社会において CBT を学び，実践することの意味について納得できます。それとともに CBT のような，個人主義に立脚する方法を集団主義傾向の強い日本社会に導入する難しさも併せて理解できます。日本文化を生きる私たちが，CBT を適切に学び，そして実践することの意味と態度を身につける上で，上掲書を読むことが役立つでしょう。

　次に理論的な面で心理力動学派になじんだ読者が CBT の理論を学ぶためには，1つの壁を乗り越えなければなりません。なぜならば，心理力動学派は，比較的自己の方法の体系に閉じる傾向が強いからです。他の方法と相容れない傾向が強いのです。そのため最初に心理力動学派の心理療法を学んだ人は，その方法に忠誠を誓うかのごとく，他の方法に開かれ，発展していくことが難しくなります。そこで重要となるのが，CBT は，心理力動学派の心理療法と決して異なるものではなく，むしろ共通の基盤をもっていることを知ることです。実際に両者を統合するモデルが提案されています。

　そこで，その統合的モデルを採用することで幅広い実践への応用が可能とな

イントロダクション　15

『臨床心理学をまなぶ1
これからの臨床心理学』
下山晴彦著

『心理療法の統合を求めて
─精神分析・行動療法・家
族療法』
P・ワクテル著

ります。そのために役立つのが，『**心理療法の統合を求めて―精神分析・行動療法・家族療法**』②です。同書では，まず第1部で精神分析と行動療法に関して，歴史的，理論的，技法的な観点から両者の異同を検討し，第2部では関係論的世界の観点から精神分析からCBTや家族システム論を含む統合モデルが提案されています。読者は，精神分析の発展系としてCBTや家族療法を統合することは十分に可能であり，それによって心理療法の有効性を高められることを理解できるでしょう。それは，学習を精神分析からCBTへと発展させることの合理的理由を理解することにつながります。

3．クライエント中心療法から認知行動療法に発展するために

　わが国は，クライエント中心療法のカンセリングを実践している者も多いといえます。そこでは，クライエントの内的世界への共感が何よりも重視されます。日本文化においては，個人主義の西欧文化圏の人々とは異なり，所属する集団の意向に留意し，周囲との関係に敏感に対応することが強く求められます。常に周囲に気を使い，表と裏を使い分ける態度が必要とされているといえます。そのため，表面は社交的であっても，内心は相手の気持ちを読むことに腐心しており，本当の意味でフランクに心を開かないのが日本人の特徴ともいえます。このような文化的特徴から，まずはクライエントに共感的理解を示し，安心して心を開いてもらうことが心理療法の実践において特に必要となっており，その点でクライエント中心主義に基づく共感が重視されることになるわけです。

　クライエント中心療法の立場の心理職の中には，CBTは，一方的にクライエントに指示を出す方法なので，共感を大切にする方法とは相容れないという誤解をもっている人が少なからずいます。確かにCBTでは，それぞれの問題に適した介入プログラム（マニュアルやプロトコル）が開発されており，そのプログラムに基づく介入方針をクライエントに提示し，次回の面接までにクラ

③
『心理療法におけることばの使い方―つながりをつくるために』
L・ヘイヴンズ著

④
『方法としての動機づけ面接―面接によって人と関わるすべての人のために』
原井宏明著

イエントが実行してくる宿題を提案するという手続きをとります。この点では，セラピストの側のリーダーシップが前提とされており，クライエント中心療法の受動性とは異なる面があるといえます。

そのため，CBT は，クライエントの語りを傾聴するクライエント中心療法とは反対の極にあるものといった理解もみられるわけです。しかし，実際に CBT を的確に実施するためには，クライエント中心療法の技法を積極的に活用することが前提となっているのです。なぜならば，CBT においては，クライエントの主体的参加が前提となっているからです。そのためにクライエントの語りを共感的に"聴く"ことが何よりも重要となります。その点でクライエント中心療法の，反射や明確化の技法をきっちりと活用できることが求められるのです。

このように，心理力動学派の心理療法だけでなく，クライエント中心療法についても CBT と共通基盤があります。むしろ，クライエント中心療法の共感技法をしっかりと習得していることが，CBT の適切な実践の前提となるのです。そこで重要となるのが，共感的技法と心理力動的分析技法から CBT に発展的に移行する道筋です。多くの日本の心理職は，せっかく共感的技法や心理力動的分析技法を習得していながら，その枠内に留まって CBT まで発展できないで停滞してしまっています。

このような停滞を打ち破り，自由に共感技法，分析技法，認知行動療法技能を使いこなす道筋を示す書物として推薦したいのが，『心理療法におけることばの使い方―つながりをつくるために』③です。同書では，第１部で"共感のことば"を，第２部で"対人関係のことば"，第３部で"行為のことば"を解説し，それらを統合的に用いることによって，難しい事例にも対応できることを具体的な"ことばの使い方"を挙げて示しています。"共感のことば"はクライエント中心療法の共感技法，"対人関係のことば"は心理力動学派の対象関係論

や対人関係論の分析・解釈技法，"行為のことば"はCBTの技能と関連してきます。ですので，本書を読むことで，技法論も含めて共感技法，分析・解釈技法，CBTの諸技法を自由に使いこなすことが可能となります。

　なお，CBTを実施しようとするあまり，クライエントの語りをしっかりと聴きとれていない場合には，ケース・フォーミュレーションのために必要な情報を収集できないだけでなく，介入を継続して行うための土台になるクライエントの動機づけ，積極的な参加，そしてセラピストとクライエントの協働関係を形成できません。したがって，CBTの適切な実践には，クライエント中心療法の学習が前提とされているのです。CBTから学習を開始した人は，逆にこの部分が欠落しているために，動機づけの希薄な難しい事例に対して，CBTを柔軟に活用できなくなってしまうという問題が見られます。

　そこで，CBTを本格的に学ぶことを望む読者は，クライエント中心療法の共感技法をCBTの動機づけ面接技法として活用するための方法を習得する必要があります。この方法を具体的に説明しているのが，『**方法としての動機づけ面接――面接によって人と関わるすべての人のために**』[4]です。困難事例に対して共感技法を有効に使い，CBTの技能を高めたい読者には，お勧めの一書です。

4．認知行動療法のアセスメントとケース・フォーミュレーションを学ぶために

　CBTを本格的に学ぶ際に知っておかなければならないことがあります。それは，CBTは，理論的にも技法的にも決して一枚岩ではないということです。図1に示したように歴史的に見ても，第1世代と呼ばれる行動理論の系譜（1）と，第2世代と呼ばれる認知理論の系譜（2）が重なり合って成立したものです。それに加えてまず，最近では第3の波（3）と呼ばれる新たな動向（第3世代）も大きな影響力をもつようになっています。しかも，その第3世代のCBTは，日本オリジナルの心理療法である森田療法とも通じる要素が多いという，文化論的にも非常に興味深い発展を遂げています。

　したがって，CBTを学ぶ上では，今自分が多様なCBTの系譜の中でどの部分を学んでいるのかを認識できないと，混乱が生じます。同じCBTであっても，系譜が異なると理論的一貫性が保たれていない可能性があります。そこで，どのような理論的系譜の上にあるものかを意識して学習していくことが大切にな

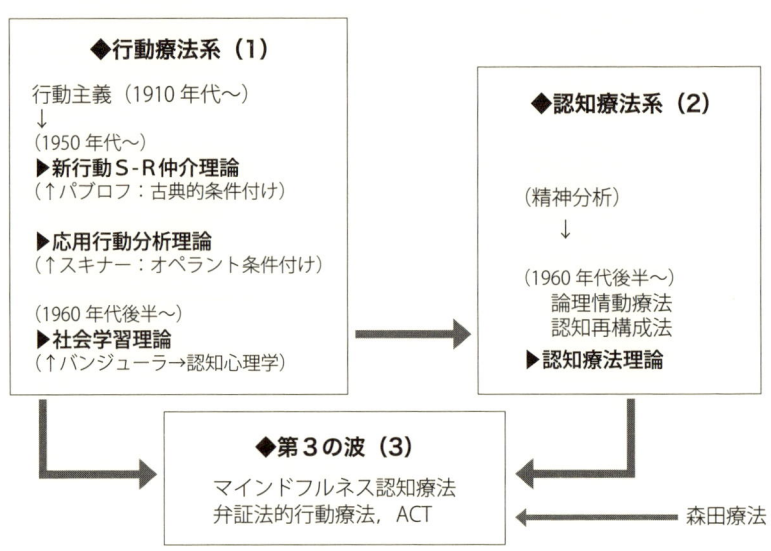

図1 認知行動療法は1つでない―3つの系譜

ります。

　本書では、第Ⅰ部で第1世代、第2世代、第3世代それぞれの立場から、CBTの全体を体系的に解説した書物を掲載し、読者が最新のCBTの全体像を把握することができるようにしました。その後の、第Ⅱ部の各章では行動療法（第1世代）、認知療法（第2世代）、第3世代認知行動療法に分けて、関連書物を紹介するシステムとしました。読者は、混乱せずにそれぞれの系譜を辿りつつCBTの全体を学ぶことができるような構成になっています。第Ⅲ部と第Ⅳ部の各章では、世代を超えてCBTを全体としてどのように実践していくのかについて、動機づけ、ケース・フォーミュレーション、問題別の介入プロトコルなどをテーマとして解説しました。

　世代を超えて、いずれの方法でもCBTを実践してくために必要となるのが、本書の第Ⅲ部で解説し、第Ⅳ部で問題ごとの実例を学ぶことのできるアセスメントとケース・フォーミュレーションの技能です。CBTでは、アセスメントとして行動分析、機能分析、認知概念化などの技法を用いてクライエントの行動パターンや認知の偏りに関する情報を収集し、問題の成り立ちについての仮説であるケース・フォーミュレーションを生成します。それを心理教育としてクライエントに提示し、検討した上で共通の問題理解をもち、介入方針を決め

⑤
『臨床心理アセスメント入門―臨床心理学は，どのように問題を把握するのか』
下山晴彦著

⑥
『専門職としての臨床心理士』
J・マツィリア, J・ホール編

ていきます。アセスメントとケース・フォーミュレーションの過程を通してセラピストとクライエントが協働して問題理解を深め，介入に向けて方針を定めていくことが，クライエント中心療法，ユング心理学，精神分析などとは異なるCBTの特徴といえます。

このようなアセスメントとケース・フォーミュレーションの基本的考え方と方法を学ぶのに役立つのが，**『臨床心理アセスメント入門―臨床心理学は，どのように問題を把握するのか』**⑤です。実際にCBTを実践しようとしても，クライエント中心療法や心理力動的な心理療法の訓練を受けてきたために，どのように面接をして，どのように問題を理解するのかわからないという読者の方には，ぜひ同書をお勧めします。具体的な初回面接の方法なども解説されているので，CBTの実践において最初に行う作業であるアセスメントとケース・フォーミュレーションの基本的方法を習得することができます。

5．おわりに

読者の皆さんには，単にCBTの理論や技法を学ぶだけでなく，それをメンタルヘルス全体の活動に適切に位置づける視点を学んでほしいと思います。つまり，現場でCBTを単体で学ぶのではなく，現場のメンタルヘルス活動全体の中にCBTの実践を位置づけ，そのコンテクストで技法を活用する発想をもっていただきたいということです。特にコミュニティにおいては，心理職は，医療職，看護職，福祉職，介護職，教育職，行政職など，他の専門職と協働することになります。そのような多職種協働チームが活動する環境においては，生物－心理－社会モデルに基づき，それぞれの専門職が自らの役割を明確にして活動することが求められます。その際，CBTは，心理職の役割を果たすための主要な方法となります。

このようなコミュニティの多職種協働チームにおける心理職とCBTの役割

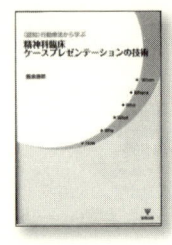

⑦
『(認知)行動療法から学ぶ
精神科臨床ケースプレゼン
テーションの技術』
飯倉康郎著

を学ぶ上では,『**専門職としての臨床心理士**』⑥が役立ちます。生物‐心理‐社会モデルに基づく多職種協働によるメンタルヘルス活動が発展している英国における心理職の役割と,その役割を遂行するためにCBTがどのように活用されているのかが,具体的活動の例示を交えて解説されています。児童青年期領域,成人領域,高齢者領域,知的障害領域,司法領域,医療領域,プライマリケア領域などにおけるCBTの活用方法が詳細に解説されており,わが国のおいてどのように多職種協働のメンタルヘルス活動を発展させるのか,そしてその中にどのようにCBTを位置づけていくのかを具体的に理解するのに役立ちます。

最後に,CBTの技法を高めるための研究会の方法について触れておきます。CBTの技術を上達させるためには,自分の実践を的確に他者に提示し,意見やアドバイスをもらうことが必要になります。そのために役立つのが『**(認知)行動療法から学ぶ精神科臨床ケースプレゼンテーションの技術**』⑦です。自らの活動についてきちんと報告し,さまざまな視点から検討を受けることがCBTの技法を発展させる契機となります。本書は,そのような自己研修の技能向上のために参考となります。

紹介した書籍

① 『臨床心理学をまなぶ1 これからの臨床心理学』下山晴彦著,東京大学出版会,A5版279頁,2010年
② 『心理療法の統合を求めて―精神分析・行動療法・家族療法』P・ワクテル著,杉原保史訳,金剛出版,A5版509頁,2002年
③ 『心理療法におけることばの使い方―つながりをつくるために』L・ヘイヴンズ著,下山晴彦訳,誠信書房,A5版310頁,2001年
④ 『方法としての動機づけ面接―面接によって人と関わるすべての人のために』原井宏明著,岩崎学術出版社,A5版273頁,2012年
⑤ 『臨床心理アセスメント入門―臨床心理学は,どのように問題を把握するのか』下山晴彦著,金剛出版,A5版233頁,2008年
⑥ 『専門職としての臨床心理士』J・マツィリア,J・ホール編,下山晴彦編訳,東京大学出版会,A5版435頁,2003年
⑦ 『(認知)行動療法から学ぶ精神科臨床ケースプレゼンテーションの技術』飯倉康郎著,金剛出版,A5版231頁,2010年

第Ⅰ部

認知行動療法の基本

　世界的に注目され，今も発展を遂げている認知行動療法（CBT）ですが，近年，日本でもCBTに関する書かれた優れた書籍が出版されるようになってきました。そこで第Ⅰ部では，CBTを初めて学ぶ方はもちろん，CBTの背景にある理念や理論，そして現在のCBTの全体像を把握したいという方々にお勧めの書籍を集めました。

　現在のCBTは，第1世代と言われる"行動療法"，第2世代と言われる"認知療法"，第3世代と言われる"第3の波と称されるさまざまなCBT"から構成されています。こうした各世代は，理論的にも，また，その理論に基づく実践技術としても，それぞれの着眼点を強調しながら，相互に補完する形で発展を遂げてきました。そのため，どの世代も，クライエント理解のための枠組みと実践技術について優れた知見を今も変わらず提供し続けるものとなっています。また，エビデンスベースド・アプローチという発想に基づくことで，クライエントの個別性を重視しながらも，さまざまな基礎的な研究や効果研究の知見を臨床的に応用することができる特徴もCBTの強みの1つといえます。

　そこで第Ⅰ部では，こうしたCBTの全体像を把握してもらうことを目的として，次のような構成で書籍を紹介することにしました。

　第1章「認知行動療法の全体像を知る」では，認知行動療法の全体像と最

新の動向を把握するために有益だと考えられた書籍の代表作を紹介しています。ここで紹介する3冊は，各世代をバランスよく網羅的に扱っており，それぞれの特徴を学ぶことができるだけでなく，それぞれの関連性についても知ることができる点で優れたものとなっています。『認知行動療法を学ぶ』[01] は，日本における CBT の研究者・実践家によってまとめられた書籍です。そのため，CBT の基本的発想や臨床技術を学ぶだけでなく，日本における CBT の発展の現状や，さまざまな臨床現場における CBT 利用の具体例についても知ることができます。『認知行動療法臨床ガイド』[02] は，主に英国で発展をとげている認知療法を核にしながら，行動療法および第3世代を含めた CBT を学ぶことができます。また精神障害や心理的問題の分類にあわせた理解の枠組みと介入技術を学ぶことができます。『新世代の認知行動療法』[03] は，主に第3世代のCBT を軸にする形で，行動療法と認知療法を統合的に俯瞰することを可能にした優れた書籍です。

　第2章「行動療法を学ぶ」は，主に行動療法の発想とそれに基づく実践技術を学ぶ際に導入となる代表的な書籍を紹介しました。ここで紹介した3冊はどれもクライエントの問題行動をいかに把握し，変容させていくかについての示唆に富むのです。『新行動療法入門』[04] は，行動療法の特徴とその背景にある学習理論をまず学び，その上で，行動アセスメントの進め方と適用例を学ぶことができます。『方法としての行動療法』[05] は，クライエントに対する変容技術や対象認識技術だけでなく，臨床適用技術（変容技術と対象認識技術をクライエント個々の臨床的な要望に応えるために適用していく技術）についても言及しているため，目の前にいるクライエントの個別性を重視した行動療法実践を志す方々にとって優れた示唆を多く提供するものです。『神経症の行動療法』[06] は，神経症を題材にして行動療法の細やかさや有効性を知ることができるとともに，実験心理学や応用科学の発想がどのように臨床に活かされてきたのかについて学ぶことができます。

　第3章「認知療法を学ぶ」では，認知療法の発想とそれに基づく実践技術を学ぶ際に導入となる代表的書籍をまとめました。ここで紹介する3冊は，どれも主に問題維持の要因として認知内容に着目し，その変容を促すための臨床技術を網羅的に学ぶことができるものです。『認知行動療法入門』[07] は，認知療法の基本的発想と臨床応用について主に理論的な観点から学ぶことができます。『認知療法実践ガイド基礎から応用まで』[08] では，特に認知療法実施の際の構造

化について示唆に富むものです。『認知療法』[09]では，認知療法の提唱者の1人であるベックが行った認知の影響性についての丁寧な理論化とクライエントの目線に立った細やかで実践的な示唆を学ぶことができます。

　第4章「第3世代の認知行動療法を学ぶ」では，第3世代のCBTの基本的発想と実践技術を学ぶために導入となる書籍を集めました。第3世代のCBTでは，認知を改めて行動の1つとして位置づけ直し，行動分析の視点から認知の持つ特徴や機能を把握し，その影響性を変容させることを重視した発想とアプローチの総称といえます。『臨床行動分析のABC』[10]では，行動主義や学習理論に基づく対人援助を行うための基本的な知識がまとめられ，その発展形として第3世代のCBTのキーワードの1つである「関係フレーム理論」について学ぶことができます。『マインドフルネス認知療法―うつを予防する新しいアプローチ』[11]では，第3世代のCBTのもう1つのキーワードである「マインドフルネス」の発想とその実践方法が紹介されています。『認知行動療法家のためのACTガイドブック』[12]では，第3世代のCBTの代表例とされるアクセプタンス＆コミットメント・セラピーと，その基盤となる関係フレーム理論および柔軟性モデルについて学ぶことができます。

　第5章「エビデンスベイスト・アプローチに基づく各障害の認知行動理論を学ぶ」では，実験心理学における基礎研究と臨床実践との関連性と，エビデンスをどのように臨床応用することができるのかに関する示唆を得ることができる書籍をまとめました。『認知臨床心理学入門』[13]では，代表的な精神障害についての心理学的研究の成果とそれに基づく理解の枠組みを提供してくれます。『認知行動療法の科学と実践』[14]ではCBTの強みである実践・理論・研究の相補的特徴と科学的に有効性の実証されたアプローチについて学ぶことができます。『エビデンスベイスト心理治療マニュアル』[15]では，各精神障害に対するエビデンスによって支えられたCBTのマニュアルとその応用可能性について学ぶことができるでしょう。

第1章 認知行動療法の全体像を知る　01

認知行動療法を学ぶ

下山晴彦編

金剛出版　A5版 343頁　2011年

本書の目的｜認知行動療法（CBT）の基本的な考え方や基礎理論から，医療現場や職場復帰支援施設といった現場での実践に至るまで，CBTを的確に理解し実践するためのポイントを18のトピックに分け，講義形式で紹介する。

本書の概要｜本書は4部構成である。第1部ではCBTの基本的な考え方や理論が，第2部では行動・感情・認知に介入するための具体的なアセスメント・介入の技法が解説されている。第3部ではCBTを実践する上で重要となる基本技法が，第4部では臨床現場における実践的活用のための技術や知識が紹介されている。各部の概要は以下の通りである。

第1部（第1～3回講義）では，CBTの発展の歴史と基礎理論，およびケース・フォーミュレーションについて述べられている。CBTには行動療法，認知療法，第3世代という3つの系譜があるが，それらの共通原理として①三項随伴性（刺激－反応－結果）に基づく学習理論に則ること，②現実の問題行動をターゲットとすること，③問題理解の際に個人だけでなく環境も含め統合的に考えること，④問題解決的であること，⑤実証性を重視すること，といった点があげられる。

第1部を通して，CBTは単なるマニュアルの当てはめでなく，ケース・フォーミュレーションにより個々の事例に合った技法を選択・実践していくことの重要性が強調されている。

第2部（第4～9回講義）では，具体的にどのように事例を見立て，どの介入方法を用いるかについて，「行動」「感情」「認知」への介入という観点から述べられている。

第4・5回講義では「行動」への介入として，機能的アセスメントとケース・フォーミュレーションの作成，援助のプランニングという一連の流れが事例を通して解説されている。環境との相互作用により増減する問題行動について，個人を取り巻く環境も含めた機能的アセスメントを行い，標的行動をコントロールできる仮説を生成して仮説を検証できる介

入を行う（機能分析）ことが実践で求められる。

第6・7回講義では「感情」への介入として、曝露法のメカニズムと実施方法が解説されている。また、特定の不安障害に特化された曝露技法として、曝露反応妨害法と持続的曝露が紹介されている。

第8・9回講義では「認知」への介入として、問題理解の技法である認知的概念化と、「認知の幅を広げる」「認知を柔軟にする」技法としての認知再構成法が解説されている。認知的介入において、クライエントとの協働作業により問題を同定し、ブレインストーミングによりさまざまな角度から自動思考を検討していく、といった工夫が紹介されている。

第3部（第10～14回講義）では、CBTの技法を実践する上で重要となるさまざまな基礎的な技法が紹介されている。動機づけやリラクセーション、イメージを用いた技法について述べられ、アサーションやアクセプタンス＆コミットメント・セラピーの考え方が紹介されている。また、CBTを子どもや若者に適用するための工夫についても述べられている。

第4部（第15～18回講義）では、臨床現場におけるCBTの実際として、医療現場での不安障害や摂食障害・慢性疼痛・肥満症、職場復帰支援施設でのうつ病、さらに精神科デイケアでの統合失調症への適用について述べられている。実際の臨床現場において、どのように問題が見立てられ、どのように援助計画が立てられて援助がなされるのかについて論じられており、援助の上で必要な知識や技術が紹介されている。

認知行動療法を学ぶ上での意義｜ CBTの理論や考え方の概説に留まらず、見立ての立て方から援助方針の決定、さらには介入技法まで、読者が実践できる具体的な形で紹介されている点が本書の特徴である。また、認知療法と行動療法の理論と技法がバランスよく解説されていることも本書の特色であることからCBTを俯瞰する上で有益な1冊である。

さらに、基本的な理論や技法に加え、CBTを実践する上で有効な動機づけやリラクセーションなどの考え方や技法、そして医療現場や職場復帰支援施設、精神科デイケアといった臨床現場での専門性の高い実践についてまで幅広く解説された本書は、CBTの初学者にはもちろんのこと、すでに臨床の中でCBTを実践している臨床心理士にとっても有用な書であるといえる。

ケース・フォーミュレーションを重視し、単なるマニュアルの当てはめではないCBTの実践を目指す動きは、今後の日本におけるCBTのさらなる発展、および臨床心理学という学問の専門性の向上の上で不可欠であろう。あらかじめ定められたマニュアルやプログラムを単に事例に当てはめていくのではなく、事例に見合ったCBTの技法を選択し実践を行っていく、という臨床心理職の専門性を高める上で必読の書である。

（梅垣佑介）

02

認知行動療法臨床ガイド

D・ウェストブルック, H・ケナリー, J・カーク著
下山晴彦監訳

金剛出版　A5版 420頁　2012年

本書の目的｜本書は，認知行動療法（CBT）の実践方法を体系的に，しかも具体的にわかりやすく解説した優れた臨床ガイドブックである。認知療法を核としながらも，行動療法の基本的方法から，第3世代のマインドフルネス認知療法やアクセプタンス＆コミットメントセラピー（ACT）に至るさまざまな技法について，順を追って解説することが目指されている。初心者だけでなく，ベテランのセラピストにとっても有用で，現代のCBTの全体像を包括的に示すとともに，個別の障害に対する最新の介入技法を具体的に解説するテキストとなっている。

本書の概要｜本書は，現代のCBTの理論と技法を体系的に解説する19章から構成された臨床ハンドブックである。第1部では，CBTの基本的特徴が概説される。まず第1章「CBTの基本理論とその発展」では，CBTの発展史，基本原則，問題発展モデル，最新のCBTの発展，有効性に関する実証研究が解説される。第2章「CBTは他の心理療法とどこが違うのか」では，協働的であること，構造化されていること，短期療法であること，実証主義であること，問題志向的であること，実生活場面を活用することなどが，その特徴として解説される。

第2部では，CBTの基本的方法が概説される。第3章「協働関係」では，協働関係構築におけるセラピストの役割，クライエントの主体的参加を促す方法，作業同盟が決裂した場合の対処，クライエントとの境界の扱い方などがテーマとなる。第4章「アセスメントとフォーミュレーション」では，アセスメントからケースフォーミュレーションを形成する手続きと，その際に起こりうる問題が解説される。第5章「CBTにおける効果測定」では，収集されるデータの質も含めて効果研究がテーマとなる。第6章「クライエントが自分自身のセラピストとなるために」では，再発防止などの，終結後に向けての留意点が解説される。

第3部では，具体的な技法が解説される。第7章「ソクラテス式問答法」では，

疑問を投げかける方法や問題解決に向けての実行を促す方法，さらにはソクラテス式問答法の限界を含めてその手続きが解説される。第8章「認知技法」では認知再構成法の具体的手続きが説明される。第9章「行動実験」では，その類型や手続きなどが解説される。第10章「身体技法」では，リラクセーション，呼吸法，睡眠推進技法などがテーマとなる。第11章「介入の過程」では，CBT セッションの全体パターンが解説される。

第4部では，各障害や問題に特有な介入法が，そのメカニズムとフォーミュレーションの作成手続も含めて具体的に解説される。第12章「うつ病」，第13章「不安障害」，第14章「不安障害：特定モデルと介入プロトコル」となっており，各障害による問題の成立に関するケースフォーミュレーションと介入技法が説明されている。第15章「より広範囲への CBT の応用」では，摂食障害，トラウマ，怒り，精神病，関係性の問題，物質乱用がテーマとなる。

第5部では，CBT の最新の発展と応用が解説される。第16章「CBT の新たな提供方法」では，セルフヘルプ，グループ，カップルなど，個人療法を超えた提供の仕方が紹介される。第17章「CBT における展開」では，マインドフルネス認知療法やメタ認知療法，スキーマ焦点化療法，新たな行動介入法に加えて神経科学との関連性にも言及される。第18章「CBT 実践の評価」とは何かという本質的な議論がなされ，第19章「CBT にスーパービジョンを用いる」では，スーパービジョンの目的や形態の解説に加えて，スーパーバイザーの選び方や，スーパービジョンの準備の仕方などにも言及されている。

認知行動療法を学ぶ上での意義 本書は，英国で実践されている認知療法を核として CBT の全体を解説した包括的な臨床ガイドとなっている。認知療法を核としながらも，行動療法や新世代の CBT をも包含して，最新の CBT の全体像を体系的に整理して解説していることが本書の最大の特徴である。

それに加えて，本書は極めて実践的な指南書にもなっている。これまでの CBT の解説書の多くは，特定の理論モデルと技法を説明することに終始していた。それに対して本書は，精神障害や心理的問題の分類に合わせたケースフォーミュレーションの作成の仕方が豊富な事例を含めて説明されているので，どのような問題には，どの技法を，どのように組み合わせて用いるのがよいのかを理解することができる。

さらに，スーパービジョンの方法まで解説してあり，CBT を学ぶ者にとっても，また教えようとする者にとっても痒いところに手の届くテキストとなっている。それに加えて，第1世代から第3世代の方法を体系的に整理して，学ぶプロセスに沿って解説がなされているため，極めて利用者に優しいテキストとなっている。

（下山晴彦）

新世代の認知行動療法

熊野宏昭著

日本評論社　A5版202頁　2012年

本書の目的　本書は，近年，急速に発展してきた「新世代（第3世代）の認知行動療法」にフォーカスを当てた入門書である。新世代の認知行動療法（CBT）の歴史的発展の全体像を理解するガイドブックであると共に，さまざまな治療体系についての知識を習得して，実践に活かす自己学習のガイドでもある。

本書の概要　本書は13章から構成されている。前半の第1～4章では，新世代のCBTを理解するための基礎が概説されており，後半の第5～13章では認知療法側（第5～7章）と行動療法側（第8～13章）からさまざまな治療体系が取り上げられている。

第1章「認知行動療法の多様性とその変遷」では，CBTの歴史的変遷が図解されている。そして，第3世代のCBTはこれまで明らかになってきた問題点に対する1つの有望な解決策として発展してきたとする，本書のスタンスが明示されている。第2章「新世代の認知行動療法に共通するもの」では，著者が第3世代のCBTの必要条件とする認知の「機能」とマインドフルネスとアクセプタンスという治療要素の重視について解説されている。第3・4章では，マインドフルネスについて概説されている。第3章「本来のマインドフルネスとはどのようなものか」では，マインドフルネスの原理について，第4章「マインドフルネスはどのようにして実践するか」では，マインドフルネスの実践の具体的な方法論が紹介されている。

第5～7章は，認知療法側からの解説である。第5章「マインドフルネスストレス低減法・マインドフルネス認知療法─構造化されたグループ療法でのマインドフルネスの活用」では，新世代のCBTの代表的な治療体系の発展の経緯と全体における位置づけが図解され，本章では，マインドフルネスストレス低減法とマインドフルネス認知療法について説明がなされている。第6・7章では，"メタ認知"に注目するメタ認知療法（MCT）について解説されている。第6章「メタ認知療法（1）─メタ認

の内容を変えることで認知の機能を変える」では，メタ認知理論とアセスメントの進め方について，第7章「メタ認知療法（2）—自己注目に対抗する注意訓練とディタッチメント・マインドフルネス」では，MCTの具体的な介入方法について概説されている。

第8〜13章は，行動療法側から解説されている。

第8章「臨床行動分析入門—認知行動療法のもう一つのウィング」では，臨床行動分析およびその基盤となる行動分析学について説明されている。第9章「行動活性化療法—機能と文脈の評価には行動することが必要」では，うつ病に対する介入技法である行動活性化療法について，第10〜11章では，境界性パーソナリティ障害に特化して開発された弁証法的行動療法について解説されている。第10章「弁証法的行動療法（1）—治療原理主導という力のもとに」では，治療原理主導と認証戦略，および弁証法の原理が採用された経緯について，第11章「弁証法的行動療法（2）—臨床行動分析の発展における位置づけ」では，変化の戦略と多様な治療モードの説明がなされている。

第12〜13章では，行動分析理論と臨床行動分析に基づくアクセプタンス＆コミットメント・セラピー（ACT）について解説されており，第12章「関係フレーム理論入門—2つの言語行動の定義からみえてくるもの」では，言語行動についてスキナーと関係フレーム理論を対比して解説し，言語行動の全体像が提示されている。第13章「アクセプタンス＆コミットメント・セラピー—機能的文脈主義の中で認知と行動をシームレスに扱う」ではACTについて解説されると共に，終章として，第3世代のCBTが理論と実践の距離を近づける方向に進んできていることが確認されている。

認知行動療法を学ぶ上での意義｜CBTは，日本では，最近になってようやく現場でも注目されるようになってきた段階にある。このようななか，新世代の波が到来し，CBTという大海の中で方向性を失いつつある援助者も少なくない。本書では，そもそもCBTとは何かという素朴な疑問から，第2世代のCBTの発展の歴史，さらには本書の要である第3世代のCBTの実態に至るまで，丁寧に解説されている。

本書の特徴は，CBTの系譜にあるさまざまな治療体系を広く紹介し，本書自体がCBTをメタな視点から把握するスタンスをとっている点である。ややもすると方向性を失いそうになるが，要所要所で理論や治療体系を見事に図解してマップを提供すると共に，著者自身がガイドとなって読者の立ち位置を常に示してくれる。

CBTの歴史を縦断的に捉えると共に，さまざまな治療体系の関連を横断的に把握し，心理療法の発展の今とこれからを鳥瞰図的に把握したい援助者には必読の良書である。

（高橋美保）

第2章 行動療法を学ぶ　04

新行動療法入門

宮下照子，免田　賢著

ナカニシヤ出版　A5版168頁　2007年

本書の目的｜認知行動療法が広がる中で，行動療法とは何かということを改めて定義し直し，その背景にある行動理論や実際の介入方法について，簡単な事例を通して解説しながら，臨床実践における本来の行動療法の役割を明確に述べることを目的とした1冊である。

本書の概要｜本書は序章から第4章までの，5つの章から構成されている。第1章では，行動療法とは何かということが書かれており，続く第2章では行動療法におけるアセスメントの仕方が説明されている。第3章では，さまざまな障害や心理的問題に対する行動療法の適用例が紹介されている。

第1章「行動療法の位置づけ」では，まず心理療法における行動療法の位置づけやその特徴，背景理論である学習理論に関する説明を通して，本来の行動療法とは何かということを解説している。行動療法とは，現在の不適応行動や問題行動を学習によって形成されたものと捉え，学習の原理によってそれらの修正や消去を行う心理療法と定義されている。この章では，代表的な学習のタイプである古典的条件づけ・オペラント条件づけ・モデリングの3つを取り上げ，心理臨床と関連のある現象（実験神経症・恐怖）や手法（シェイピング）を紹介することで，理論と実践が相互に補い合いながら発展してきたことを示している。

次に，行動療法と認知行動療法の関係について述べている。現在認知行動療法と称されているものの中には，客観的な行動を指標とする本来の行動療法を発展させたもの，ベックの認知療法，行動療法と認知療法を折衷させたものという，3つの異なる立場が含まれていることを指摘している。

第2章「行動療法のすすめ方」では，行動アセスメントについて述べられている。行動アセスメントでは，まずは問題の解決に向けて変化させたい"目標行動"が何か，問題行動がどのような刺激に対してどれくらい起こり，その結果何が起こっているかについて情報をとることになる。そのような特定

状況における具体的な行動に関する情報を，どのような場面でどのように収集していくか（観察方法），情報の記述の際にどのような指標を用いるか（行動測度）について，留意点に言及しながら詳しく説明している。また，収集した情報を基に，先行刺激・目標行動・後続結果がどのように関係し合っているかを分析する手順についても，具体的な例を用いて解説している。

第3章「行動療法の技法と適用例」では，9つの精神障害・心理的問題を取り上げ，それぞれに対する行動療法の適用例を紹介している。不安障害・強迫性障害・パニック障害・チック障害の節では，学習理論に基づいて考案された系統的脱感作法や曝露反応妨害法，逆制止法などの介入技法をどのように適用していくかについて具体的に述べている。

パニック障害・うつ病の節では，行動療法と認知行動療法のアプローチの仕方の違いについて，事例を基に解説している。摂食障害・不登校・注意欠陥多動性障害・自閉症の節では，オペラント技法を用いた介入などについて，セッションごとに丁寧に説明している。特に，注意欠陥多動性障害の節では，本人に対する介入技法ではなく，親訓練について述べられており，行動療法の多様な適用例が紹介されている。

第4章「結びにかえて」では，行動療法は顕在的行動として測りうるものであればすべて適用可能であり，特にオペラント技法は学校支援や社会支援の場でさらに使用されるようになるだろうという筆者の展望が述べられている。

認知行動療法を学ぶ上での意義　心理的問題への介入方法として，現在認知行動療法が注目されているが，行動療法と認知行動療法の違い，あるいは認知療法と行動療法の違いがあまり意識されないまま，「認知行動療法」という言葉が使用されていることが多い。

本書ではそのような現状に警鐘を鳴らしており，本来の行動療法がどのようなものか，行動療法と認知療法・認知行動療法がどのように異なるかということを丁寧に解説している。

このように，本書は，普段その違いがほとんど意識されることのない認知行動療法，行動療法，認知療法を理論的に対比して説明しており，認知行動療法をより深く理解する上で有益であると考えられる。

また，本書では，さまざまな精神障害・心理的問題に対する行動療法の適用例が，簡単な事例に基づいて紹介されている。その中には，オペラント技法を応用した，発達障害児の親訓練についての事例もあり，クライエント本人への介入だけでなく，多様な介入の可能性があることも示されている。

その際に行動療法の技法を単に紹介するのではなく，適用に際しての細かい注意点にも触れており，初心者が行動療法を実践するにあたって参考になるものとなっており，行動療法の入門書として最適の1冊であるだろう。

（藤尾未由希）

方法としての行動療法

山上敏子著

金剛出版　四六版 229 頁　2007 年

本書の目的｜本書の目的は，行動療法を方法の体系であることを理解し，行動療法を構成する基礎理論および基礎技術を学びながら，それらの臨床応用に必要な考え方や技術について学ぶことである。なお，本書における行動療法は，認知的な要素も"認知的行動"として対象に含める立場である。そのため，狭義の行動療法にとどまらず，（一般的な理解でいう）認知行動療法の臨床技術についての指南書と読み替えることが可能である。

本書の概要｜本書では，行動療法の技術として，変容技術（クライエントの変容を促し援助する技術），対象認識把握技術（クライエントの抱える個別の問題を理解し把握する技術），そして臨床適用技術（変容技術と対象認識技術をクライエント個々人の臨床的な要望にこたえる形で適用していく技術，行動療法を進める技術）が紹介されている。行動療法はこれらの技術をもって臨床に臨み，問題とされている事柄を具体的に捉え，治療の対象を決め，治療の方向を考え，方法を工夫し，行い，結果を検討することを繰り返すアプローチである。

第Ⅰ部「行動療法理解の基本」では，まず異なる心理（精神）療法のアプローチと比較して，方法の体系であるという行動療法の特徴について記されている。そして現在の行動療法には，新行動S-R理論，応用行動分析理論，社会学習理論，認知行動療法理論という4つの理論枠があり，それぞれの理論に基づく技術があることが紹介される。行動療法の臨床実践では，これらの技術をあれこれ用いながら（もしくは参考にしながら），クライエントの苦痛を少しでも軽くし，少しでも生きやすくするよう援助する。

第Ⅱ部「技法を知る」では，行動療法の基礎技法である変容技術と対象認識把握技術について詳細に学ぶことができる。新行動S-R理論に基づく変容技術として，系統的脱感作，エクスポージャー，曝露反応妨害法が紹介されている。応用行動分析理論に基づく変容技術として，課題分析，強化，刺激統制（制御）と構造化，教示，プロンプティング

（プロンプト）とフェイディング，シェーピングを学ぶことができる。社会学習理論もしくは認知行動療法理論に基づく技術として，モデリング，セルフモニタリング（自己観察），自己強化や自己教示，思考中断法，認知的再構成（認知再構成法）について記されている。対象認識把握技術としては，問題となっている事柄における（目に見える行為だけでなく，感情や思考や身体感覚も含む一連の）精神活動や環境との相互作用を「刺激－反応（の連鎖）」という枠組みを用いて，具体的な体験として（クライエントと協働して）把握する技術が紹介されている。

第Ⅲ部「治療をすすめる」では，第2部で紹介されたさまざまな技術を個々のクライエントの臨床的要請に即する形で適用し，援助（治療）を進めていくために必要な技術（工夫や指針）を学ぶことができる。行動療法での援助（治療）開始時に配慮すべき点，援助（治療）の入り口を見つける際の工夫が記されている。また，クライエントとそのつど，変化の対象や変化の方法を具体的に示し，その結果を共有する工夫の重要性も紹介されている。

第Ⅳ部「方法としての行動療法」では，著者自身の行動療法理解とその実践が，どのような変遷を経て発展してきたかについて知ることができる。

認知行動療法を学ぶ上での意義　本書には行動療法を臨床技術として用いるための有意義な示唆がたくさん含まれている。ここではあえて以下の3点をあげてみたい。

第1の意義は，行動療法を構成する基礎技術や基礎理論を知るだけでなく，それらをいかに臨床実践で用いることができるのかについて具体的に学ぶことができる点といえる。こうした臨床適用技術について豊富な症例とその解説を通じて具体的に学ぶことができる点が有意義といえる。

第2の意義は，個々のクライエントの状態像に合わせた行動療法の進め方（進める技術や発想）を学ぶことができる点である。各症例を通じ，さまざまな問題を抱えるクライエントのそのつどの状況にあわせて，具体的に見立てをたて，具体的に介入技法を選択し，クライエントを援助するという臨床的な行動療法の進め方を学ぶことができる点が有益である。

第3の意義は，よりよい臨床実践を志し，行動療法を用いる読者にとって，モデルを示すと共に，希望を与える点といえるかもしれない。行動療法には，機械的，マニュアル的，型にはめた治療の仕方，という誤解がされてきた経緯があるが，本書には，クライエントへの温かく，柔軟で，支持的な理解の眼差しに基づきながら，基礎理論や基礎技術やエビデンスを臨床的に用いつつ，少しでもクライエントに有益な関わりを提供しようとする援助的で実践的な行動療法が記されている。「いつかは自分も，クライエントに役立つこのような行動療法ができるようになりたい！　そのために日々研鑽だ！」……そんな希望がわいてくる大切にしたい1冊である。

（林潤一郎）

神経症の行動療法
新版　行動療法の実際

J・ウォルピ著
内山喜久雄監訳

黎明書房　A5版520頁　2005年

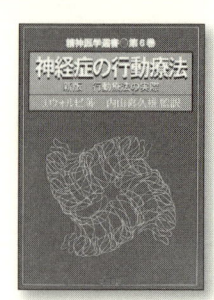

本書の目的｜　本書の目的は、行動療法、特に神経症と呼ばれる不安を主体とする不適応習慣に対する行動療法について、理論的な背景や原理を説明し、行動療法の技法を具体的な応用例を用いて体系的に解説することである。

本書の概要｜　第1～4章では神経症の原因や治療のメカニズム等の原理について解説している。第5～14章で具体的な技法について臨床例を通して紹介し、第15～16章で疾患ごとに行動療法の臨床例を紹介している。第17章では心理療法の効果研究を基に行動療法の評価について述べている。

　第1章「行動論的心理療法：その性格と起源」では、行動療法の歴史的経緯や"神経症"等の単語の解説が行われている。第2章「刺激・反応・学習・認知の性質」では、行動理論の背景として、刺激や反応、学習、思考、認知、知覚について解説されている。第3章「神経症の原因」では古典的条件づけによって神経症がいかに形成されるのか説明される。

第4章「古典的に条件づけられた神経症的不安の除去のメカニズム」では、不安の除去のメカニズムを制止と言う概念を用いて解説される。

　第5章「行動分析」では、行動分析実施のポイントが具体例を通して解説されている。第6章「認知的療法」では、認知は行動の一型と捉えられるとし、行動療法における認知の役割について述べている。第7章「主張訓練法」では、対人関係における不安に対する逆制止の役割をもつ、"主張訓練（アサーション）"について解説する。

　第8章「系統的脱感作法」では"系統的脱感作法"の理論的背景と具体的なプロセスを①自覚的不安尺度（SUD）の導入、②筋肉弛緩の訓練、③不安階層表の作成、④不安−惹起刺激と筋肉弛緩との拮抗並置、の順に説明している。第9章「系統的脱感作法の応用技法」では、①技法上の変化、②不安に対する、筋弛緩の他の拮抗反応、③脱感作の対象を現実のものとする、の3種類の応用技法を解説する。

第10章「抑制された性反応の治療」では，性反応に必要な自律神経系の反応を抑制する不安をどのように治療するのかについて，具体的な事例を通じて解説している。第11章「不安の解条件づけにおける化学物質の使用」では，向精神薬や化学物質のもつ，不安減弱作用や系統的脱感作法の促進作用について，臨床実験や動物実験の例を用いて解説する。

第12章「強い不安喚起を用いる方法」では，①除反応，②フラッディング，③逆説的志向の3つの技法について解説している。第13章「オペラント条件づけ法」では，神経症の治療では中心とはならないオペラント条件づけの基本的な枠組みについて概説する。第14章「嫌悪療法」では，行動分析を行った後に慎重に用いると断った上で，嫌悪療法について解説する。

第15章「二,三の注目すべき症候群」では，抑うつ・広場恐怖・吃音・心身症・強迫性障害・性的逸脱・性格神経症・肥満への行動療法の具体例を解説している。第16章「二・三の複雑な症例」では，多種多様な刺激が神経症反応に条件づけられている場合や，神経症の結果が身体症状に結びついている場合などの複雑なケースについて解説している。

第17章「行動療法の評価」では，行動療法の訓練や行動分析が不十分である場合に行動療法の効果が適切に実証されないこともあるが，実際には行動療法が精神分析よりも実証的な効果が示されていることを論じている。

認知行動療法を学ぶ上での意義｜ 本書は，古典的条件づけを中心とする行動療法の古典的名著である。行動療法における各技法は，古典的条件づけとオペラント条件づけの2種類の学習理論に基づくが，本書では自律神経反応である"不安"への介入を中心とするため"古典的条件づけ"について深く学ぶことができる。

本書に一貫して見られるのは，心理療法を応用科学として実施していこうとする姿勢である。本書は実験心理学の結果や臨床実践の結果を豊富に批判的に引用し，目の前の臨床例で今どのような問題が生じていて，それはどのような学習原理で説明ができるのか，という思考のプロセスも含めて書かれている。

系統的脱感作法を中心とした行動療法が試行錯誤を繰り返しながらいかに生み出されたのか,その経過をたどることで，研究をいかに実践に統合していくのか，という科学的な思考を鍛えることができるだろう。

また，本書では臨床場面でのやりとりが豊富に引用されている。そのやりとりの中では，事例を観念的にではなく，具体的なレベルで把握することの重要性や行動分析の重要性が繰り返し指摘されている。

ここから，行動療法は症状ごとにマニュアルが決まっている単純な方法ではなく，かなり広範かつ詳細な行動分析を必要とする，専門の訓練が必要な技法であることが再認識させられる。

（松田なつみ）

第3章 認知療法を学ぶ　07

認知行動療法入門
短期療法の観点から

B・カーウェン，S・パーマー，P・ルデル著
下山晴彦監訳

金剛出版　A5版 241頁　2004年

本書の目的　認知行動療法（CBT）における主に認知療法的な介入について，手続きや流れ，方略を具体例や実践のポイントと共にわかりやすく解説し，実際の現場でCBTを実践することができるようにする。

本書の概要　本書は全9章の構成となっており，1～2章では（短期）CBTの基本的な枠組みが紹介され，3～6章ではCBTの各介入段階について，7章ではCBTの諸技法についてまとめられている。また8章では催眠法についての紹介がされ，9章ではCBTを実施する際の留意点がまとめられている。以下，各章の内容について概説する。

第1章「短期認知行動療法とは何か」では，セラピストの時間とクライエントのコストを最小限に抑え，最大限の効果を短期間で達成するように計画された短期CBTの基本的な考え方が示されている。

第2章「認知行動療法の枠組み」では，CBTの基本的な枠組みや介入の流れについて解説がなされている。クライエントとセラピストとの会話などの具体例も記載されており，実践をする上でのポイントも示されている。

第3章「アセスメント」では，CBTで重要とされる"アセスメント"についてのガイドラインが示されている。また，どういったクライエントがCBTに適しているのかや，認知療法の主要課題である"認知的概念化"についても解説されている。

第4章「介入の初期段階」では，第3章で解説されたアセスメントを前提とした介入の初期段階について説明されている。"クライエントとの協働関係""認知モデルのプロセス""セッション内外でクライエントが問題に取り組むことの援助"という3つの観点からの介入目標や，初回面接の重要性，クライエントの問題をどのように明らかにしていくのか等について，具体例と共に解説されている。

そして第5章「介入の中期段階」では，第4章の初期段階に続く介入中期段階における介入目標や使用される技法につい

て，具体例と共に解説されている。また第6章「介入の終結段階」では，第5章の中期段階に続く介入終結段階の介入の流れが，具体例と共に紹介されている。

　第7章「認知行動療法の方略と技法」では，ここまでの章で扱われてこなかったCBTを実践する上で役立つと考えられる方略や技法，介入法が解説されている。具体的には，CBTで用いられる技法を"認知／イメージ技法""行動的介入技法""リラクセーション技法"という3領域に振り分け，それぞれについて詳細な介入の流れや具体例が示されている。"認知／イメージ技法"では嫌悪療法や読書療法などの計16個の技法が，"行動的介入技法"では反応曝露法やモデリング技法などの計9個の技法が，そして"リラクセーション技法"では漸進的リラクセーション技法など計3個の技法が紹介されている。

　第8章「補助技法としての催眠法」では，CBTと併用して用いられることのある催眠法について解説されている。具体的な催眠法の過程や，不適切な思い込みを適切な考え方に再構成した面接の例，そして催眠法が適している対象・適用に注意が必要な対象についての説明などが記述されている。

　第9章「介入プロトコル」では，パニック障害や全般性不安障害，うつ病，強迫性障害，心的外傷後ストレス障害，特定の対象に対する恐怖症といったさまざまな心理障害についてCBTを施行する際に留意すべき事項やポイントが示されている。また，自殺に関連する状況への対処法や注意すべき事項についても解説されている。

認知行動療法を学ぶ上での意義｜　本書では，短期療法やCBTについての基本的な理念・考え方などの理論的枠組みと，実際に介入をしていく際に必要な方略などの実践的なポイントの双方が，具体例と共に非常に丁寧に解説されている。特に介入についての解説（3〜6章）は，初回面接から終結までの各介入段階に分けた目標設定や各段階に適した技法の紹介など，非常に実践的な内容となっている。クライエントとセラピストの会話などの具体例も示されており，読み手は臨場感をもって実際のやりとりをイメージすることができるだろう。なお，解説されている介入目標や介入技法は主に認知療法的なものとなっているため，認知療法の発想や技術を学ぶ際に役立つ書籍であるが，7章では行動療法的な技法やイメージを使った技法なども紹介されており，認知療法に限らないさまざまな技法を網羅的に知ることもできる。

　基本的な枠組みから実践的な注意点まで幅広く解説されている本書は，これからCBTを学ぼうとしている者が「入門書」として活用できることはもちろん，すでに現場で実践活動をしている臨床心理士やカウンセラーが「実践書」として専門性をブラシュアップさせていくためにも活用することができるだろう。CBTの初心者から上級者に至るまで，非常に役に立つ1冊である。

（堤　亜美）

認知療法実践ガイド 基礎から応用まで
ジュディス・ベックの認知療法テキスト

J・S・ベック著
伊藤絵美，神村栄一，藤澤大介訳

星和書店　A5版 443頁 2004年

本書の目的　本書は，認知療法に関心をもつすべての読者を対象とし，ある1つの事例（患者は，18歳の独身白人女性サリーで，DSM-Ⅳによる大うつ病エピソードの診断基準を満たしている）を通して，認知療法の考え方およびプロセスを解説することを目的としている。

本書の概要　本書は全18章からなり，基本的には，章立ての順に読み進められるように構成されている。

まず，第1章「はじめに」では，すべての患者に適用されるべき認知療法の原則などについて論じられている。第2章「認知的概念化」では，患者を理解するための枠組みを与え，効果的で効率のよい治療過程を決定するために不可欠であるとされる，認知的概念化についての解説がなされている。

第3章「初回セッションの構造」，第4章「第2セッションとそれ以降：その構造と形式」，第5章「治療セッションを構造化する際の諸問題」では，治療セッションの構造についての解説がなされている。

次に，第6～11章では認知療法の基礎を構成する各要素，すなわち自動思考と信念を把握し，それらに対応するための方法について解説がなされている。

認知療法において，治療者はまず自動思考を把握し，検討し，対応する方法を患者に教え，症状の軽減を図る。そこで，第6章「自動思考を把握する」，第7章「感情を把握する」においては，自動思考および感情を区別し，患者自身が自動思考および感情を把握できるように導くプロセスについて，解説がなされている。第8章「自動思考を検討する」においては，患者自身が妥当性・有用性という視点から自動思考を評価・検討できるように導くプロセスについて，解説がなされている。さらに第9章「自動思考に対応する」においては，患者自身が自動思考を評価・検討し，それに対応するための基本的なツールとして，非機能的思考記録表が紹介されている。

認知療法においては，次に，多くの場面に共通して生じる非機能的な自動思考

の背景にある，媒介信念および中核信念に焦点が当てられる。そこで第10章「媒介信念を同定し修正する」においては，媒介信念を捉えて修正する技法について解説がなされている。また第11章「中核信念」においては，中核信念を捉え，中核信念ワークシート（CBW）などを用いて修正する技法について，解説がなされている。

続いて第12章「その他の認知技法と行動技法」では，以上で紹介されなかった認知技法および行動技法の中でも，特に重要な技法について，第13章「イメージ技法」では，イメージ技法について，解説がなされている。また第14章「ホームワーク」では，認知療法において極めて重要とされるホームワークについて，解説がなされている。

ここでの認知療法の目的は，患者の障害を寛解に導き，患者に自分自身の治療者となってもらい，再発を予防することにある。そこで第15章「終結と再発予防」においては，患者に終結の準備をしてもらうこと，および再発に対する準備をしてもらうステップについて，解説がなされている。

そして第16章「治療計画」では，効果的な治療計画を立てる上で必要不可欠な点について，第17章「治療上の問題」では，治療上の問題にどのように対応するかについて，解説がなされている。さらに第18章「認知療法家としての進歩」では，認知療法家として成長していくための指針が示されている。

最後に，非機能的思考記録表，認知的概念図，中核信念ワークシート，問題解決ワークシート等の付録および日本語版付録ツールが掲載されている。

認知行動療法を学ぶ上での意義 ｜ 本書は，認知療法の初心者から，認知療法のスキルをさらに伸ばしたいと望む経験豊富な認知療法家までを，幅広く対象としており，読者は〈サリー〉の事例を通して，認知療法の治療プロセスの詳細および考え方を学ぶことができる。

認知療法の父であり，筆者の父でもあるアーロン・T・ベックが巻頭文で述べているように，本書はまさに「認知療法家のための標準的な基本テキスト」として機能する1冊となっているといえる。

特に本書の第3～5章においては，治療セッションの構造についての解説がなされており，治療者がセッションの構造を患者に説明し，かつその構造に沿ってセッションを進めることは，患者の理解を高めるためにも，治療を効率よく進めるためにも，有効であるとされている。

ただし，そのように構造化した面接を通して，最終的に患者に自分自身の治療者となってもらうためには，本書において示されているような，治療者と患者のコミュニケーションが重要となるのであろう。その意味で，本書は，広く認知行動療法において必要とされる，患者との協働についても学ぶことのできる1冊となっている。

（園部愛子）

認知療法
精神療法の新しい発展

A・T・ベック著
大野　裕訳

岩崎学術出版社　A5版306頁　1990年

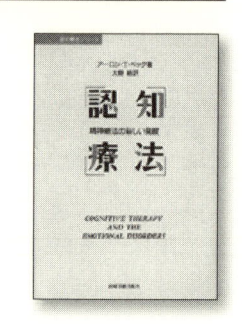

本書の目的｜神経精神医学，精神分析，行動療法などの伝統的学派に共通する「情緒障害をもつ人は隠れた力の犠牲になっており，その力を自分でコントロールすることができない」という仮説に対し，認知療法では"隠れた力"が患者の意識の中に存在していると考え，これまでとは異なるアプローチを試みる。本書ではこうした新しいアプローチである認知療法の理論，原則，実践について述べる。

本書の概要｜本書は12章からなる。第1～3章では，患者の目線に立つことで見えてくる情緒障害の理解を解説し，第4～8章では，疾患ごとに患者がどのような思考を行う傾向にあるかを述べている。第9～10章では認知療法を実践する際の具体的アプローチを紹介し，第11章ではうつ病に対する認知療法を取り上げ，うつ病症例に効果的な技法をあげている。そして第12章で認知療法という新たなアプローチの可能性を述べている。各章の概要は以下の通りである。

第1章「常識とその彼岸」では，認知療法の立場を明らかにしている。ここでは，治療者が患者の目を通して世界を見ることの重要性を述べている。第2章「内的コミュニケーションを求めて」では，自動思考の発見と，個々人のもつ"一般規則"の存在について紹介している。"一般規則"が現実との調和を失った場合や極端になった場合に心理的対人関係的な問題が生じる可能性が高くなる。そして第3章「意味と情緒」では，人間の悲しみ，怒り，恐れ，喜びなどの理由を一般的に理解できるようにすることで，情緒全体を"常識"の範囲内に引き戻す認知的アプローチの理論を紹介している。

第4章「情緒障害の認知内容」では，抑うつ，躁，不安などの情緒障害に特有の，「分極化した考え」「過度の一般化」など限局した思考の異常について取り上げ，それらが情緒障害の重要な要素となっていると述べている。第5章「抑うつのパラドックス」では，悲観主義的考えなどによって引き起こされる悪循環と，それによる抑うつの発展について述

べ，そのような特徴をもつうつ病症例への治療に重要な意味をもつと考えられる知見を紹介している。第6章「警報は火事よりも悪い：不安神経症」では，"浮動性不安（明確な危険がないが生じる不安）"という不安神経症症例特有の不安について説明し，患者の認知を理解することで患者の感じている「危険」を理解することの重要性を述べている。第7章「恐れて，しかし恐れず：恐怖症および強迫」では，実際に危険がない状況でも恐怖症者が"感じる"恐怖について紹介し，恐怖症および強迫への理解を促している。第8章「身体を越える心：精神身体障害およびヒステリー」では，ヒステリー症例が実際に味わっている，"イマジネーション上の"苦しみについて述べている。

第9章「認知療法の原則」では，現実の歪曲や非論理的考えなどの認知の歪みを取り上げ，認知の修正や問題の同定などの実践的技法を紹介している。さらに，治療者との信頼関係や治療的協働作業といった，治療の上で重要な枠組みについても詳細に記されている。第10章「認知療法の技法」では，第9章で述べられた原則を実践的に用いる方法を紹介している。

第11章「うつ病に対する認知療法」では，活動スケジュールの作成，段階的課題設定など，特にうつ病症例に有効なアプローチを具体的にあげている。そして第12章「認知療法の現状」では，今後の認知療法の可能性について述べている。

認知行動療法を学ぶ上での意義　患者の視点を扱うことで見えてくる情緒障害への理解が具体的エピソードと共に紹介されており，患者の認知へアプローチすることの重要性を知ることができる。認知療法では発達過程で人間が獲得していく自己観察の力を重視し，患者の目線に立つことで疾患を理解し，患者と治療者が問題解決にともに立ち向かっていこうとする。そうした認知療法の基本的姿勢から，理論，実践へと網羅的に記された本書は認知行動療法（CBT）を学ぶ初学者にも熟練者にも有用な1冊といえる。

また，CBTに対する"患者の洗脳"や"問題解決のみのアプローチ"といった誤解も本書を一読すれば解消されるだろう。認知療法は患者の精神や行動に影響を与えるものであり，うまくいく事例とそうでない事例があるため，これまでの経緯などを考慮し注意深く行うことが不可欠であると述べられている。患者を"洗脳"するのではなく，患者の考えに変わる規則を示唆するよう促す治療のあり方が示されている。

以上のように，臨床実践ですぐに利用可能な具体的アプローチの方法が掲載されているだけでなく，実践的に活用する上で十分考慮すべき注意点も述べられている。こうした記述から筆者の認知療法への丁寧で真摯な姿勢をうかがい知ることができるため，初学者だけでなく熟練した臨床家にとってもCBTを学ぶ上で意義のある1冊である。

(川崎舞子)

第4章 第3世代の認知行動療法を学ぶ

臨床行動分析のABC

J・ランメロ，N・トールネケ著
松見淳子監修，武藤 崇，米山直樹監訳
日本評論社　A5版324頁　2009年

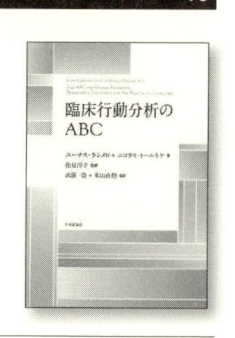

本書の目的┃ 行動主義／学習理論に基づいた対人援助を行うための基本的な知識を解説する。レスポンデント条件づけやオペラント条件づけのような確立された原理のみならず，関係フレーム理論など最新のトピックを含めている。

本書の概要┃ 本書は長めのイントロダクションに加え，全部で3つの部からなる。第1部「行動を記述する」（第1～3章）では，行動分析の基礎的な考え方が，第2部「行動を理解する」（第4～8章）では学習に関する3つの原理（レスポンデント条件づけ／オペラント条件づけ／関係フレームづけ）が，第3部「行動を変える」（第9～13章）では3つの原理の臨床場面での活用方法が，それぞれ解説されている。各部の概要は以下のようになっている。

第1部「行動を記述する」では，まず，問題状況に特定のラベルを張ることではなく行動の過不足から問題を分析することが大事であること（第1章「問題を行動のカタチから捉える」），行動の過不足を一事例実験のデザインで観察していくことで問題の評価ができること（第2章「行動を観察する」）が説明される。

さらに，行動がもつ機能を行動が生起する文脈の中で捉えることの重要性が説かれており，こうした分析を行うための方法としてABC分析／機能分析が紹介される（第3章「文脈の中で行動を捉える」）。

第2部「行動を理解する」では，レスポンデント条件づけ（第4章），オペラント条件づけ（第5・6章），関係フレームづけ（第7章）の3つの学習の原理についての説明がなされる。

これらの原理の解説においては，実験的な基礎についての言及はないものの，臨床事例からどのようにして問題状況が学習により形作られていったかが丁寧に示されている。

また，3つの原理を説明した後に，第8章では第3章で説明したABC分析に戻り，臨床事例をABC分析した後に各原理がどのように作用しているのかを具

体的に示している。

　第3部「行動を変える」では，上記の知識を臨床場面において活用し，新たな適応的行動を生み出すことを援助する方法が示されている。特に部の前半はセラピーにおける注意事項や心得（に類すること）を，後半部では学習原理を応用したテクニックを扱っている。

　第9章「機能分析」では，行動の機能を同定することの重要性と，分析する行動を決める際の優先順位のつけ方について解説している。

　第10章「行動変容に向けての会話」では，クライエントと協働的な関係を作り行動変容を促進するためのセラピーの構造化の仕方および会話方法について説明がなされている。会話の具体例も多い。

　第11章「3つの原理と実践をつなぐ」では，第2部で解説した3つの原理について振り返り，各原理を活用して望ましい行動を作っていくための方法が短文でまとめられている。

　第12章と13章では，3つの原理を臨床的に応用したテクニックについてまとめられている。具体的には，刺激制御・確立操作・随伴性マネジメント・エクスポージャー・行動活性化等が取り上げられている。また，最後に関係フレームへの介入についても触れられている。

認知行動療法を学ぶ上での意義　この本では，行動分析学を基にした臨床を行うために必要な知識を，著者が作成した6つの典型的な臨床事例を取り上げながら解説していく。

いわゆる行動療法に関する基礎をまとめた本となっているが，特徴的な点は，学習の主要な原理としてレスポンデント条件づけ／オペラント条件づけに加え，第3世代の認知行動療法の発想の1つである関係フレームづけ（第7章）を取り上げている点である。そのため，本書はアクセプタンス＆コミットメント・セラピーの紹介としても読むことが可能となっている。

　また，こうした学習に関する諸原理の話のみならず，セラピーにおけるクライエントとの協働的な関係の作り方についても解説がなされており，実用的なものとなっている。

　ただし，この本では紹介される理論や概念に関する実験的な基礎が割愛されている。レスポンデント条件づけやオペラント条件づけについてはわが国における一般的な心理関連書籍においても詳細に解説されているが，関係フレーム理論については馴染みのない読者も多いと思われる。関係フレーム理論に関する基礎的な研究の知識のない者には，関係フレームづけ（第7章）とそれに基づく介入（第13章）を扱っている部分については本書のみでは理解が難しいかもしれない。

　行動分析学における実験的な基礎に関する理解をすでに有しており，それらの知識を臨床的に応用していこうと考える者には読み応えのあるものとなっていると考えられる。

（末木　新）

マインドフルネス認知療法
うつを予防する新しいアプローチ

Z・V・シーガル, J・M・G・ウィリアムズ, J・D・ティーズデール著
越川房子監訳

北大路書房　A5版 307頁　2007年

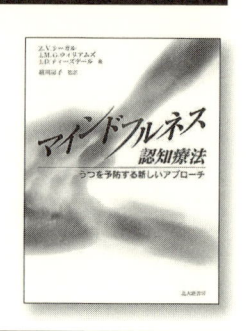

本書の目的｜　本書の目的は，東洋的な瞑想実践と西洋の認知療法を統合したマインドフルネス認知療法（MBCT）について，臨床家や研究者に紹介することである。そして，再発をくりかえすうつ病の人々への援助に役立つことが，本書の最終的な目的である。

本書の概要｜　本書は，科学的で合理的な認知行動療法家である著者らが，なぜ，どのようにして，科学と対極的な仏教の教えから生まれたマインドフルネスに注目し，MBCTを開発したのかを説明する。また，MBCTの効果機序や臨床場面での使い方についても詳しく解説されている。

本書は3部から構成されている。第1部は，MBCTの開発経緯と，MBCTとはどういうものかについて説明している。第2部では，MBCTの具体的なプログラム内容が詳述され，第3部では，MBCTの効果研究の結果と，関連情報の紹介がある。各部の概要は以下のようになっている。

第1部「うつへの挑戦」（序章～第4章）では，まず，序章から第3章において，うつの再発予防のため，新しいアプローチを開発しようとした経緯が述べられる。ここでは，これまでの研究結果をふまえて，再発防止のポイントは，ネガティブな思考の内容を変化させることより，思考をあるがままに観察する「脱中心化」であるという結論に至った根拠が述べられる。そして，「脱中心化」の訓練としてマインドフルネスに注目し，マサチューセッツ大学のカバットジンが開発した慢性疼痛患者向けのマインドフルネス・ストレス低減プログラム（p.120）を応用し，うつ病向けのプログラムを開発していく過程が説明される。第4章では，マインドフルネスの基礎理論を紹介している。ここでは，マインドフルネスとは，「意図的に，今この瞬間に，価値判断をすることなく注意を向けること」であるという定義や，中心となるスキルについて説明している。

第2部「マインドフルネス認知療法」（第5～13章）では，MBCTの実践を学びたい臨床家を対象に，週1回8週

間に渡るプログラムの概要を紹介している。まず，第5章では，プログラム全体を概説している。ここでは，よきインストラクターとなるためには，臨床家自身がマインドフルネスの実践経験を積むことが強調されている。

次に，第6章から第13章では，1章につき1セッションという構成で，8週間で扱うテーマと主な内容が，具体的な教示内容や配布資料も含めて，詳細に紹介されている。ここでは，各セッションを「どのように，そしてそれはなぜ」行うか，ねらいを詳しく説明すると共に，クラス運営の心得や瞑想の指導方法についても，セッション毎に重要なポイントを取り上げて解説している。参加者とインストラクターとの間でよく起こるやりとりの例も多く示されており，読みやすく工夫されている。

第3部「効果研究と役立つ情報」（第14～15章，補遺）では，まず，MBCTの効果研究をいくつか示した上で，関連する書籍，視聴覚教材，ホームページや，MBCTプログラムを受けられる研修コースも紹介されている。参考情報がコンパクトにまとまっているため，実践者にとって便利である。

最後に日本語版のみの補遺があり，マインドフルネスと仏教心理学との関連や，日本における仏教瞑想の研究との関連についての解説と，これからのマインドフルネス研究の展開に対する期待について述べられている。

認知行動療法を学ぶ上での意義 本書は第3世代の認知行動療法（CBT）の1つに位置づけられているMBCTのプログラム開発者たちによって書かれた，MBCTに関する入門書である。MBCTについて学びたい研究者，実践に活かしたい臨床家，さらには自学自習で取り組みたい人にとって，最初に読むべき必読書である。

うつ病は一度かかると再発しやすい。その原因を探り，再発や悪化を予防する介入を開発しようとした著者がたどりついたのが，MBCTであった。実証研究の結果から従来のCBTの限界に気づき，瞑想法と認知療法を結びつけてプログラムを開発するまでの試行錯誤が詳細に述べられ，CBTの第3の波に位置づくとされているMBCTがなぜ生まれたのか，物語のようにわかりやすく描かれている。

MBCTプログラムの各セッションにおける配布資料やワークの教示方法なども示され，すぐに臨床で使えるため，実践書としての価値も高い。特に，著者の体験に基づき，よく陥る問題と対処法についても取り上げており，臨床家にとって大変有用である。

瞑想には宗教的なイメージがあり，心理療法に取り入れることに抵抗を感じる人は多いと思われるが，このプログラムには宗教的な臭いはまったくない。そして，ホームワーク記録や，今後の行動計画など，CBTでよく用いられるテクニックもうまく活用している。本書は，CBTのバリエーションの多様さを理解する上でも，大変参考になるであろう。

（鈴田純子）

認知行動療法家のための
ACTガイドブック

J・V・チャロッキ，A・ベイリー著
武藤　崇，嶋田洋徳訳

星和書店　A5版 300頁　2011年

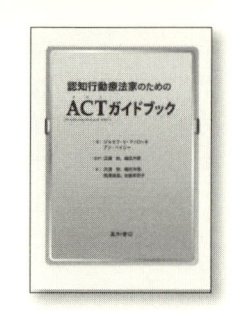

本書の目的　アクセプタンス＆コミットメント・セラピー（ACT）とその基盤となる関係フレーム理論（RFT）は，広い意味で認知行動療法（CBT）の一部であるが，伝統的なCBTにはない新しい方法とアイデアを含んでいる。本書は伝統的なCBTの実践家が自らの関心の程度に合わせてACTモデルを探求するためのガイドブックである。

本書の概要　本書は全8章と付録からなり，伝統的なCBTのうち特に認知療法と対比する形でACTのアプローチを段階的に学ぶことができるよう構成されている。本書は大きく2つのパートに分かれており，第1章から第4章まではパート1「価値に基づいた生き方に対する認知的バリアの克服」であり，言語の性質とその力を弱めるアプローチが紹介されている。第5章から第8章まではパート2「アクセプタンスとアクションへ」であり，価値に適合した行動を活性化するアプローチが紹介されている。各章と付録の概要は以下のようになっている。

第1章「ACTとCBTの統合に向けて」では，最初にACTとCBTの統合の必要性が語られ，各々が生まれた経緯が概観される。その上で，柔軟性モデルと苦悩軽減モデルという2つのプロセス・モデルが紹介され，柔軟性モデルにおいてACTとCBTが統合可能であるという本書を通じての基本的仮定が明示される。第2章「ことばの『罠』から脱出するには」では，ACTとCBTの統合の基盤となっている理論としてRFTが紹介される。そしてRFTの観点から，脱フュージョンやマインドフルネスといったACTとCBTで使用される介入が簡潔に説明できることが示される。第3章「伝統的なCBT技法をより強力なものにする」では，伝統的なCBTのテクニックのうち特に認知再構成法を取り上げ，RFTの観点からどのような場合にそのテクニックが最も効果的なものとなるのかについて検討される。第4章「自己を発見するために自己を手放す」では，広く一般的な認知のタイプとして自己に焦点を当て，「概念としての自己」「プロ

セスとしての自己」「文脈としての自己」というACTの視点から見た3つの自己が紹介されている。

第5章「私たちの生活は哲学的な前提に支えられている」では，伝統的なCBTが多くの場合前提とする機械主義的な世界観とACTが前提とする機能的文脈主義という世界観が対比されて紹介されている。第6章「アクセプタンスに徹することは可能か」では，ACTとCBTそれぞれの基礎にあるアクセプタンス方略がどのように有効に統合できるのかが検討される。その中でも特にソクラテス式質問法を例にとり，ACT－CBT統合モデルの立場からその有効な使用法が検討される。第7章「価値とコミットメント」では，伝統的なCBTとACTにおける行動活性化のアプローチの違いを指摘した後で，それらを包括するものとしてACTの価値の明確化とコミットメントというアプローチが紹介されている。第8章「こころの知能指数（情動知能）を高める」では，情動知能（EI）という概念から紹介され，臨床的介入においてEIという用語を用いることの有用性が指摘されている。そしてACT－CBT統合モデルの立場からの社会的スキルの訓練方法が紹介されている。

付録「セラピストのための自己探求ワークブック」では，セラピストが自身のセラピーにおいてACT－CBT統合モデルにおけるどのような種類のプロセスを実行しているか，および実行可能かを同定するための方法が紹介されている。

認知行動療法を学ぶ上での意義 本邦ではすでに多くのACT解説本が出版されているが，本書のように伝統的なCBTのアプローチとACTのアプローチを対比させた形で紹介している本はほとんどない。そのため，いずれのアプローチも広い意味では認知行動療法に位置づけられてはいるものの，それらの共通点や相違点が詳しく解説される機会はこれまで少なかったといえるだろう。本書は，伝統的なCBTのアプローチとACTのアプローチについて，理論だけでなく具体的な介入方法を対比させて説明した上で，有用性という観点からそれらの統合について論じている。伝統的なCBTの実践者が本書を読むことで，ACTという新しいCBTのアプローチを学ぶと共に，ACTの観点から自らの臨床を見直すよいきっかけを得ることができるだろう。また訳者が指摘するように，現在CBTの本格的な導入が進みつつある日本においては，CBTの初学者がCBTにおける伝統的なアプローチと新しいアプローチを知り，今後のCBTの学びのガイドブックとして本書を用いることも有益であろう。

加えて本書には，クライエントが，また実践家本人がACTのアプローチを実際に体験できるよう，エクササイズやワークシートが数多く用意されている。そのため，単に文章を読むだけでなく，それらを利用してACTのアプローチを体験しながら理解を進めることができるのも本書の大きな特徴の1つとなっている。

（菅沼慎一郎）

第5章 エビデンスベイスト・アプローチに基づく各障害の認知行動理論を学ぶ　13

認知臨床心理学入門
認知行動アプローチの実践的理解のために

W・ドライデン，R・レントゥル編
丹野義彦監訳
東京大学出版会　A5版384頁　1996年

本書の目的　本書は，臨床心理学の中級者を対象とした「使うための学習用テキスト」を目指したものであり，認知行動アプローチの理論と方法について体系的に紹介する構成となっている。また，客観的なデータや治療効果の評価研究を多く取り上げており，学部・大学院の学生向けの教科書としても使いやすいものとなっている。

本書の概要　本書は7つの章によって構成されている。第1章では，認知行動アプローチの全体像について解説しており，第2章以降は，臨床場面での問題別に各理論や治療法について客観的なデータをあげながら説明すると共に，治療効果を評価した研究（outcome study）を多く紹介している。各章の概要は以下の通りである。

第1章「認知行動アプローチの基礎理論」では，行動的アプローチ，認知的アプローチ，認知行動アプローチそれぞれについて，理論的背景から具体的な治療技法まで丁寧に解説している。さらに，効果研究やアナログ研究，メタアナリシスといった治療効果のアセスメント方法について紹介している。

第2章「不安障害」では，不安に対する認知行動療法（CBT）として，認知の再構成に焦点を当てるアプローチと，不安認知のコントロールに焦点を当てるアプローチについて説明している。また，行動・認知・生理の3つの不安の要素の違いをふまえた上で有効な治療技法を組み合わせるアプローチ方法を紹介している。

第3章「抑うつ」では，抑うつの理論として，ベックの認知の歪み理論，エリスの抑うつ理論，レームの自己コントロール理論，セリグマンらの改訂学習性無力感理論，アロイらの絶望感理論，ティーズデイルの抑うつ的処理活性仮説といった理論について解説している。治療技法では，認知再構成を重視するものとしてベックの認知療法やエリスの論理情動療法を，認知のコントロールを重視するものとして自己マネジメント・プログラムやセリグマンらの治癒理論を紹介

第4章「統合失調症」では，統合失調症の障害について，一次的な機能障害とそれによって引き起こされる生活障害および社会的不利に分けて解説し，さらに，社会文化的な環境が発病や症状の形式，予後，再発に与える影響について説明している。治療技法では，幻聴や妄想に対する行動療法，認知療法，自己コントロール技法を解説し，有効性が見出されているものの比較研究がまだ不十分であるとしている。さらに，社会的スキル訓練（SST）や家族介入，コミュニティ療法についても紹介している。

第5章「摂食障害と肥満」では，神経性無食欲症（拒食），神経性大食症（過食），肥満についてそれぞれ説明し，ボディ・イメージの歪みや推論の誤り，社会文化的要因について解説している。

第6章「アルコール依存・薬物依存」では，アルコール依存・薬物依存に対するアプローチについて，精神病アプローチ，行動主義アプローチ，認知行動アプローチ，嗜癖論アプローチの順で発展してきた経緯について説明している。さらに，「依存」の心理的メカニズムと他の嗜癖的行動（過食・ギャンブル嗜癖・性倒錯・仕事中毒（ワーカホリック）・買物依存等）の共通点について解説している。

第7章「高齢者臨床」では，高齢者の臨床的問題として，①喪失と抑うつ，②身体的な慢性疾患，③器質性脳症候群，特に老年性痴呆，④あらゆる年代に共通する心理的問題の4つのカテゴリーに分けて説明している。また，高齢期抑うつの要因として，ネガティブなライフイベントや，特有の認知の歪みについて解説している。

認知行動療法を学ぶ上での意義 日本国内においても，CBTが広く知られるようになり，治療技法に関する解説や具体的な実践例といった内容の書籍は充実しつつある。その一方で，本書のように，実験心理学における基礎研究や理論と臨床実践における治療技法やその効果を関連づけて解説し，臨床場面の問題別に，体系的に整理している内容のものは少ない。

本書で解説しているように，認知行動アプローチの背後には，行動主義に始まる一連の基礎研究によるエビデンスの積み重ねがあり，現在用いられているさまざまな治療技法は，そうした基礎研究によって得られた知見が活かされている。こうした「礎」としての理論や研究成果について，その経緯や問題点などをふまえながら可能性や限界を正しく理解することは，CBTのさまざまな治療技法を活用し，よりよいものへと発展させていくために必要不可欠といえる。

中級者向けの学習用テキストを目指したとされる本書であるが，中級者に限らず，ある程度経験のある実践家にとっても，臨床的立場から治療技法の背景にある理論を振り返り，これまでの実践方法を見直し，より効果的な治療技法を発展させていくために有用である。

（向江　亮）

認知行動療法の科学と実践

D. M. Clark, C. G. Fairburn 編
伊豫雅臣監訳

星和書店　A5版 296頁　2003年

本書の目的 ｜本書は，認知行動療法（CBT）が科学的に有効性の実証された治療法であることを，研究・実践双方の観点から紹介することを目的としている。

本書の概要 ｜本書は2部構成となっている。第1部では，CBTの発展や科学的基盤，実践との相補的交互作用などについて述べられている。第2部は，各章1つの障害に関して書かれている。障害を認知行動的な観点から概念化し，関連研究のレビュー，実践の手順を記述している。以下に各章を概説する。

第1部は，第1～3章からなる。第1章では，CBTの発展過程が述べられている。まず英米で行動療法が発祥し，続き米国において認知療法が起こる。それらが融合し現在のCBTとなったことが述べられている。第2章では，CBTの科学的基盤として，次の3つの研究を紹介している。1つは特定の精神障害を特徴づける認知に関する研究，次に認知の役割仮説を検証する研究，最後は認知の持続要因に関する研究である。第3章では，情動障害と認知の偏りとの関係について述べている。「怖くないとわかっている（知識）のに心配（感情）になってしまう」を例に，次の3点から障害を説明する。それは，①知識と感情では認知過程が異なるための矛盾，②感情が生じる無意識的過程，③感情を意識的にコントロールすることの限界である。

続く第2部は，第4～9章からなる。第4章は，パニック障害と社会恐怖について述べている。まず，不安に関する歪んだ解釈が，両障害の維持に関わるとする認知モデルと，それを実証する研究を紹介する。次にモデルに基づく治療として，発作の引き金を同定→否定的信念に矛盾する出来事の意義の理解→行動実験，という実践プロセスを紹介している。

第5章では，研究・実践に基づいて改良された全般性不安障害（GAD）の理解と治療について論じている。まず最近の研究から，心配そのものでなく，心配に対する心配がGADの原因の1つであるとする認知モデルを紹介する。このような障害概念の変化に伴い，治療法も心

配のコントロールから，心配への認知的アプローチへと改良されつつあるとする。

第6章では，強迫性障害（OCD）に対するCBTについて述べている。まず臨床的に問題となる強迫観念とは「悪い結果を防ぐため中和行動をとらなければならないとする否定的な侵入思考」であるとする。次に，OCDと侵入思考の強さとの関連を実証する研究をレビューする。最後に強迫的反芻に関する治療として，侵入思考に対する代替説明の比較検討や，録音テープによる曝露，行動実験などの介入を紹介している。

第7章では，摂食障害，特に神経性大食症について述べている。まず，CBTを用いることの理論的根拠として，当障害が認知の歪みに起因することをあげる。ゆえに他の療法と比較し，CBTの有効性が高いことを指摘する。最後に，セルフモニタリング→心理教育→認知行動的介入→再発予防という治療の概略を紹介する。

第8章では，うつ病の心理学的モデルの発展について，①学習理論と社会技能アプローチ，②セルフコントロール理論アプローチ，③認知アプローチという3つを取り上げている。

第9章では，心気症について述べている。認知モデルによれば，心気症は，身体的徴候が実際よりも危険なものであるという信念による障害であるとされる。よって治療は，身体的症状を除外することを目指さない。症状について満足のいく説明を与えることが目的となると述べられている。

認知行動療法を学ぶ上での意義｜本書にもある通り，CBTは多くの西側諸国で主要な精神療法となっている。一方，日本における導入は本格的とは言い難い。平成22年度の診療報酬改訂において「認知療法・認知行動療法」が新たに設定されたものの，現段階では実践者の養成を急いでいる状況である。日本における普及を促進するためには，CBTの効果についてのエビデンスを蓄積すること，そしてそれらを実践に反映していくことが必要である。

しかし従来のCBTに関する専門書では理論・研究・実践のすべてを網羅したものは多くない。本書は，心理臨床に携わる者が，CBTへの社会的要請に何らかの形で応じていく際の助けとなる。例えば初学者であれば，まずは理論と研究を知り，それらと実践のつながりを理解することができる。研究により関心がある者であれば，本書のレビューを参考に自身の研究を発展させ，治療効果を社会的に示すことにつなげていくことができるかもしれない。また実践により重点をおく者であれば，本書の障害別アプローチを現場で活かすことができるはずである。以上のように，本書はCBTを理論・研究・実践という3つの側面から理解することができる。そのため読者の経験や関心によって，さまざまな形で本書を役立てることができる。これらの点が本書の意義であるといえる。

（高山由貴）

エビデンスベイスト心理治療マニュアル

V・B・V・ハッセル，M・ハーセン編著
坂野雄二，不安・抑うつ臨床研究会編訳
日本評論社　B5版 371頁　2000年

本書の目的　近年さまざまな精神疾患に対して包括的な治療マニュアルが作成され，その効果も実証されている。しかし，それらの治療法の記述はしばしば簡潔すぎて，実際の治療場面で利用する際には困難を伴うことがある。本書は，そうした研究と実践の間にある溝を埋めることを目的としている。

本書の概要　本書は全部で9つの章からなる。第1章から第7章では，成人の心理学的問題に対する詳細な治療マニュアルがまとめられている。第8章では，治療における臨床家の責任性に関する基本的な問題について論じている。

　第1章「パニック障害と広場恐怖の治療マニュアル」では，それぞれの障害の特徴，鑑別診断，アセスメントの方法が述べられた後に，広場恐怖のエクスポージャーとパニック発作のコントロールの手順を中心にまとめられている。

　第2章「強迫性障害の治療マニュアル」では，強迫性障害の定義や鑑別診断，病因論について述べられた後に，治療計画について詳細に示されている。環境因子，確信の程度，回避行動，治療法の選択など，治療計画を立てる上で必要な視点や工夫について，患者との対話場面や症例を交えて描かれている。

　第3章「社会恐怖の認知行動療法マニュアル」では，社会恐怖の概要や特徴，亜型について述べた後に，治療の流れをセッションごとに示している。先行研究の流れを受け，エクスポージャーと認知的介入双方が必要であることを示し，認知的介入と行動的介入を取り入れた統合的な治療マニュアルを紹介している。

　第4章「うつ病に対する社会的スキル訓練：治療マニュアル」では，うつ病に対する行動的治療をいくつかあげ，それらはおおむね同程度有効であることを示した上で，社会的スキル訓練について著者らが開発した治療マニュアルを紹介している。ロールプレイなどを利用して，どのように自らの意見を主張するかという練習だけではなく，望ましい表情や対話の習得も促す内容となっている。

　第5章「入院うつ病患者治療のための

認知行動療法マニュアル」では，自殺念慮の高さや神経認知機能の障害が強いといった入院患者の特徴をふまえた治療マニュアルを紹介している。米国ではうつ病での入院期間は10〜18日に限られているため，ほぼ毎日のセッションの中で基本的な認知行動療法のモデルに慣れてもらうことを目指した内容となっている。

第6章「不眠症の治療マニュアル」では，不眠症の概要，疫学，病因論についてまとめられた後に，原発性不眠症への治療法として，リラクセーション法，刺激統制法，睡眠制限法，睡眠衛生指導などが紹介される。それらの技法を組み合わせ，実際の症例にどう対応すべきかを症例を通して示している。

第7章「ボディイメージ障害の認知行動療法マニュアル」では，一般的な「身体への不満」についてまとめた上で，摂食障害，身体醜形障害，肥満者や身体に不満を抱いている人などを取り上げ，それらへの治療法を概説している。また，具体的な治療のイメージを持てるように，心理教育，脱感作，認知の修正などで構成されるボディイメージ認知行動療法を紹介している。

第8章「心理療法は患者に何を提供しているか」では，①包括的なアセスメントに基づく治療法の選択，②経験的に効果が示されている治療技法の使用，③治療期間中に患者の経過を繰り返し評価すること，という心理専門職の責任性についての3つの基準について説明している。

認知行動療法を学ぶ上での意義 本書の特徴は，各章で最新の文献レヴューに基づくエビデンスに支えられたマニュアルを学ぶことができるだけでなく，その症例と会話場面が豊富に示されており，具体的に何をどのようにやるとよいのかが示されている点である。認知行動療法（CBT）は，さまざまな治療法がマニュアルとして示されており，原理を理解すれば誰でも実践できるかのようにしばしば思われがちである。しかし，実際にCBTを実践した多くの初学者は，「なぜかうまくいかない」という体験にぶつかるだろう。本書では，そうした治療者がつまずくことが想定される実践場面での問題を幅広く概説しているだけではなく，対応方法までイメージできるように工夫がなされている。CBTの実践家に求められる対応術を具体的に知ることができるだけでも，本書を読む意義は大きい。

加えて，最新の文献のレヴューがなされていることで，それぞれの治療マニュアルがどういったエビデンス，理論によって作られているのかを知ることができる。ただ漠然と，ある介入法が有効だと言われているから試してみるだけでは，患者に合わせて適切な治療計画を立てたとはいえない。どういった症状に，なぜこの技法が有効とされているのか知るための教科書としての役割も，本書は果たしてくれるだろう。

以上の特徴を持つ本書は，実践を始めたばかりの初学者やさまざまな精神疾患への対応が求められる医療現場で働く専門職にとって特に有用な1冊だといえる。

（野中舞子）

第 II 部

認知行動療法を実践する

　認知行動療法（CBT）を学習していく上で，誰もが通ると思われる1つの大きなハードルがあります。それは「何をするとよいか（What）」を理解した後に直面化するもので，「どのようにやればいいのか（どのように面接を進めていけばいいのか）（How）」について学ばねばならないというハードルです。CBTが日本に導入されてしばらくは，「どのようにやればいいのか」について詳細に学ぶことのできる書籍が少なかったために，CBTに関する誤解（例えば「マニュアルに基づく個別性を無視したアプローチである」，「本人の心境を無視して行動を外部からコントロールする調教のようなものである」）が生じただけでなく，実践的なCBTの学習の機会が得られにくかった時期があったように思います。しかしながら，近年では，日本においてもだんだんとCBTの実践経験が積み重ねられてきたことで，そうした経験に基づく臨床の智が書籍として出版されはじめています。また，海外での実践的な示唆に富む優れた書籍もつぎつぎと翻訳されてきています。そこで，第II部では，CBTの理論と技術を実践的に用いていくために必要な知識を学ぶことができる代表的な書籍を世代ごとにまとめ，次のような構成で書籍を紹介することにしました。

　第6章「行動療法を基盤として認知行動療法を実践する」では，行動療法の発想を実践的に用いるために有益と思われる書籍の代表例を紹介しています。

ここで紹介する5冊は，どれも主に行動療法の理論と技術をいかにすれば臨床場面で有益に用いることができるのかについて，それぞれの観点から示唆を与えてくれるものです。『山上敏子の行動療法講義 with 東大・下山研究室』[16]では，それぞれの苦痛を抱えるクライエントに対して，いかにして問題把握に努め，援助者として何を考え，クライエントにどのように働きかけていくとよいのかという，最も基本的でありながらも大切な対人援助職としてのスタンスを行動療法の技術として学ぶことができます。『はじめての応用行動分析』[17]は，教育場面を題材として，応用行動分析とその具体的な進め方やノウハウが詳細に学ぶことができるもので，特に教師の方にお勧めです。『行動変容法入門』[18]は，応用行動分析や行動変容技術を最も網羅的に学習できる書籍として世界で用いられているもので，その技術の適用範囲の広さを体感できる書籍です。『実践家のための認知行動療法テクニックガイド』[19]は，本邦におけるCBTの先駆者である著者らによってまとめられたもので，行動療法（および認知療法）の基礎理論をどのように臨床実践で応用していくかについて具体的に学ぶことができます。『強迫性障害の行動療法』[20]は，強迫性障害に焦点化した行動療法とそのノウハウが紹介されています。各精神障害に特化して発展したCBT実践の一例として学ぶことができるでしょう。

第7章「認知療法を基盤として認知行動療法を実践する」は，認知療法の発想を実践的に用いるために役立つと思われる書籍の代表例を紹介しています。ここで紹介する5冊は，第1世代をふまえた第2世代に位置づくものであるため，どれも認知面だけでなく行動面についても有益な言及がなされているものですが，認知面についての優れた示唆に富むものと考え，ここにまとめました。『認知行動療法を始める人のために』[21]はクライエントに会う前，初回の面接，査定，CBTの導入から終結に至る各段階における留意点やノウハウがまとめられています。『認知療法・認知行動療法カウンセリング初級ワークショップ』[22]は，本邦において先駆的にCBTの実践家を養成してきた著者によるアセスメントシートを効果的に用いたCBT実践法とそのノウハウを学ぶことができます。『認知療法・認知行動療法　治療者用マニュアルガイド』[23]は，本邦において保険適用が認められたうつ病治療のマニュアルであり，認知療法のエッセンスを学ぶことができます。『認知行動療法トレーニングブック』[24]および『認知行動療法トレーニングブック　統合失調症・双極性障害・難治性うつ病編』[25]は米国精神医学会が出版したCBTの教科書の翻訳本です。どちらもDVDが

付属しており，前者はCBTの基本的な技術とトレーニングについて，後者は重症精神障害に対するCBTの技術と手順について，映像とリンクさせながら，身に付けていくことができます。

　第8章「第3世代の認知行動療法を実践する」では，第3世代のCBTの実践利用について示唆に富む書籍の代表例を紹介しています。『**30のキーポイントで学ぶマインドフルネス認知療法入門**』[26]は，うつ病の再発脆弱性のある方々への有効性の高さから注目された，集団形式でのマインドフルネス認知療法の理論と実践について紹介しているものです。『**弁証法的行動療法実践トレーニングブック**』[27]は，感情調節に困難を抱える人のための4つの対処スキル訓練の理論と実践およびノウハウを学ぶことができます。この2冊は，自らの思考や感情を評価せず受け入れる状態を示す"マインドフルネス"の影響や有効性についての示唆に富むものです。『**ACTをはじめる**』[28]および『**ACTを学ぶ**』[29]では，アクセプタンス＆コミットメント・セラピー（ACT）の発想と実践について学べます。前者はACTによるセルフヘルプのためのワークブックであり，さまざまなエクササイズを通してACTの本質や実践法を体験的に学ぶことができます。後者は理論的背景とする6つのコアプロセスの特徴とそれをどのように実践に活かすのかについて具体的に学ぶことができます。

　第9章「子どもと若者のための認知行動療法を実践する」では，子どもや若者へのCBT実践の際に参考になる代表的な書籍を紹介しています。子どもや若者においては，薬物療法の利用が難しい場合があるためにCBTへの期待は一層大きいものの，その反面で適用に際するそれぞれの年代特有の難しさがあり，成人とは異なる発想や工夫が大切になります。『**子どもと若者のための認知行動療法**』シリーズ[30]では，それぞれの成長過程に合わせたわかりやすく楽しいCBTを実践するためのノウハウが集約されています。『**認知行動療法による子どもの強迫性障害治療プログラム**』[31]では強迫性障害の子どもに対するCBTの実例と工夫が，『**子どもと家族の認知行動療法**』シリーズ[32]では，英国で発展した子どもと若者の各種精神障害に対するCBTの実例と工夫が紹介されています。

　なお，書籍によっては面接自体の構造化の程度，介入を開始するタイミング，心理教育に含めるべき内容等についての見解が異なるものもありますが，こうした見解はそれぞれによさがあり，使いどころがあるものと言えます。皆さんにはこうした見解を相対的に学んでいただき，それぞれの現場における有益なCBTの用い方を模索していただければと思います。

山上敏子の行動療法講義 with 東大・下山研究室

山上敏子，下山晴彦著

金剛出版　A5版281頁　2010年

本書の目的｜行動療法の基本についての解説や症例解説，講義参加者との質疑応答を通し，とくに認知行動療法の初学者が行動療法実践の進め方や留意点について理解を深めることが本書の目的である。

本書の概要｜本書は講義形式でまとめられており，講義1から講義10までの10の講義からなる。講義1から講義3では，行動療法の基本である刺激－反応分析の解説がなされている。講義4から講義6では，行動療法の基礎的な理論と技法の紹介，治療を進める際の考え方について述べられている。講義7から講義8では，他職種との協働の際の留意点がなされ，講義9と講義10では参加者との質疑応答がまとめられている。

講義1「刺激－反応の枠で行動を具体的にとる」では，刺激－反応分析の解説がなされる。すべての精神現象を刺激－反応の枠組みで捉え，実際の行動だけでなく認知などの精神活動も行動として捉えるという行動療法の考え方が紹介されている。

講義2「行動療法は，ダイナミックな方法である」では，問題を刺激－反応の連鎖の結果として捉え，原因探しをするよりも刺激－反応連鎖の中の一部を変える方法を探していくことの重要性が述べられる。

講義3「治療の実際1―引きこもり男性Aさん」では，講義1，2で説明された内容を理解するために症例が解説され，行動療法の治療の実際を理解することが目指されている。

講義4「理論も技法も自在に使う」では，行動療法の理論として新行動S－R理論，応用行動分析理論，社会学習理論，認知行動療法理論の解説がなされる。実際の臨床では理論に制限されずに必要とされる技法をいろいろ用いること，そのために技術を身につけておくことの必要性が述べられている。また，治療を動機づけの連続と捉え，治療を進める際の留意点についても述べられている。

講義5「問題に沿って治療を進める」では，治療の進め方が中心に扱われてい

る。問題を具体的に把握し，セラピストとクライエントが協働して問題の理解や目標設定を進め，できるところから介入を始めていくという流れが具体的に解説されている。

講義6「治療の実際2―強迫症状が主訴の発達の障害をもつBさん」では，重度の強迫症状を持つ男性への治療過程が解説される。症状を捉えるミクロな分析，家族など周囲の人との関係をみるマクロな分析を行い，治療が進んでいく過程を理解できる。治療の中で家族の変化が生じており，家族への関わり方についても著者の考えが示されている。

講義7「コミュニティで行動療法を活用する」では，多職種でのチームの中でどのように協働を行うかに焦点が当てられている。他職種の人に理解してもらえるように自分の技術を説明できることが重要であるため，技術を自分の中にしっかりとり入れることの必要性が述べられている。

講義8「治療の実際3―多職種が協働して援助したCさん」では，妻への看護に疲弊し抑うつ状態にある男性に対してソーシャルワーカー，作業療法士，理学療法士，内科医，看護師，家族と協働しながら治療が進められた過程が解説されている。

講義9「参加者からの質問に答えて」では，治療を行う上で必要な動機づけの技術をどのように磨くか，治療にあたっての目標設定が困難な場合の対応について説明されている。

講義10「臨床心理学を学ぶ人に向けて」では，心理援助職としての心得や自己研鑽のために必要なこととして，援助者としての基本態度，技術の習得に対する留意点，臨床技術を実用性の視点から省みることの重要性が述べられている。

認知行動療法を学ぶ上での意義｜ 臨床場面で扱う多くのケースは行動の問題がみられるものである。そのため，何が問題になっているのか，どのように問題が関連しているのかを具体的に把握し行動に働きかけて介入を行い，日常生活に関わっていくという姿勢が求められる。本書では基本的な刺激－反応分析など行動療法のさまざまな技法について解説がなされており，それらを用いて治療を進める実践過程を具体的に学ぶことができる。

問題を具体的にみて行動を扱う技術は，他職種との協働という観点からみても重要である。著者が述べるように，心理職が他職種と協働していくためには行動を扱い関わることとそれを他職種に説明できることが必要であり，心理職としての専門性を身につける上で必須と考えられるだろう。

本書は著者の講義内容を書籍化したもので，各章（講義）の節ごとに参加者からの質問とそれへの回答が盛り込まれており，初学者が抱く疑問に対しても丁寧な解説がなされている。行動療法の基本に加えて対人援助職として学ぶ上での基本や姿勢についても解説がなされており，臨床実践を志す学生にとっての必読書であると考えられる。

（猪ノ口明美）

はじめての応用行動分析
日本語版 第2版

P・A・アルバート, A・C・トルートマン著
佐久間徹, 谷　晋二, 大野裕史訳

二瓶社　B5版 409頁　2004年

本書の目的　教師を主な対象として，教育実践場面で見られる具体例を提示しながら応用行動分析の概念を解説し，その概念を応用することで，教室を始めとした実践場面において，「自分自身のオリジナルなレシピ」を作ることができるようにすることが本書の目的である。

本書の概要　本書は全部で13の章からなる。第1・2章では，応用行動分析の理論を他の理論と比較しながら概説し，実践の際に守るべき倫理について述べている。続く第3～6章では，目標行動の設定および行動データの収集・分析の方法を解説し，第7～12章では，行動変容に用いる具体的な技法を紹介している。第13章では，教室での実践について説明している。各章の概要は以下の通りである。

第1章では，人間の行動を説明するための理論として，生理学的説明・発達的説明・認知的説明・行動的説明をあげ，包括性・検証可能性・予測可能性・節約性の4点からそれらを比較し，行動的説明の有用性と発展の歴史を解説している。

第2章では，「応用行動分析は非人間的である」という批判に回答し，応用行動分析を倫理的に行うために必要なこととして，治療者の能力の評価・目標の適切性・プログラムへの自発的参加の確保・説明をもつことなどをあげている。

第3章では，変容の対象である標的行動について，行動目標を文書化する必要性について解説している。行動目標は，対象者や標的行動，行動が生起する状況が特定され，達成基準が明確化されている必要があると述べている。

第4章では，多様な行動の次元（頻度・持続時間など）とデータ収集方法を解説している。逸話レポート，行動的産物記録法，種々の観察法などデータ収集の方法はさまざまにあり，使いやすさだけでなく行動データの次元を考慮して選ぶ必要がある。また，第5章では，収集したデータをグラフ化する方法とその利点について説明している。

第6章では，研究や教育に有用な一事

例の実験デザインのいくつかを紹介している。各実験デザインの実施法や分析方法，長所・短所に加えて，教室場面への応用法を具体例を用いながら解説している。

第7章では，適切な行動を維持・増加させる手段として，適切な行動に強化子を随伴させる正の強化と，嫌悪刺激を除去する負の強化について説明している。第8章では，不適切な行動を減少・除去させる手段として，分化強化・対立行動の強化・消去・罰・過剰修正を紹介している。第7・8章を通して，嫌悪刺激を用いたり，行動を減少させる際の留意点についても書かれている。

第9章では，行動制御とシェイピングについて詳述している。すでに獲得している行動を，特定の刺激制御のもとに置くためにプロンプトを用いる方法や，生徒のレパートリーにない適切な行動に漸次的に接近していく手続きを具体的に解説している。

第10章では，機能査定と機能分析の手続きについて解説している。不適切な行動にも何らかの機能があると捉え，それと機能的に等価な行動を生徒に教えることを試みる必要があることが述べられている。

第11章では，行動変化を持続させたり，訓練プログラムが適用された場面以外への行動変化を般化させるためにとられる方法を紹介している。続く第12章では，行動管理を自分自身で行えるように促すための手続きについて述べている。

第13章では，これまでに紹介してきた手続きを教室内で効果的に実践する方法について，具体的な事例を複数あげて考えている。

認知行動療法を学ぶ上での意義　著者らも述べている通り，行動データを数値化し記録する行動療法について，非人間的であるという批判も多いが，本書はそれらの批判に丁寧に回答し，「行動」に焦点を当てることの有用性を述べている。また，データに基づく実践をどのように行っていくかについて，その正しい／誤った手法を具体的な実践例をあげながら解説しており，単なる理論ではない，実践に役立つ1冊となっている。援助専門職として，実践の効果を社会に示す必要性が高まりつつある現在においては，本書で貫かれているデータに基づいて実践を行うという姿勢は重要であるだろう。

また本書では，認知行動療法に関係の深い，もしくは内含される応用行動分析に関する理論や概念だけではなく，「行動」に焦点を当てて実践を行う際の具体的な手法や留意点について，データの収集・分析・働きかけの段階ごとに学ぶことができる。加えて，本書は基本的には教師が生徒を援助するために書かれているが，「教師」を「カウンセラー・心理援助職・医師」に，「子ども」を「クライエント・患者」に置き換えて読むことでさまざまな実践場面に応用可能である。さらに，グラフや行動記録表の例も豊富に載せられており，まさに「自分自身のオリジナルなレシピ」を作るための材料が紹介された1冊であると考えられる。

（藤尾未由希）

行動変容法入門

R・G・ミルテンバーガー著
園山繁樹，野呂文行，渡部匡隆，大石幸二訳
二瓶社　B5版488頁　2006年

本書の目的 ｜　行動変容法という用語は応用行動分析と同義に使われることもある。応用行動分析は自閉症，知的障害，教育，リハビリ，ビジネス，産業などの領域でよく用いられているが，実際には人間の行動に関わるあらゆる領域に応用が可能である。本書の目的の1つは，行動変容法の基本となる原理を把握し，人間の行動に環境事象がどのような影響を及ぼしているかを理解できるようになることである。もう1つの目的は，行動変容法の技法や手続きを学ぶことで，人間の行動を変容する方法について理解を深めることである。

本書の概要 ｜　本書ではまず1章「行動変容法入門」で，行動の定義や実際例，行動変容法の定義，特徴，ルーツなどを説明している。2章以降は行動原理や技法を説明した5部構成となっている。

2章と3章で構成される第Ⅰ部「行動と行動変化の測定」では，行動の観察と記録や，行動のグラフ化と変化の測定を説明している。標的行動の記録法の種類やグラフの重要な要素，研究計画法などについて詳細に記述されており，練習問題ではリアルタイム記録法や産物記録法などを説明させたり例をあげさせたりといった課題が提示されている。

第Ⅱ部「基本的な行動原理」では，4章から8章にわたり強化，消去，弱化，刺激性制御：弁別と般化，レスポンデント条件づけについて詳細に解説している。例えば強化の章では正の強化と負の強化，逃避行動と回避行動，無条件性強化子と条件性強化子などについて事例をふまえ詳細に解説がされている。またレスポンデント条件づけの章では，高次条件づけ，条件性情動反応，条件づけに影響を与える要因などについて図やイラストを用いてわかりやすく説明されている。

9章から12章で構成される第Ⅲ部「新しい行動を形成する方法」では，シェイピング，プロンプトと刺激性制御の転移，チェイニング，行動的スキル訓練を扱っている。シェイピングに必要なステップは何か，反応プロンプトと刺激プロンプトはどう異なるか，行動連鎖形成のため

に順行および逆行チェイニングをどのように用いるのか，行動的スキル訓練に含まれる4つの要素は何かなど，各章に設けられたポイントに沿って学習を進められるように配慮されている。

第Ⅳ部「望ましい行動を増やし，望ましくない行動を減らす方法」では，13章から20章にわたり機能的アセスメントによる問題行動の理解，消去の適用，分化強化，先行子操作，タイムアウトとレスポンスコスト，正の弱化手続きと弱化に関する倫理的問題，般化の促進，自己管理を扱っている。機能的アセスメントの章では応用問題として，望ましくない行動の軽減を目的とした場合の機能的アセスメントの手順を記述させ，関連する変数を同定する機能的アセスメントのやり方を種類ごとに記述させるといった課題を提示している。

第Ⅴ部「その他の方法」では21章から25章に渡り，習慣逆転法，トークンエコノミー，行動契約，恐怖・不安を軽減する方法，認知行動変容法について説明している。習慣逆転法の章では，習癖行動の例として爪噛みなどの神経性習癖，運動チックと音声チック，吃音などをあげ，意識化訓練と競合反応の使用を組み合わせた介入法を紹介している。また，恐怖・不安を軽減する方法の章では，リラクゼーション訓練，系統的脱感作法，現実脱感作法などについて事例を用いながら技法とその長所および短所などをわかりやすく説明している。

認知行動療法を学ぶ上での意義 本書は認知行動療法で重要となる行動変容法について深く学ぶことができる。「入門」という名のとおり，初学者にとっても非常に理解しやすい文体で記述されており，扱っている内容は詳細で専門的であるにもかかわらず，行動変容法をほとんど知らない読者でも十分理解できるような工夫がなされている。いずれの章においても日常生活の困った問題を事例として取り上げており，介入方法やその効果を簡単にイメージできるようになっている。さらに各章の終わりにはまとめと練習問題が用意されており，練習問題には各問いの解答の代わりに本文の何頁を参照すればよいかが指示されている。

続いて"応用"の問題で日常生活の事例を取り上げることで，読者は本書で学んだ技法を日常場面においてどのように用いればよいのか把握できるように工夫されている。この"正しい応用"の後は，"間違った応用"の練習問題が用意されている。1問につき1つの事例が紹介され，その章で学んだ技法が間違った形で応用されている。読者はその応用のどこが間違っているかを答えるという仕組みである。解答が与えられていないため，読者は本書を読み返し慎重かつ批判的にじっくりと各事例に向き合うことになる。本書を丁寧に学べば，行動変容法の原理，技法，手続きなどをしっかりと理解することができるだろう。本書は学生のみでなく，実践現場で働く援助専門職の人々にとっても十分役立つ参考書であるといえるだろう。

（中野美奈）

実践家のための
認知行動療法テクニックガイド
行動変容と認知変容のためのキーポイント

坂野雄二監修　鈴木伸一，神村栄一著
北大路書房　A5版 181 頁　2005 年

本書の目的　著者らが実際に扱った事例を具体的に示しながら，認知行動療法（CBT）の枠組みを使った事例の理解および介入方法に関する「How to」を解説し，日々の臨床実践の中で少しでもCBT を使うことができるようにする。

本書の概要　本書は全部で 4 つの章からなる。第 1 ～ 3 章では，それぞれ行動（第 1 章），感情（第 2 章），認知（第 3 章）という CBT を構成する各要素に焦点を当てながらセラピーにおける具体的なテクニックの紹介がなされ，第 4 章ではそれらのテクニックを使っていく上でのセラピストの基本的な考え方・心構えが説かれている。各章の概要は以下のようになっている。

　第 1 章「行動のコントロール―望ましくない癖を減らし，望まれる習慣を形成・維持するテクニック」では，オペラント条件づけを基礎とした行動変容技法を中心に，その理論的解説と具体的な事例の紹介がなされている。ここでは，いわゆる心理的な問題を特定の行動の頻度の不適切さとして捉え，その行動の生起頻度を変えることにより問題を解消することが目指されている。行動の頻度を学習により変えていくためには，弁別刺激・オペラント反応・強化子のつながりを分析し，問題を構成する悪循環を特定した上で悪循環を維持する強化子に介入をする必要がある。この章では，具体的な行動変容テクニックとして，正の罰や負の罰をどのように与えていくかが事例で示されている。

　第 2 章「気分・感情のコントロール―恐怖や不安を調整しながら積極性を獲得するテクニック」では，恐怖や不安という「感情」によって生じる問題への曝露および反応妨害を実施していくためのテクニックが紹介されている。第 1 章がオペラント条件づけを基礎とした技法を中心としていたのに対し，第 2 章では古典的条件づけを基礎とした技法（曝露法／系統的脱感作）にも多くの解説がなされている。何らかのきっかけで一度感じた恐怖や不安が回避行動によって保存されるという悪循環が感情面での障害の中心

的メカニズムであり，その解消には恐怖や不安を喚起する刺激への曝露（および反応妨害）が重要な役割を果たす。この章ではこうした治療を行うための手続きが丁寧に解説されている。

第3章「認知のコントロール―受け止め方，思考，信念を変容するテクニック」では，まず，いわゆる認知療法において仮定されている認知・感情・行動の関係や認知の階層構造（自動思考・媒介信念・中核信念）に関する説明がなされた後に，とある事例の展開を継時的に追いながら，認知を変えていくための技法が解説される。前半の理論的な部分では，認知の歪みや認知の階層構造の説明がなされ，感情や行動の問題を引き起こす認知の特定のためのセルフモニタリングの仕方（思考記録表の活用）が解説される。後半の事例部分では，事例に沿いながら特定された非機能的な認知を変えるためのテクニックとして，行動実験の計画と実行やコーピングカードの活用方法が提示されている。

第4章「認知行動療法を臨床実践に活かすために」では，CBTの基本的なコンセプト，治療の流れ，セラピストが気をつけるべき点が述べられている。CBTとは，共同実証主義と呼ばれるセラピスト-クライエント関係のもと，具体的な問題に焦点を当て，心理学の基礎的な行動変容理論を利用し望ましくない習慣を解消し望ましい行動を増やしていく試みだと説明される。こうした流れの中で，セラピストがどのような心構えを持って治療に臨むべきかが示されている。

認知行動療法を学ぶ上での意義 本書は行動療法を基盤としたアプローチを学ぶことができるだけでなく，認知療法を基盤とするアプローチも紹介されており，双方をバランスよく学ぶことのできる良書である。著者らも指摘するように，これまで国内で出版されたCBTに関する本の内容は，理論と技法の一般的／抽象的な解説が中心になるか，あるいは特定の領域や対象に関する臨床実践の具体例に偏っており，読者が他の問題に認知行動的技法を応用することが難しい，といったものが多くなっていた。こうした問題を補うために，本書は著者らが経験した症例の具体的な場面を取り上げ，基礎的な心理学の観点からその事例がどのように理解可能で，どのように対処していくことができるか，そして，具体的にどのような言葉に落とし込んでクライエントに応答していけばよいかという点が丁寧に示されている（面接場面の具体的な会話形式の部分も多い）。

CBTを用いたケース運営の全体像や心構えのみならず臨床実践上の「How to」を伝えることにも焦点が当てられているため，本書はCBTの基礎理論を念頭にそれを臨床実践に応用する力／柔軟性を養うための最適な教科書となると考えられる。なお本書の導入部および各章の冒頭には著者らのCBTに関する考え方が読者からの質問に答える形で示されており，CBTとは何かという基礎的なイメージをつかむ上でも大変参考になる。

（末木　新）

強迫性障害の行動療法

飯倉康郎編著

金剛出版　A5版256頁　2005年

本書の目的　強迫性障害（OCD）の治療に関しては，SSRIを用いた薬物療法と曝露反応妨害法を中心とする行動療法の有効性がすでに確立している。本書は，行動療法の基礎理論に始まり，行動分析，外来治療，入院治療，症例検討に至るまで，OCDの行動療法の実際を丁寧に解説することを目的としている。

本書の概要　本書は全7章から構成されている。1章および2章では，行動療法の概論から始まり，それをOCDの治療にどう応用するかという理論的な面について述べられている。続く3〜6章では，外来および入院における行動療法の進め方と実際の症例について述べられている。最後の7章では，OCDの治療を進める際の留意点について総論的に述べられている。

第1章「行動療法概論」ではまず，そもそも行動療法とはどのような治療法であるか，その特徴，主な理論と治療技法といった，行動療法についての基本的な知識について述べられている。続いて，問題の評価と治療的介入の2つの大きな柱に沿って，行動療法における治療の進め方が解説されている。

第2章「強迫性障害の行動分析と治療の基本」では，OCDの行動療法に的を絞って，どのように治療をはじめ，軌道に乗せていくかが解説されている。具体的には，初診時の対応から治療の導入，治療初期の面接に至るまでの流れと留意点が述べられると共に，OCDの行動療法における中心的な治療技法である曝露反応妨害法について詳しく解説されている。

第3章「強迫性障害の外来治療」では，OCDの治療の流れが，外来治療に焦点を当てて解説されており，強迫症状評価尺度や不安階層表，曝露反応妨害法の課題などが例を挙げて解説されている。また，外来における治療プログラムの例として，九州大学病院精神科行動療法専門外来の臨床治療研究プログラムが紹介され，外来治療の実際として，プログラムに沿った3つの症例が呈示されている。

第4章「強迫性障害の入院治療」では，OCDの治療の流れが，入院治療に焦点を当てて，具体例を挙げながら詳細に解説されている。入院前から入院初期，治療の展開期，治療の後期までの流れが丁寧に述べられているのに加えて，曝露反応妨害法の治療中によく用いられる表現と曝露反応妨害法が有効と思われないケースの分類と対応について述べられている。

第5章「強迫性障害の入院治療の看護」では，入院治療において必要不可欠な看護の実際について述べられている。入院治療における看護を，入院直後，入院初期・様子観察期，本格的な治療導入後の時期，社会復帰に向けての時期の4つの時期に分けて，その時々の時期に応じた看護について具体例を挙げながら丁寧に解説されている。

第6章「症例検討」では，重症のOCDに対する入院治療例が4例紹介されている。いずれも主治医による病歴と治療経過の記述と，コメンテーターによる解説という形式をとっており，行動分析とそれに基づいた介入に関して図表も含めながら具体的に解説されている。

第7章「強迫性障害の行動療法における"動機づけ"」では，OCDの行動療法の進め方と留意点，工夫に関して，治療の組み立て方と治療の進め方という2つの観点から丁寧に述べられている。さらに，治療者が治療に動機づけられていくことの重要性と，日常的な討論と意見交換の場として行動療法研究会での経験が述べられている。

認知行動療法を学ぶ上での意義 認知行動療法は，認知療法と行動療法がその基盤となっているが，近年本邦で注目されている認知行動療法は認知療法寄りのものが多く，行動療法的な観点に乏しい書物も数多く見受けられる。しかしながら，行動療法は認知行動療法を学ぶ上で必要不可欠な，基礎となる療法であり，その応用範囲は実に幅広い。

行動療法の基礎理論から始まり，それをいかにOCDの治療に応用していくかに関して，細やかかつ丁寧に解説してある本書は，認知行動療法に関心のある初学者にとっても，すでに認知行動療法を実践の場で用いている専門家にとっても有益であろう。

また，OCDに対しては，曝露反応妨害法を中心とした行動療法の有効性がすでに確立されているが，本邦においてOCDの行動療法の詳細について解説している本は数少ない。本書は平易な表現で記述されており，図表も数多く用いられているため，読者はOCDに対する行動療法の実際を治療の流れに沿って1つ1つ学ぶことができる。また，外来と入院の差異や，入院治療における看護の役割といった臨床の場に応じた治療の特徴と実際について，臨床例を含めて多角的に記述があることも本書の大きな特徴といえ，OCDの行動療法を学ぶのに最適の1冊である。

（菅沼慎一郎）

認知行動療法を始める人のために

D・R・レドリー，B・マルクス，R・ハイムバーグ著
井上和臣監訳　黒澤麻美訳
星和書店　A5版314頁　2007年

本書の目的　認知行動療法（CBT）に関して，「準備をすること」「CBTの過程を理解すること」「起こりうる困難への配慮」「スーパービジョンのよい活用」という4つの観点から解説し，クライエントの治療を始めるにあたって初心の臨床家に自信と統制感をもってもらうことを目的とする。

本書の概要　本書は全11章で構成されている。第1章「認知行動療法過程への導入」では，CBT開始前の段階の大まかなプロセスと，その際の心構え，およびCBTの背景にある理論の紹介がなされている。そのプロセスとは，治療同盟の確立，査定，症例の概念化，治療計画の考案，という順番で進むものである。第2章「クライエントとの最初の面接」では，初回面接におけるクライエントとの信頼関係の築き方を解説しており，電話での最初の接触からクライエントと会って行う事務的手続きに至るまでにおいて，よりよい関係作りのためにやるべきことを，詳細に説明している。第3章「査定の過程」では，査定の目標およびさまざまな査定のツールの使い方を解説している。査定の目標は，クライエントの症状について仮説的な説明を提供できるようになることであり，曖昧で複雑な問題を抱えているクライエントに「なぜその問題が継続するのか」ということを説明できるよう理解を展開させていくことが臨床家の役割である，と指摘されている。

第4章「症例の概念化と治療の計画」では，得られた情報を基に症状およびその原因・持続要因に最適な説明を与える方法を提示している。症例の概念化については，パーソンズの6段階症例概念化モデルに即して説明がなされており，心理的な問題は「顕在化した問題」と「基底にある心理機制」の2つのレベルで発生するというパーソンズの考え方に従った治療計画の立て方が解説されている。第5章「クライエントにフィードバックを与え，査定報告書を書く」では，クライエントにフィードバックを与える際，および査定報告書を書く際の留意点につ

いて解説している。第6章「認知行動的治療を開始する」では、CBTの最初の数セッションにおいてやるべきことと留意すべきことについて解説している。この段階での心理教育の重要性を強調し、その目的として①信頼関係の確立、②動機づけの向上、③治療への脅威の軽減、の3つをあげている。

第7章「認知行動療法での最初の難題に取り組む」では、CBTの早期段階において頻繁に出現する難題（CBTへの慣れにくさや、自殺のリスク等）と、それらへの対処法について説明している。第8章「その後のセッション―中核となる技法を教える」では、早期段階で心理教育を終えた後に行使する、中核的な技法について解説している。技法の具体例として、認知再構成法と段階的曝露法を紹介し、また「クライエントについての記録を上手にとることの重要性」について詳述している。第9章「認知行動療法においてクライエントの治療への非協力に善処する」では、CBTにおけるクライエントの非協力・抵抗と、それらへの対処法について説明している。第10章「治療を終える」では、いつ、どのように治療を終結するか、およびそこで生じうる臨床上の問題について解説している。

第11章「スーパービジョンの過程」では、スーパービジョン過程の把握とそこで生じうる問題への対処法について解説している。

を実践する手続きの詳細を、クライエントの受付から治療の終結に至るまで具体例を交えながら説明しているため、一般的な理論の話に留まらず、現場で実際に起こっていることをイメージしながら勉強を進めていくことができるようになっている。現場で配慮すべきことに関してかなり詳細に記述しており、技法を行使する上での注意事項だけではなく、電話受付や書類の記入における注意事項等も解説され、治療の全体像を把握する上で役立つ1冊となっている。

また、「初心者が陥りがちな困難と対処法」のパターンを数多く明示しており、現場体験の少ない初心の臨床家が実践を行うためのヒントが多く含まれている。あらゆるタイプの困難を想定し、CBTがスムーズに進まないことを前提として書かれている点も本書の大きな特徴の1つである。「自殺のリスクがある」「セッション内の作業に抵抗する」等、あえてCBTの適用が難しそうなクライエントの例を適宜あげながら、各々の困難への対応を詳述していくため、机上の空論に終わらない柔軟なCBTの活用法を学べる教科書だと考えられる。

また、困難の対応に際して「なぜそのような困難が生じたか」と概念化していくスタンスが本書の推奨する一番の基本となっている。概念化というCBT的スタンスが査定の場面だけではなく、治療の過程全体において重要だということを明示した本であるといえる。

（高岡佑壮）

認知行動療法を学ぶ上での意義 | CBT

CBTカウンセリング
認知療法・認知行動療法 カウンセリング初級ワークショップ

伊藤絵美著

星和書店　A5版198頁　2005年

本書の目的　本書は，認知行動療法（CBT）の実践家養成のためのトレーニングプログラムが不足している現状の改善を目指して行われたワークショップの内容を本にまとめたものである。特に初心者の苦労するポイントである，モデルや技法を理解することと実際に効果的にCBTを実施することとの間のギャップを埋め，具体的・実践的な技法を身につけることが本書の目的である。

本書の概要　本書は，第1章から第6章までの，全6章からなる。第1章から第3章では，CBTの基本事項について述べ，第4章および第5章では，うつ病性障害とパニック障害に対するCBTの実際について，事例を提示しながら論じる。第6章は，ワークショップのまとめとなっている。また，各章の随所に，参加者からのフィードバックおよび質疑とそれらへの応答も記載されている。

第1章「認知行動療法の基本モデル」では，CBTの起源と現状について述べたのち，理論やモデルの基礎について，例を用いながら説明している。後半では，ストレスモデルとCBTを関連させた考え方についても，実際に現場で使われているアセスメントシートを用いて具体的に論じている。

第2章「認知行動療法の基本原則」では，①常に基本モデルに沿ってクライアントの体験を理解する，②臨床家とクライアントがチームを形成し，信頼関係を通じて実証的見地から協働作業を行う（協同的実証主義），③「今，ここの問題」に焦点を当て，その解決を目指す（問題解決志向），④心理教育を重視し，クライアント自身が自己治療やセルフカウンセリングができるようになることを目指す，それによって再発を予防する，⑤毎セッションおよび初回から終結までの流れを構造化する，⑥具体的目標を定め，達成のために多様な技法をパッケージ化して活用する，の6項目について解説している。

第3章「認知行動療法の基本スキル」では，①双方向的なコミュニケーション，②アセスメントと心理教育，③セッショ

ンの構造化，④認知再構成法，⑤問題解決法，⑥その他の認知行動技法，の6つの技法を紹介している。このうち①～③の3つの技法を実践できて初めて，④以降の技法を効果的に使えるようになるという。また，各項目において，ポイントや使える有効な手法についても述べられている。

第4章「認知行動療法カウンセリングの実際―うつ病性障害」では，うつ病性障害に対するCBTの実践について，第3章で述べた技法のうちの①～③を中心に，事例に即しながら，ロールプレイを交えて詳細に解説している。

第5章「認知行動療法カウンセリングの実際―パニック障害」では，パニック障害へのCBTの実践について，事例を用い，実際の対話例を紹介しながら説明している。パニック障害は，CBTが第1選択となる障害であり，適用しやすく効果もあることから，CBTを始める際にはまず対象としてみるのがよいかもしれないと筆者は述べている。

第6章「まとめの作業」では，ワークショップのまとめを行っている。筆者は，一番伝えたいこととして，CBTは協同的な問題解決のプロセスであり，実践においては，カウンセラーとクライアントが一緒に問題を解決していくのだということを述べている。

認知行動療法を学ぶ上での意義　近年CBTが社会的に注目を集め，関連する書物も多く出版されており，その理論や技法については本で学びやすい環境になってきたといえる。しかし，筆者の指摘する通り，CBTの理論や技法を学び，頭で理解することと，実際に目の前にいるクライアントと共にCBTを行えるようになることはイコールではなく，実践家にとっては，その間を埋めるための営みが必要であるように感じられる。しかしながら，溝を埋めるための勉強の機会が，なかなか得られないのが現状であろう。

その点において，本書は，その溝を埋め，理解を実践につなげることを目的としており，臨床家にとって非常に意義深い1冊であるといえる。行動的アプローチについても言及されているが，特に認知的なアプローチの活かし方について示唆に富む内容が多く，有益である。また概念論だけでなく，対話例など具体的な実例が盛り込まれている本書は，「やるべきことはわかったけれど，クライアントとの具体的なやりとりの中で，それらを実際にどのように達成していけばよいのか？」という，誰もが1度はぶつかるであろう課題への，解決のヒントを与えてくれるだろう。また，ワークショップを本にしていることもあり，実際の参加者の生の声も取り上げられているなど，CBTを学ぼうとする読者の疑問やニーズにフィットするものとなっていると思われる。加えて，構成もすっきりとしており読みやすいため，本書は，実践を目指す臨床家はもちろん，タイトルにも掲げられている通り，とりわけ初学者にとって，必読の1冊であるといえるだろう。

(佐藤有里耶)

認知療法・認知行動療法
治療者用マニュアルガイド

大野　裕著

星和書店　A5版 144頁　2010年

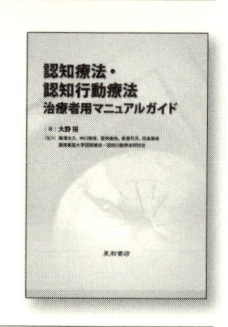

本書の目的　認知療法・認知行動療法は，わが国において平成22年度からうつ病治療における医療保険の対象として認められているが，一方で適切な認知療法・認知行動療法を提供できる専門家が少ないことが問題とされている。本書は，認知療法・認知行動療法の基本的なアプローチについて解説しており，本書を通じて専門家養成に寄与し，わが国の認知療法・認知行動療法の発展に貢献することを目指している。

本書の概要　本書は12章によって構成されている。第1章では，認知療法・認知行動療法の基本的な考え方について解説しており，第2章以降では，具体例をあげながら，治療の始まりから終結までの一連の流れとその中で用いられるさまざまな技法について紹介している。

第1章では，認知療法・認知行動療法の背景と基本モデル，思考−気分−行動の悪循環や自動思考，スキーマといった基本的な用語や概念について説明している。本書では，認知療法と認知行動療法について，臨床を行う上ではほぼ同じものとして捉え，さらに，治療関係の形成においてクライエント中心療法のヒューマニスティックな態度を重視するなど，統合的な心理療法としての位置づけを志向している。

第2章から第4章までは，最初の出会いから症例の概念化，治療関係の重要性と面接技法としてのソクラテス的対話について解説している。自己紹介に始まり，患者への治療構造の説明，病歴の聴取と問題点の整理を通じた症例の概念化，治療関係の維持とソクラテス的対話の利点と注意点について説明している。症例概念化（事例定式化）では，「診断／症状」「形成期での影響」「状況的な問題」「生物学的，遺伝学的，および医学的要因」「長所／強み」「治療の目標」「現状での思考−気分−行動の具体例」「スキーマ」「作業仮説」「治療プラン」といった整理すべき項目について述べ，それらをまとめたワークシートへの記入例を示すことで，各項目がイメージしやすいように工夫がなされている。

第5章と第6章では，認知療法・認知行動療法の治療構造や治療の流れについて解説し，実際の導入にあたってのポイントや導入例をあげている。治療構造については，具体的な1回あたりの面接（セッション）時間や面接回数を示し，セッション回数に応じて治療のステージを分けた上で，各ステージの目的，アジェンダ（話し合う議題），使用ツール・配布物などについて解説している。また，ホームワークの重要性について注意点を含めて説明している。さらに，現実的で遂行可能な課題に取り組むことが重要であることを具体例をふまえて示し，導入におけるポイントについて取り上げている。

第7章から第10章までは，日常活動記録表と行動活性化の技法，認知再構成法を用いた認知の歪みの修正，問題解決技法，アサーション（主張訓練）といった具体的なツールや技法について解説している。それぞれのツールや技法の意義について説明すると共に，実施の手順や注意点について述べており，読者が実践するにあたってどのように取り組めばよいのか整理して伝えている。また，自殺念慮の強い患者へのアプローチなど，実践において直面しやすい問題にも触れられている。

第11章では，スキーマについてより詳細な解説がなされている。「こころの法則」としてのスキーマの同定方法や，非適応的とされる後ろ向きスキーマの特徴，そうしたスキーマにどのように挑戦していくのかについて示されている。

第12章では，治療の終結に向けて，どのように取り組んでいくか，患者とのように関わっていくかについて述べられている。終結期には，治療者から離れることに対して患者の不安が強まりやすいことを取り上げ，その不安に対してどのように向き合っていくかについての対応や注意点について解説されている。

認知行動療法を学ぶ上での意義｜著者は，わが国の認知療法における第一人者であり，認知療法の発展・普及に尽力してきた。本書も，効果が認められながらも専門家養成が追いついていない現状の課題を解決するために上梓されたものと位置づけられるだろう。

「治療者用マニュアルガイド」とのタイトルが示す通り，これまで認知療法・認知行動療法を実践したことがないような読者に対しても，基礎を理解し，実践しやすいようにコンパクトに解説している。一方で，基本的にうつ病の患者のみを想定しているため，より複雑な問題を抱えた患者や，積極的な環境調整が必要になるケースなどへの対応という点では，本書をベースとしつつさらなる発展が求められる。

これから認知療法・認知行動療法を実践したいと考えるメンタルヘルス専門家にとって，その基盤づくりのためには必携の1冊といえる。また，すでに実践している治療者にとっても，基礎に立ち返って自身の取り組みを整理・発展させていくために有用であろう。

（向江　亮）

認知行動療法トレーニングブック

DVD付

J. H. Wright, M. R. Basco, M. E. Thase 著
大野　裕訳

医学書院　A5版341頁　2007年

本書の目的　本書は，米国精神医学会の出版局による認知行動療法（CBT）の教科書的著作の日本語訳である。CBTのスキルを学ぶことのできる入門書として，付属のDVDも活用しながらこの治療法に対するコンピテンシーの獲得を支援することが本書の目的となっている。

本書の概要　本書は11章で構成され，1～4章でCBTモデルの起源や中核になる理論と技法の概要，治療関係，CBTモデルによる事例の概念化，全体を通したセッションの構造化といったCBTの基本的特徴について書かれている。続く5～8章では具体的なCBTの手法について詳しく説明し，最後の9～11章は治療の障害を克服し，さまざまな病態に対処し，知識と経験を積み重ねていくための技法など，高度なスキルを育成することを目指す内容となっている。本章の後には付録としてワークシートやチェックリスト，DVDについての説明があり，実践に活用できるようになっている。

第1章「認知行動療法の基本原則」では，CBTの起源に始まり，CBTの基礎となる認知行動モデル，実践する上で理解しておくべき基本概念が説明され，CBTという治療法の概要がまとめられている。

第2章「治療関係　治療における協同的経験主義」では，CBTを効果的に実践する前提となる患者とセラピストの関係性に焦点を当てる。協同的経験主義に基づき，患者とセラピストがともに認知と行動を検討して仮説を立て，目標を設定し，問題解決に向かうプロセスが協同性の高いものであり，両者が責務を共有することが強調される。また，セラピストが共感性，温かさ，誠実さをもって患者に関わることの重要性を説いている。第3章「アセスメントと定式化」では，CBTにおけるアセスメントと，それを活用しての事例の概念化により，見立てを立てることが説明されている。

第4章「構造化と教育」では，アジェンダの設定やペース調整など，CBTのセッションの構造化の方法と工夫，セ

ションにおける心理教育がCBT実践に重要であることが説かれている。

第5章「自動思考に取り組む」では，自動思考を同定し，修正する方法，第6章「行動的手法Ⅰ―活力向上，課題遂行および問題解決」では，行動活性や問題解決に必要な活動スケジュールの作成や段階的な課題設定，行動リハーサルの方法，第7章「行動的手法Ⅱ―不安の抑制および回避パターンの打破」では，不安障害の治療法について，行動分析，介入の順序付け，さまざまな曝露療法の方法や工夫について説明され，第8章「スキーマの修正」では，問題の背景にある非機能的なスキーマの特定と修正についてまとめられている。

第9章「よくある問題と落とし穴　治療における問題から学ぶ」では，ホームワークの不遵守や1つの行動パターンへの固執が見られる場合など，CBTを実践していく上での困難や問題について，その対処法の工夫がまとめられている。第10章「重度，慢性または複合的な障害を治療する」では，双極性障害，パーソナリティ障害，物質使用障害，摂食障害，統合失調症など特定の障害にCBTを適用する方法や，その注意点が書かれている。第11章「CBTにおけるコンピテンシーの向上」では，より有能な認知行動療法家になるために，継続的なCBTの経験の蓄積やトレーニングの重要性が説かれている。

巻末の付録には，さまざまなワークシートやチェックリスト，書籍などCBTのリソースの情報がまとめられている。

認知行動療法を学ぶ上での意義｜ 本書は認知療法的アプローチだけでなく，CBTの技法全般を学ぶことができる。また，介入技法にとどまらず，理論や実践の基礎となる考え方，CBTの構造，患者とセラピストの関係性について丁寧に説明したバランスのよい構成となっている。そのため，まず初学者がCBT実践に必要な態度を正しく理解し，身につけることができる内容といえる。

その上でCBTのさまざまな技法についての詳しい説明がなされ，本書の随所に付属DVDにおける関連チャプターの紹介，各技法の訓練方法をとしてLearning Exerciseがちりばめてある。本で知識をおさえ，DVDで実際のセラピストと患者のやりとりのイメージをつかみ，Learning Exerciseで各技法を訓練する流れが作られているため，CBTの技法を系統的に身につけるのに役立つ，まさにトレーニングのための1冊となっている。

付録が豊富で，CBTの訓練および実際の臨床で使用できるワークシートとチェックリストのほか，書籍や資料と組織や施設に関する情報がリソースとしてまとめられている。自身の臨床経験や習得スキルに合わせてCBTをより深く学ぶための情報源としても活用でき，初学者のみならずステップアップを目指す実践家にとっても参考になる。

(野津弓起子)

認知行動療法トレーニングブック
統合失調症・双極性障害・難治性うつ病編
DVD付

J. H. Wright, D. Turkington, D. G. Kingdon, M. R. Basco 著
古川壽亮監訳　木下善弘，木下久慈訳

医学書院　A5版 452頁　2010年

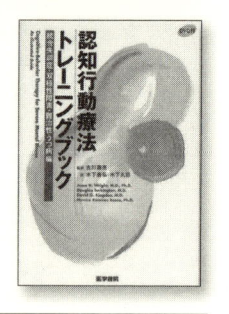

本書の目的｜重症精神障害—統合失調症・双極性障害・難治性うつ病—に対する認知行動療法の，手順と手法，治療過程において発生しうる問題と対処法について，症例に沿いながら解説し，認知行動療法（CBT）を実施できるようガイドする。

本書の概要｜本書は13章から構成されている。第1章は「イントロダクション」として，重症精神障害者に対するCBTの有効性を示す研究知見を紹介し，CBTを実施する上で最も重要かつ基本となる「認知・行動・生物・社会文化モデル」について説明している。

　第2章から4章までは，重症の精神症状に対処する際のCBTの基本的原理，症状に関わらず共通して治療者が実践することについて解説している。治療の成功に必要不可欠なことは，有効な治療関係が形成されること，自らの病気についての患者の理解と受容を促すこと，ケースフォーミュレーションをたてることにある。第2章「治療関係の形成とアセスメント」では，重症精神障害者の症状で治療関係形成の妨げとなるものを概観し，それらへの対処，治療関係の形成のための指針について論じている。第3章「ノーマライジングと心理教育」では，CBTの最も重要な技法の1つとして，ノーマライジングと心理教育の手法の詳細が障害別に，有用なツールと共に提示されている。第4章「ケースフォーミュレーションと治療計画」では，「認知・行動・生物・社会文化モデル」に則ったケースフォーミュレーション作成の実際について論じている。

　本書の後半，第5章から12章は，重症精神障害の治療において取り扱うことが多い個々の問題について解説している。第5章「妄想」では，統合失調症や精神病性の特徴を伴う気分障害の妄想を軽減するためのCBTの手法について，具体例を交えながら解説している。第6章「幻聴」では，幻聴への対処技法を患者が学ぶためのCBTについて解説されている。付録には幻聴に対する60の対処行動のリストが掲載されており，治療

第7章「うつ病」では，重症うつ病における主たる3つの問題，絶望と自殺傾向，活力の低下と快感消失，自尊心の低下のそれぞれに対して，CBTはどのように取り組むかを解説している。第8章「躁病」では，躁病に対するCBTでは再発予防が重要視されるとして，躁病を予防する5つのプランについて詳細に解説している。

第9章「対人関係の問題」では重症精神障害の患者が体験することの多い，対人関係の問題について論じている。第9章では障害毎に，想定される対人関係の問題に関して言及し，支援のポイントを解説している。第10章「認知機能障害」では，統合失調症や躁病，重症うつ病における認知機能障害について解説し，認知機能を高める目的でのCBTの実施について論じている。

第11章「陰性症状」では，まずCBTでは陰性症状をどのように捉えるか論じ，陰性症状に対するCBTの実際について論じている。患者の希望に可能な限り沿い，希望がもてるような長期的および短期的目標の設定が重要であるとここでは述べられている。

第12章「アドヒアランスの改善」では，アドヒアランスを低下させる要因について整理した後，アドヒアランス改善のためのCBTの手法について言及している。第13章「治療効果の維持」では，再発予防の具体的な実施方法や，治療効果維持のためのCBTや，長期にわたるCBTの実施について論じられている。

認知行動療法を学ぶ上での意義 本書の最大の特徴は，統合失調症・双極性障害・難治性うつ病に対するCBTの実践の実際を，著者らそれぞれがロールプレイで示しているDVDが付随されている点にある。

DVDは，被害妄想，双極性障害，慢性うつ病，幻聴などの障害をもつ4人のクライエント（演者）が登場し，著者らがどのようにして面接を行うのかを映した，全18編，158分にわたる充実した内容である。

読者は，本に書かれている手法が実際にどのようにして用いられているのかだけでなく，面接における治療者の視線や間などの非言語行為についてまでも知ることができる。

DVDと本の相互の関連は密で，本書でも随時DVDの逐語をとりあげて面接者のその時の意識や用いていた手法について解説しており，読者はDVDにおける治療者の意図や技法の実際などをより明確に理解することができる。

本編の随所にツールの紹介があるのも本書の魅力である。ワークシートやチェックリスト，評価尺度，患者や家族のための推薦図書や心理教育に用いられるウェブサイトなどの紹介が充実してまとめられている。援助者は，心理教育をはじめとする治療におけるさまざまな場面で用いる新たなツールを，本書から得ることができるものと思われる。

(川崎　隆)

第8章 第3世代の認知行動療法を実践する　26

30のキーポイントで学ぶ
マインドフルネス認知療法入門
理論と実践

R・クレーン著
大野　裕監修　家接哲次訳
創元社　A5版 168頁　2010年

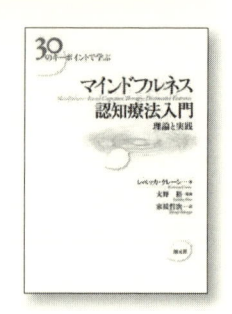

本書の目的｜ 本書の目的は，うつ病再発脆弱性のある人にグループ形式で提供される，マインドフルネス認知療法について，その理論的・実践的特徴を簡潔に解説し，読者のさらなる探求の礎としてもらうことである。

本書の概要｜ 本書では，マインドフルネス認知療法の理論と実践の特徴がそれぞれ15のキーポイントにまとめられ，簡潔な解説がなされている。

まず，PartⅠ「マインドフルネス認知療法の理論ポイント」では，マインドフルネス・ストレス低減法の構造と進め方を土台にしながら，認知行動療法（CBT）の要素を取り入れたマインドフルネス認知療法について，その理論的なポイントの解説がなされている。

マインドフルネス認知療法では，心は「することモード」と「あることモード」という体験を処理する2つの大きなモードをもっているということが，基本前提とされている。そこで，PartⅠでは，「することモード」によって起こり維持される反芻および体験回避が，いかに対処が難しい心の状態を作り上げ，維持させるかについての説明がなされた上で，体験から逃げるのではなく体験に向き合う「あることモード」からの新しい視点で，どのように感情的困難に関わることができるようになるかについての解説がなされている。

また，マインドフルネス認知療法では，体験に対してある特定の方法で注意を向けることで現れる気づきであるマインドフルネスのトレーニングを通して，全般的な脆弱性と特定の脆弱性（うつ病再発脆弱性）の両方が取り扱われる点についても，解説がなされている。加えて，現在増えつつあるマインドフルネス認知療法のエビデンスについても，触れられている。

次に，PartⅡ「マインドフルネス認知療法の実践ポイント」では，受講前に行われるアセスメントとオリエンテーションのための個人セッションと，8週間にわたって行われるグループセッションで構成されるマインドフルネス認知療

第8章 第3世代の認知行動療法を実践する　79

法のプログラムについて，その実践上のポイントの解説がなされている。

具体的には，プログラム全体の構成を概観した上で，プログラムの中で行われるレーズン練習，ボディスキャン練習，マインドフルムーブメント練習，静座瞑想練習，3分間呼吸空間法のそれぞれから得られるものについて，丁寧な解説がなされている。セッションの時間は限られているため，自宅練習（フォーマル練習，インフォーマル練習など）の重要性についても，受講者の体験談を交えて解説がなされている。

また，脱中心化した視点を養う，うつ病について知る，うつ病再発脆弱性に対処するためのスキルを養うといったことのために，慎重にプログラムの中に組み込まれているCBTの要素についても，プログラムの流れに沿った解説がなされている。さらに，講師と受講者の相互作用の中心にすえられる7つの基本的態度，マインドフルネス認知療法のプログラムを指導する際に必要となるスキル，典型的な講師トレーニングの流れについても，解説がなされている。そこでは，プログラムの指導において，講師がマインドフルネスの姿勢を体現することが必要となる点が，強調されている。

最後に，本書で学んだことを礎として，さらに学びたい読者のために，書籍，ウェブサイト，トレーニングを提供する組織，リトリートセンターについての情報が示されている。

認知行動療法を学ぶ上での意義　本書は，2500年の歴史があるマインドフルネスの発想を基にして作られたマインドフルネス・ストレス低減法の構造と進め方を土台としながら，CBTの要素を取り入れたマインドフルネス認知療法について，その理論と実践の特徴をそれぞれ15のポイントにまとめて簡潔に解説している。

内容はマインドフルネスの説明から始まっており，各ポイント末尾に「まとめ」を設ける工夫も施されているため，初心者にとっては要点をつかみやすく，経験者にとっても自らの知識・実践を振り返る上で役立つ1冊となっている。

困難な思考や感情が沸き上がるたびに，それらを評価するのではなく，受け入れることを手助けするマインドフルネス認知療法には，現在エビデンスが増えつつあることもあり，CBTに携わる多くの人が関心をもつようになっている。特に「することモード」で作業するように訓練されている西洋文化圏の人々に対しては，この療法が大きな可能性をもっているとも考えられる。

ただし，マインドフルネス認知療法の指導においては，マインドフルネスの性質を体現することが必要となるため，まずは講師となる者自身がマインドフルネスを実践してみることが求められる。したがって，マインドフルネス認知療法を臨床現場で用いるためには，本書での学びを礎としてトレーニングを積み重ねるなど，さらなる探求をすることが求められるといえる。

（園部愛子）

弁証法的行動療法 実践トレーニングブック
自分の感情とよりうまくつきあってゆくために

M・マッケイ，J・C・ウッド，J・ブラントリー著
遊佐安一郎，荒井まゆみ訳

星和書店　A5版 436頁　2011年

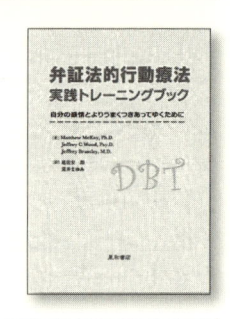

本書の目的｜感情調節に困難を抱える人のための，「圧倒される感情」に対処する4つのスキル（苦悩耐性スキル，マインドフルネス・スキル，感情調節スキル，対人関係スキル）を説明し，スキルの練習法を示している。読者が本書に沿ってワークを行い自分に合った練習法を見つけることで，感情の波にのまれず適応的に対処できるようになることを目指す。

本書の概要｜本書は序章，第1章から第9章，終章の11の章からなる。4つのスキルはいずれも基礎編・上級編の順で解説・練習が掲載されている。

序章「弁証法的行動療法とはどのような治療法か」では弁証法的行動療法（DBT）の説明と本書の見通しを述べ，改善希望点を書き出すことで読者を動機づける。

第1章「苦悩耐性スキル：基礎編」と第2章「苦悩耐性スキル：上級編」では急な感情的苦痛や，同時に起こりがちな身体的苦痛への健康的な対処の練習が記される。第1章では従来の対処法の欠点を考え，苦悩を考えるのを止めて対処する時間を作り，気持ちを落ち着けるよう練習し，対処計画を練り日常での実行につなげる。第2章ではリラックス法などの紹介の後，人生における価値観を振り返る。また，一見すると相反するように考えられる，自身の苦しい現状の「受容」と改善に向けた「変化」の両者を実現するために必要な徹底的受容の考え方について説明している。

第3章「マインドフルネス・スキル：基礎編」，第4章「マインドフルネス・スキル：上級編」，第5章「マインドフルネスのさらなる探究」では，本書の中核となるマインドフルネスの概要・効果と練習を示す。第3章では，現在に焦点を当てて思考・感情・身体的感覚を認識し，意識の瞬間瞬間の流れを捉える「what」スキル，第4章では前章のスキルを用い，感情的な心と理性的な心を一緒に用いて判断を下す賢明な心で徹底的受容を行う「how」スキルを練習する。スキル使用の手順や注意事項と共に，活

動への抵抗・妨害をもマインドフルネスで扱う対象とすることが記される。第5章では，瞑想の古い伝統を基にした追加的な練習を提示している。

第6章「感情調節スキル：基礎編」，第7章「感情調節スキル：上級編」では，DBTの9つの感情調節スキルをマスターし，感情に健康的に対処する方法を示す。最初の反応の1次感情，それへの反応の2次感情，そして感情の両価性への対処を目指す。第6章ではパターン化した行動への対処法・コーピング思考・全体像を見ることや肯定的感情を高めること，第7章では感情のサイクル・強い感情を回避せず耐えること・感情に捉われた反応を和らげることを学ぶ。自らの行動を分析し代替案を考え，記録シートでスキル習得・維持を促進する。

第8章「対人関係スキル：基礎編」，第9章「対人関係スキル：上級編」では，ソーシャルスキルトレーニング・アサーショントレーニング・傾聴スキルトレーニングの総体の対人関係スキルと，交渉スキルを学ぶ。第8章の練習は相手に対してもマインドフルに，受動性と攻撃性いずれにも偏らず欲求・義務のバランスをとることを目指し，スキル使用を妨げる習慣，感情，信念にも言及する。第9章では前章をふまえて要求の出し方を調整し，より困難な抵抗や対立への対処を目指す。効果的な実践のため，問題ある対人関係を分析する方法も記される。

終章ではスキルを保持・強化する習慣づけ，計画作りを行う。

認知行動療法を学ぶ上での意義　本書は第3世代の認知行動療法とされる弁証法的行動療法の理論と実践についてまとめられたものである。読者が練習に従ってスキルを順番に身につけ，激しい感情とそれに伴う苦痛への応急措置的な対応から始めて，対人関係場面で適切に対処する実践的なスキル習得ができるようになっている。優先度の高いスキルからステップを踏み，具体的なレベルでの問題解決を図るという方向性は従来の認知行動療法のワークと同様である。

しかし合理的思考を促す従来のワークと比べ，マインドフルネスに焦点化されている点で，変化したいと思いながらも現状を否定して変わっていくことが辛い人にとっても柔らかく取り組みやすい。自分の価値観を振り返り現状の「ありのまま」に焦点を当てることが，同時に自分を大事にすることでもあるということが柔らかさとして受け入れられ，DBTの実証的な効果にも結びついているのだろう。

訳者が述べるように，本書はDBTのスキルを自分で学ぶことや，スキル訓練グループの参加者の参考書として用いることが想定される。しかし，日常臨床において認知行動療法家がクライエントに強制しない形で現状に付き合い変化を促していくためのエッセンスや，五感を使った練習法など受容の考え方・感じ方を楽しみながら習得する方法が詰まっている点でも，大変有用である。

（大上真礼）

ACT（アクセプタンス&コミットメント・セラピー）をはじめる
セルフヘルプのためのワークブック

S・C・ヘイズ，S・スミス著
武藤 崇，原井宏明，吉岡昌子，岡嶋美代訳

星和書店　B5版344頁　2010年

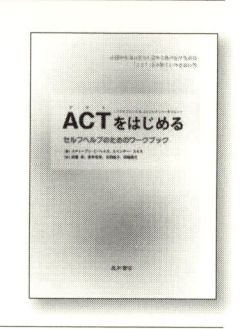

本書の目的 ｜ アクセプタンス&コミットメント・セラピー（ACT）は，認知行動療法（CBT）のいわゆる"第3の波"の1つとされる心理療法であり，理論的には関係フレーム理論に基づいている。本書はセルフヘルプのためのワークブックであり，ACTの考え方に基づき，苦悩のように個人のコントロールできないものをアクセプトし（受け容れ），自分の求める生き方を自覚し，生活を豊かにする方法を提供することを目的としている。

本書の概要 ｜ 本書は全13章と付録からなり，全体として段階的かつ多角的にACTのアプローチを学ぶことができるよう構成されている。各章ではACTの基本的な考え方から始まり，ウィリングネス，マインドフルネス，コミットメントといったACTのさまざまなアプローチが章を追って具体的かつ平易に紹介されている。また，読者がACTのアプローチを実際に体験できるよう，喩え話やエクササイズが数多く用意されている。各章の概要は以下のようになっている。

第1章「苦悩の"ひみつ"：苦悩は苦痛以上のもの」，第2章「言語の"ひみつ"：ことばがあるから苦悩が生まれる」，および第3章「回避の誘惑」では主にACTの基本的な考え方が紹介されている。第1章では，苦痛を1次的な苦痛と2次的な苦痛の2種類に分類し，人間の抱えるありとあらゆる問題は，その2種類の苦痛から生じていること，また苦悩と苦痛との関係について解説されている。第2，3章では主に，ことばが苦悩を生み出すとし，その理由としての体験の回避について説明している。ここでは，さまざまなエクササイズを通して，体験の回避の性質と，自分が苦痛に対して体験の回避というアプローチを今までずっととってきたことを認識できるようになっている。

第4章「『何もしない』をする?!：ウィリングネス『超』入門」，第9章「〈それ〉はウィリングネスではない」および第10章「ウィリングネス：ジャンプの仕方，教えます」では心理的柔軟性を身につけ，

体験の回避に陥らないためにウィリングネスという概念が提示され，アクセプタンスとウィリングネスの関係，および，何がウィリングネスであり何がウィリングネスでないのか，ということについて，エクササイズを通じて体験的に学べるようになっている。

第5章「マインドと〈あなた〉（前編）：マインドと『距離』をとる?!」，第6章「マインドと〈あなた〉（中編）：買ってはいけない」，第7章「マインドと〈あなた〉（後編）：3つの〈私〉」および第8章「マインドフルネス：Just Do It！」では，さまざまな観点から自らとマインドについて解説されている。具体的には，思考が体験の回避を生じさせるプロセスとして認知的フュージョンが，思考から「距離をとる」アプローチとしてマインドフルネスが解説されている。

第11章「〈これ〉が価値だ！」，第12章「選ぶのは〈あなた〉」，第13章「コミットメント＆アクション」では，読者にとって何が大切なことなのか見極め（＝価値づけ），そしてその方向に向かって行くことを自ら選択し（＝コミットメント），具体的に行動していく（＝アクション）ことが強調され，これまで学んできたアプローチを通じて，具体的な行動を積み重ねてゴールに至れるよう構成されている。

付録「ACTの背景にある価値とデータ」では，ACTの実践的，実証的な側面が強調され，ACTの背景となる理論や治療効果，トレーニング等について簡潔に述べられている。

認知行動療法を学ぶ上での意義 本書は最新の科学的な心理療法であり，第3世代のCBTの1つであるACTに基づいた，セルフヘルプのためのワークブックである。セルフヘルプのための本としての本書の大きな特色は，40を超えるさまざまなエクササイズを紹介することで，知的理解にとどまらず，体験的理解を目指している点があげられる。

こうした理解の仕方を重視していること自体がACTの理念に通じているものといえるが，読者は単に文字情報を追うだけでなく，エクササイズを自ら体験することで，ACTのアプローチを自分のものとし，実際の日常生活において活用することができるだろう。加えて，米国での無作為化対照実験により本書の英語版がメンタルヘルスの改善に役立つことがすでに実証されており，安心してセルフヘルプに取り組むことができる。

また，これまで出版されたACTに関連する本はCBTの専門家向けのものが多く，ACTに関する専門用語が多数用いられていたり，その背景にある理論や哲学が詳しく説明されていたため，一般の読者には難解であった感は否めない。

本書ではACTに関して，専門用語を極力用いず，詳しくかつ平易に解説されているため，CBTに詳しくない読者にも読みやすい1冊となっている。専門家が近年のCBTの発展を知る上でも最適の1冊といえるだろう。

（菅沼慎一郎）

ACT（アクセプタンス＆コミットメント・セラピー）をまなぶ
セラピストのための機能的な臨床スキル・トレーニング・マニュアル

J・B・ルオマ，S・C・ヘイズ，R・D・ウォルサー著
熊野宏昭，高橋 史，武藤 崇監訳

星和書店　A5版628頁　2009年

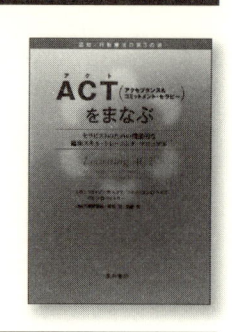

本書の目的 ┃ アクセプタンス＆コミットメント・セラピー（ACT）の中核的プロセスがどのように適用されるかを示すと共に，本書を用いて臨床家自身がACTを実践し，体験することによって，臨床家がACTの知識とスキル，そして有効性を理解し，実践の場でクライエントを支援できるようにする。

本書の概要 ┃ 本書は全10章で構成されている。第1章では，理論的背景や目標等，ACTに関する基礎的な知識を提供している。第2章から第7章で，ACTの中核的な6つのプロセスについて具体的なやりとりや技法を示しながら詳細な説明を行った後，ACTにおけるケースの概念化（第8章）と治療関係（第9章）について述べ，事例を通したACTの全体像とエクササイズ（第10章）を載せている。各章の概要は以下のようになっている。

第1章「ACTの6つのコア・プロセスとその共通ターゲット」では，ACTの理論的背景および目標について述べられている。ACTは，言語と認知によって関係づけが過剰に行われることで精神病理が生じると考える（このメカニズムはコア・プロセスと呼ばれる）。そこでACTの目標は「体験の回避」「認知的フュージョン」等6つのコア・プロセスにアプローチすることで，心理的柔軟性を増加させることであると明示されている。

第2章「ウィリングネス／アクセプタンスの育成」では，不安や恐怖等とアクティブに向かい合い，ありのまま抱えるというウィリングネス（アクセプタンス）について説いている。ウィリングネスを身につけることはACTの機能的ゴールの1つであるとされる。

第3章「認知的フュージョンを弱める」では，自由な行動を制限している自分自身の言葉や思考から距離をとり，現状を客観的に見る機会を増やすことで，行動選択の幅を広げようとするプロセスがあげられている。

第4章「『今，この瞬間』との接触」では，その時その時の体験に意識を向けることの重要性と，そのための方法について説

明している。このプロセスにより，回避や無意味なもがきが弱まるとされている。

第5章「概念としての自己と文脈としての自己を区別する」では，自己を2種類に分けて捉え，自己に関するさまざまな概念に執着することで苦痛や制限が生じると述べられている。そして，そのような執着から解放されるためのワークが紹介されている。

第6章「価値に沿った方向性を見出す」では，クライエントが自らの人生の価値を見出し，それを目指すことができるようになるための，具体的な支援について述べられている。また，価値を見出すことで ACT 全体に対する動機づけが高められると指摘している。

第7章「コミットされた行為のパターンを形成する」では，見出した価値に沿って，クライエントが自らの人生の願望を実現しようと行動することの意義と，それを支援するプロセスについて説かれている。ここではそのために必要な技法についてもあげられている。

第8章「ACT を用いたケースの概念化」では，クライエントの問題や心理的非柔軟性を生じさせている要因と関係性を明らかにするための手続きについて解説されている。

第9章「ACT の治療スタンス：ACT を実行するための ACT の使用」では，ACT におけるセラピストの取るべき役割と姿勢，および関係性について解説されている。

第10章「ACT というダンスの踊り方」は ACT の6つのプロセスが実際にどのように行われるかを，事例を通して明示した統合的な章である。また，事例の中でエクササイズを行えるようになっている。

認知行動療法を学ぶ上での意義　本書は，第3世代の行動療法と称される ACT を，臨床家が実際に適用できるようになることを目指した，非常に実践的な1冊である。理論的背景等の基礎的な説明部分は少なくし，スキルの説明，エクササイズ，そして事例を充実させた内容であるため，通して読むことで ACT の実践に向けたイメージを具体的につかむことができる。

著者らは，ACT のスキルを効果的に用いるためには，臨床家自身がスキルを実践し，体験することが重要であると指摘して，本書をトレーニング本として位置づけている。それは，ACT を行うためにはスキルを知っているだけではなく，体験に伴う抵抗感や変化を理解し，実施の落とし穴を自身で経験していることがクライエントの支援に役立つからであると思われる。

特に初めて ACT に接する臨床家は，本書のエクササイズをすべて行うことが推奨されているが，これほどにスキルを体験する機会を与えてくれるものは僅少であり，すでに ACT に関してある程度の知識や経験をもつ臨床家にとっても有意義であると考えられる。実際のやりとりがふんだんに載せられている点からも，本書は認知行動療法に携わる者にとって必携の1冊であるといえる。

（小倉加奈子）

第9章　子どもと若者のための認知行動療法を実践する

子どもと若者のための**認知行動療法**
①ワークブック　②ガイドブック　③実践セミナー
上手に考え，気分はスッキリ

①② P・スタラード著　下山晴彦監訳
③ 松丸未来，下山晴彦，P・スタラード著

金剛出版　B5版
① 209頁 2006年　② 189頁 2008年　③ 205頁 2010年

本シリーズの目的｜ 本シリーズは子どもや若者の目線に立って，わかりやすく，楽しめる認知行動療法（CBT）を実践できるようになることを目的とする。

本シリーズの概要｜ 本シリーズは，「ワークブック」，「ガイドブック」，「実践セミナー」の全3巻からなる。

「ワークブック」は，第1章から第13章からなる。第1章は，CBTの基本的理論と考え・気持ち・行動の悪循環を示す認知モデル，CBTの特徴とプログラムの主な流れについて説明している。第2章は，子どもの特徴を理解した上で適用する際の工夫とポイント，よくある問題について解説している。第3章から第13章は，子どもがCBTの概念と方略を理解し，使えるようになることを目的とした心理教育の教材や練習課題を提供するワークシートが中心となり，理論的背景や活用方法の説明を盛り込んでいる。教材やワークシートは，考え太君，気分ちゃん，やるよちゃんというCBTの要素を表しているキャラクターを使って進行できるようになっている。これらの資料は，マニュアル化されたものではなく，対象となる子どもや若者のニーズ，あるいは問題の特徴に応じて，柔軟に活用するために提供されている。

「ガイドブック」は，第1章から第9章からなる。第1章は，本書の各章を要約している。第2章は，自主的に来談しない子どもの動機づけ面接に関して解説する。第3章は，個に応じた介入を行う際に要となるケース・フォーミュレーション（CF）を解説する。子どもの認知レベルに応じて，単純なものからより包括的で複雑なものまで紹介している。第4章は，子どもや若者の認知の特徴を明らかにするためのソクラテス的問答と帰納的推論の方法を会話形式で紹介し，説明している。第5章は，子どもに大きな影響力がある親との協働作業について解説している。第6章では，子どもにCBTを適用する際の工夫を紹介している。第7章では，子どもが楽しんで課題に取り組むようにゲームや人形劇，喩え話，視覚化

技法などを使うことを勧める。第8章は，CBTに含まれている多種多様な技法を整理している"セラピストの道具箱"の紹介，子どものCBTの実践ポイントと問題に応じた標準的なプログラムの要素を紹介している。第9章は，不安・うつ・強迫性障害に適用できる心理教育用教材と問題に立ち向かっていくための方法を，子どもにわかりやすい言葉で説明している。

「実践セミナー」は，3部からなる。第1部「レクチャー」では，講義形式でCBTの成り立ち，原則，子どものCBTの特徴が説明されている。第2部「ワークショップ」はセッション1からセッション8からなる。CBTを子どものニーズに応じて使いこなせるようになるために，認知モデルや悪循環の説明，効果研究の実際，工夫の仕方やワークシートの使い方，動機づけの重要性とCFの具体的な作り方と例を解説している。随時，本書の著者であるスタラード教授とワークショップ参加者の質疑応答もある。第3部「ケース・カンファレンス」では，第2部で説明したCBTを日本の強迫性障害，腹痛を訴える不登校，広場恐怖症の子どもに外来の心理相談室とスクールカウンセラーが適用した事例を検討している。第4部「心理教育プログラム」では，学校の授業で行うCBTを用いた心理教育プログラムを示している。

本書は，英国で開発された子どもと若者のためのCBTの活用方法を解説すると共に，それを日本に適用する際の方法も併せて説明している。

認知行動療法を学ぶ上での意義　成人用に開発されたCBTは，子どもや若者のさまざまな問題にも有効であることが実証されている。しかし，子どもに適用するためには，彼らにとってわかりやすく，楽しく取り組めるものにする必要がある。そのためには，ワークブックで示されている，キャラクターを使ったワークシートや教材は使い勝手がよい。

また，CBTの主要概念をわかりやすくするための工夫や，CFを子どもとの協働作業により作成していく方法，意欲を引き出す課題の出し方など，すべてのプロセスにおいて自主的に来談しないことが多い子どもが主体的にセラピーに関われるようになるための工夫は子どもに限らず成人対象の実践においても示唆に富んだ内容といえる。また本書は，子どもが苦手とする考え・気持ち・行動を分化して捉えるために役立ち，その結果，成長過程の子どもにとって必要な自己の見直し，自己理解の促進，感情や行動を制御する自我能力や柔軟な認知能力を育成するための土台となると考えられる。工夫次第では，CBTが子どもの発達的なニーズに合っているものであることがわかる。

スタラード教授が本シリーズで「子ども／若者のCBTはこうあるべきだということを示すものではありません」と伝えているように，目の前の子どもに応じて，セラピストが創造力を発揮し，豊かな介入ができるようになっているところが本シリーズの最大の特徴であり，学ぶべき点である。

（松丸未来）

認知行動療法による子どもの強迫性障害治療プログラム
OCDをやっつけろ！

J・S・マーチ, K・ミュール著
原井宏明, 岡嶋美代訳

岩崎学術出版社　A5版 331頁　2008年

本書の目的　本書は児童・思春期の子どもの強迫性障害（OCD）を治療する臨床家のために書かれたマニュアルである。本マニュアルの目標は，①子どもと親のOCDに関するコンプライアンスを促すこと，②多様な臨床環境に適したプログラムを作成すること，③OCD治療の実証的評価を促進すること，の3点とし，臨床上のコツを数多く紹介することを目指した。

本書の概要　本書は3部構成である。第1部では，小児のOCDに対する認知行動療法（CBT）の基盤となる，理論的・実践的枠組みが提供されている。子どものOCDの症状に関する基礎知識や，アセスメントの方法，治療プロトコールの概要が示されている。

　第2部では，8歳女児の仮想症例を通して治療プログラムの詳細が解説されており，治療の手引きという位置づけとなっている。特に介入初期の数セッションに重点がおかれており，1セッションごとに目的とセッション内容，課題について解説がなされている。セッション1では，ラポールの形成，神経行動学的枠組みの構築，治療プロセスの説明，理解を促す喩えの導入の4点を目標とし，治療の枠組みが作られる。セッション2〜4では症状のアセスメントを実施するための方法について，「道具箱」や「OCDマップ」といった活用できるツールの紹介を交えて解説されている。以上の準備を経てセッション5〜18において，曝露反応妨害法（ERP）を実施する方法について述べられている。ERPの具体的な方法や課題の設定の仕方，困難が生じた際の解決策，介入の進め方，といった内容に加え，子どもへの介入において重要となる家族セッションについてもあわせて解説されている。セッション19は再発予防のためのセッションとして位置づけられ，再発の可能性と再発時の対処について説明する方法についてまとめられている。最後に卒業式としてのセッション20，およびブースターセッションとしてのセッション21について紹介されている。

第9章　子どもと若者のための認知行動療法を実践する　89

　第3部では，さまざまなトラブルシューティングが紹介されている。第17章では，CBTの効果が不十分となる原因として，①CBTの実施方法が未熟であること，②思いやりが欠如していること，③発達的要因，④CBT施行時の症状的な難しさ，⑤薬物療法の必要性，⑥併存症の6つをあげ，それぞれへの対応方法について述べられている。第18章では，「特別なヒント」として，不安マネジメント訓練（呼吸法，リラクセーション等）や，思考停止，飽和，集中訓練，ハビットリバーサルといった，介入のツールが紹介されている。第19章では，治療において家族の協力性を得ることの必要性について解説すると共に，家族アセスメントの要点を解説し，それに基づいて段階的に親と協働体制を作る方法についてまとめられている。最後に第20章では，子どもへの介入にとって不可欠となる学校との連携について，関係者からの協力を得る方法について述べられている。

　最後に本書の特徴として，ツールとして活用できるさまざまな付録が掲載されている。付録1では，配布資料として，「心配温度計」「不安階層表（症状リスト）」「宿題シート」など5種類が提供されている。さらに付録2では評価用の質問紙として，「小児 Yale-Brown 強迫尺度」「Leyton 強迫検査目録」など5種類の尺度が紹介されている。最後に付録3では，「親へのヒント」「ガイドライン」「情報源」について掲載されている。

認知行動療法を学ぶ上での意義｜　本書は子どもの強迫性障害に関する本邦初の治療マニュアルである。本書の中心となる第Ⅱ部では，各セッションにおける課題や留意点について詳細に解説されており，「明日から臨床で使える」内容となっている。特に介入の初期に重点がおかれており，CBT の実践において欠かせない動機づけや導入について，さまざまな工夫が紹介されていることは有意義であると考えられる。さらに，介入開始後についても，多くの実践家が経験することとなる課題や困難について対処法がまとめられており，介入の過程全体を通して立ち返り，ヒントを得ることができるガイドとなっている。

　さらに，本人や家族向けの資料をはじめとした付録が充実していることも，本書の特徴である。面接の場で使うことのできるツールや，学校の教員と共有することのできる資料などが含まれており，実践に直結する1冊となっている。なお第Ⅰ部では OCD や CBT の基礎知識についてもまとめられており，子どもの OCD に対する CBT を行ったことのない人にとっても手にとりやすい工夫がなされている。

　このように本書は，子どもの OCD への CBT を用いた援助を提供しようとする初学者から経験者まで，それぞれの経験や知識の段階に応じて使い分けることのできるマニュアルとなっているといえる。

（吉田沙蘭）

子どもと家族の
認知行動療法（シリーズ全5巻）
①うつ病 ②不安障害 ③PTSD ④摂食障害 ⑤強迫性障害

P・スタラード編
下山晴彦監訳

誠信書房　B5版各240頁程度　2013年〜

本シリーズの目的　本シリーズは，英国における子どもと若者のための認知行動療法開発のリーダーであるスタラード教授が編集した5巻（「うつ病」，「不安障害」，「摂食障害」，「強迫性障害」，「PTSD」）シリーズの翻訳である。いずれの巻も，児童青年期の発達的特徴を考慮して，個別の障害や問題に関して具体的にどのようにケース・フォーミュレーションを構成するのかをわかりやすく説明している。まさにわが国の児童青年期のメンタルヘルス支援領域の発展のために待望されていた書物である。以下に第1巻である「うつ病」についての概要を示す。

本書の概要　シリーズ第1巻「うつ病」は，11章と付録から構成されている。

第1章では，子どもや若者のうつ病の特徴について，自殺傾向や自傷行為も含めてまとめられている。第2章では，認知行動療法（CBT）とは何かを簡潔に解説した後にうつ病に特化したCBTの方法が説明される。第3章では，うつ病の子どもを対象とした認知行動のアセスメントとフォーミュレーションに関して，守秘義務や心理教育の方法も含めて解説されている。

第4章では，セラピーの開始と題して，目標設定，保護者を含めて動機づけのもたせ方，問題の明確化と共有の仕方，宿題の出し方などを説明しながらどのようにセラピーを開始するのかが具体的に解説される。第5章では，セラピーの初期段階に行う介入課題とその方法が示される。さまざまな感情の認識と識別，気分の落ち込み度チェック，宿題の見直し，活動計画，睡眠への対処，自己モニタリングなど，介入課題として解説される。第6章では，子どものうつ病への介入のための認知技法が解説される。そこでは，自動思考を引き出して記録する方法，思い込みや思考の誤りを特定する方法，ソクラテス的問答，家族面接，認知再構成法，マインドフルネスの方法などが具体的に説明される。

第7章では，CBT全般に関連する技法が解説される。具体的には，コミュニケーションや対人関係のスキル訓練，

ロールプレイの活用法，問題解決技法などがテーマとなる。第8章では，セラピーの終了の手続きが説明される。特に，子どもや若者のうつ病にあっても再発の危険性が高いので，再発防止の対策が強調される。第9章では，子どもや若者のうつ病への介入のポイントとして，家族や学校との協力について解説される。親との協力，家族セッション，学校や仲間関係への介入などがテーマとなる。

第10章では，特別な問題として，いじめ，死別，トラウマ，自殺，境界性パーソナリティ障害がテーマとなる。若者のいじめや自殺は，日本の学校でも重要な課題となっており，大いに参考となる。第11章では，よくみられる問題がまとめて解説される。

その後に，子どもと若者のうつ病に介入する際に利用できる，セラピスト用の参考ノートやシートなどの資料が付録として掲載されている。実際の臨床現場で用いることができる資料が満載されており，これだけでも活用する価値がある。

認知行動療法を学ぶ上での意義 特にわが国では，子どもや若者の不登校，引きこもり，いじめ，さらには自殺などの問題が数多くみられる。その背後には，うつ病や不安障害などが隠れている場合も少なからずある。その点で子どもや若者の心理支援においてCBTの普及が広くの期待されているところである。

しかし，わが国では，これまで児童青年期の心理的問題解決にCBTが適切に導入されているとはいえない。いくつかの問題点があった。1つは，大人のCBTを子どもや若者にそのまま適用する傾向がみられたことである。子どもや若者に対しては，発達段階に即したモデルが必要となるのである。例えば，重要な他者（特に家族）の協力を得て，認知の発達レベルに合わせた非言語的媒体の活用することなどが必要となる。もう1つは，児童青年期の心理的障害や問題は，家族や学校との関係も含めて問題の成り立ちが多様であるのにもかかわらず，その点への配慮がなかったことである。多様な問題に対処するためには，個々の事例に即したケース・フォーミュレーションが必要となる。ところが，わが国におけるCBTの学習においては，（成人対応のCBTも含めて）マニュアル適用型の教育が中心となっていた。児童青年期の問題の多様性を考えるならば，そのような紋切型の介入では適切な支援は困難となる。それと関連して子どもや若者の心理支援については，単なる心理教育だけでなく，問題の外在化し，動機づけを高めるといった作業も必要となるが，その点への配慮がされることも少なかった。

本シリーズは，このような問題点の解決法を具体的に示すものとなっている。その点で，どの巻も単なる子どもや若者に特有な問題に有効なCBTの紹介というだけでなく，個々の問題に適した介入法を組み立てるための方法を解説し，さらに心理職が親や学校と協働する視点を提供するものとなっている。

（下山晴彦）

第III部

認知行動療法の技法を学ぶ

　認知行動療法（CBT）は方法（技術）の体系とされています。そのため，目的に基づいて，それらの技術が柔軟に用いられる点に特長があります。しかしながら，その都度，適切な形で技術を用いることができるようになるためには，各技術の意義や作用について，詳細に（頭での理解に留めずに自分の血肉になる形で）理解していくことが必要となります。そこで第III部では，CBTを構成する各技術に着目して，それぞれを詳細に学ぶことのできる書籍を紹介します。なお，こうした技術の中には，世代を超えて重要となる面接技術も含まれます。例えば，クライエントとの信頼関係や協働関係を構築する技術，クライエントのモチベーションを効果的に引き出したり，モチベーションを損なうことなく大切に維持していけるように関わる技術，クライエントの状態を見立てる技術，クライエントの状態像に合わせた介入法を選択する技術，などがその代表例です。さらに，CBTには各世代で提唱されて効果が示されてきた多くの介入技術もあります。そこでこうした技術を学ぶことのできる代表的な書籍を次の構成で紹介します。

　第10章「動機づけ面接を学ぶ」では，クライエントとの協働関係の構築および動機づけを高めるために有益な面接技術を学ぶことのできる書籍を集めました。『熟練カウンセラーを目指すカウンセリング・テキスト』[33]は，援助

専門家の面接技術の向上を目的とした書籍です。そのため，CBT に限定されない広義のカウンセリングで用いる面接技術が紹介されていますが，どれも CBT を円滑に進める際にも役立つものです。『**動機づけ面接法**』[34] および『**動機づけ面接法実践入門**』[35] は，変化への葛藤を抱えるクライエントが本人の望む方向へ変化していくことを支えるための面接技術である動機づけ面接（MI）を学ぶことができます。これは CBT 導入前だけでなく，導入後も端々で用いることのできる技術です。前者は日本で MI を初めて紹介した書籍であり，その歴史から理論および実践例まで網羅的に学ぶことができます。一方で後者は比較すると一層実践的な示唆が強調されたものとなっています。また，MI については，既出の書籍（イントロダクションの④）もとても参考になります。

　第 11 章「ケースフォーミュレーションを学ぶ」では，クライエントをいかにアセスメントし，その情報に基づき，どのように見立てて，その都度見立てを修正しながら面接を進めていくのかに関して示唆に富む代表的な書籍を集めました。本章のケースフォーミュレーションと次章の介入デザインは実際には連動するものであるため，内容的に重なる部分はありますが，11 章ではケースフォーミュレーションについて異なる視点から示唆を与えてくれる以下の 4 冊を選びました。『**認知行動療法ケースフォーミュレーション入門**』[36] は，問題をどのように見立てて介入につなげるのかについて，個別性を重視するケースフォーミュレーションを詳細に学ぶことができます。『**認知行動療法におけるレジリエンスと症例の概念化**』[37] はレジリエンスの発想を重視したケースフォーミュレーションを学ぶことができ，クライエントの強みや長所に目を向けることの有益さについての示唆に富むものとなっています。『**認知行動療法実践ワークショップ I**』[38] では，本邦で発展を遂げた各種のツールを効果的に用いる形での CBT が紹介され，その CBT における一連のケースフォーミュレーションの進め方を学ぶことができます。『**ACT を実践する**』[39] では，第 3 の波に位置づくアクセプタンス＆コミットメント・セラピー（ACT）の独自性として，これまでの CBT ではあまり強調されなかった「どのような価値に基づいて，生きていきたいか」という視点を含めたフォーミュレーションの実施法やその意義などを学ぶことができるでしょう。

　第 12 章「介入デザインの実際を学ぶ」では，ケースフォーミュレーションに則した介入方針の決定や介入技法の選択のために有益な書籍を紹介しています。『**ケース概念化による認知行動療法・技法別ガイド**』[40] では，CBT で用い

られるさまざまな介入技法についてわかりやすく紹介されており，どの技法が
どのような問題に対するエビデンスや適用があるのかを学ぶことができます。
『認知行動療法における事例定式化と治療デザインの作成』[41] では，問題解決療
法（問題解決モデル）を軸とした CBT の定式化および援助方針の組み立て方
について詳細に学ぶことができます。『事例で学ぶ認知行動療法』[42] では，先述
のツールを用いた CBT の介入デザインについて具体的な事例をともに詳細に
学ぶことができます。『対人援助職のための認知・行動療法』[43] では，読者にエ
ビデンスの意味を問い直させ，マニュアルを超え，個々の問題に適した効果的
な関わりができるようになるための重要な示唆が示されています。

　第 13 章「さまざまな介入技法を学ぶ」では，各世代で提唱された代表的な介
入技法について学ぶことができる書籍をまとめました。『リラクセーション法の
理論と実際』[44] では主にさまざまなリラクセーション技法について，『マインドフ
ルネスストレス低減法』[45] ではリラクセーション法でもあるマインドフルネス瞑
想について，『読んでわかる SST ステップ・バイ・ステップ方式』[46] では統合失
調症で主に用いられてきたソーシャルスキルトレーニングについて，『強迫性障
害を自宅で治そう！』[47] では OCD で主に用いられてきた曝露反応妨害法につい
て，『PTSD の持続エクスポージャー療法』[48] では心的外傷後ストレス障害で主に
用いる持続エクスポージャーについて，『改訂版　アサーション・トレーニング』
[49] では適切に自己表現を行う技術について，学ぶことができます。

　第 14 章「集団で実施する技法を学ぶ」では，CBT をグループ療法として
用いる際に必要となる技術を学ぶための書籍をまとめました。『認知行動療法
を身につける』[50] は，自分自身で CBT を学び身につけるためのセルフヘルプ
の書籍ですが，グループで CBT を進める際に用いるワークブックとしても活
用できます。『集団認知行動療法実践マニュアル』[51] では集団 CBT の特徴やエ
ビデンスに加えて，各障害に対する集団 CBT の実施例や進行時の工夫が紹介
されています。『さあ！　はじめよう　うつ病の集団認知行動療法』[52]，『うつ
病の集団認知行動療法実践マニュアル』[53] はどちらもうつ病に対する集団 CBT
の実践ですぐに使える実施マニュアルです。前者は DVD による映像資料もあ
り，また女性のための集団 CBT についての言及もあります。一方で後者はタ
イムスケジュールを含めた詳細な実施マニュアルと用いられたワークシートが
紹介されています。『統合失調症のための集団認知行動療法』[54] は，統合失調症
に対する集団 CBT を学ぶことができます。

第10章 動機づけ面接を学ぶ

熟練カウンセラーをめざす
カウンセリング・テキスト

G・イーガン著
鳴澤　實，飯田　栄訳
創元社　A5版512頁　1998年

本書の目的｜本書は，援助専門家の面接技術を含めた技能向上を目的としたテキストである。クライエントに対するサービスを最も重視するという立場から，さまざまな理論を折衷・統合するような観点でまとめられている。カウンセラーだけでなく，広く援助を専門とする実践家に向けたテキストである。

本書の概要｜本書は5部構成となっている。まず第1部は，援助モデル等を概説した導入である。次の第2部では，基本的なコミュニケーション技法について解説されている。最後の第3〜5部では，援助過程を形成しているステージとステップについて詳述されている。以下各部を概説する。

第1部「援助とは」では，援助専門家としてのあり方と，援助モデルについて述べられている。援助のゴールは，クライエントが自分で自分の問題状況を処理できるようにすることであるとする。そのための援助モデルとして，最後の第3〜5部で詳述される3ステージの援助過程を概説する。その土台となるカウンセラーの態度として，敬意と純粋さをあげる。

続く第2部「基本的なコミュニケーションの技法」では，かかわり・傾聴・共感・プローブという4つの援助技法について扱う。かかわり・傾聴・共感は，クライエントが問題を探索し明らかにするのを援助するための技法である。プローブは，クライエントが問題解決に向けた行動を実行に移すことに関連する技法である。

最後の第3〜5部では援助過程を，問題の明確化→目標の設定→実行という3つのステージに分ける。各ステージで達成すべき目標を示した上で，それを実現するために必要な3つのステップをステージごとに提示している。まず「ステージI　現在のシナリオ」では，クライエントが，問題状況を見極め明確化するのを援助する。そのために，①クライエントが話せるよう援助する，②焦点化できるよう援助する，③盲点を克服し新しい展望をもてるよう援助する，という3ステップを踏む。続く「ステージII　好ま

しいシナリオの開発」では，クライエントが問題解決に向けた展望を基に，目標を設定するための援助をする。そのために，①クライエントが望む未来像を具体的にイメージするための援助をする，②目標の実現可能性を検証するための援助する，③目標を選択しそれに向かって専念するよう援助する，という3つのステップを踏む。最後の「ステージⅢ　クライエントが実行するのを援助する」では，実行に向かうためのステップ示される。それは，①クライエントが目標を実現するための手段を見出すことを援助する，②目標達成のための段階的計画を立てることを援助する，③クライエントが計画を遂行できるよう援助するという3つのステップである。

著者は，以上のように援助過程を3ステージとステップで示した上で，援助過程は直線的に進行するものではないとも述べる。例えば，目標を設定しているうちに，新たにより本質的なことが浮上し，ステージを逆戻りする場合などである。各ステージもステップも重複し，行きつ戻りつあることを強調する。また，評価は各ステージの最終段階に行うのではなく，援助の過程で常に行われる必要があるとする。そのためのチェックリストも各ステージごとに用意されている。援助過程を継続的に評価する意義として，問題解決に向けた新たな可能性を見出すことができること，結果論に陥らずにすむことの2つがあげられている。

認知行動療法を学ぶ上での意義　｜　前書

きにおいて著者は，人間中心的（ヒューマニスティック）立場と認知行動的立場との間に一種の緊張感があることを指摘する。しかし両者は相補的なものである。そういった問題意識から，本書は両者の立場をうまく取り入れつつ構成されている。認知行動療法（CBT）を学ぶ上での本書の意義は，認知行動的でありながらヒューマニスティックであり，ヒューマニスティックでありながら認知行動的であるという援助過程・技法を学べる点にある。そのため総合的な観点からクライエントを動機づけ援助していくスキルを身につけていくことができる。

多くのカウンセリングのテキストは，基本的コミュニケーションとステージⅠまでの内容が中心となっている。その一方，目標の設定・実行というステージⅡ・Ⅲに関しては記述が少ない。それに対し，CBTのテキストは理論や技法が中心であり，クライエントの行動を促すための土台となる基本的コミュニケーションには多くを割いていない。しかし，ステージⅠ～Ⅲのすべての段階が援助過程に欠かせないことを本書は示す。理論的立場の違いによる緊張感は，ステップのどこに比重を置くかの違いにすぎないかもしれないことがそこからは伺える。

クライエントに資することを第1に学際的に援助を進めようというのが著者の考えである。それは，理論的立場を超え，あらゆる援助専門家に対し，援助過程の見取り図と，道具を与える。

（高山由貴）

動機づけ面接法
基礎・実践編

W・R・ミラー，S・ロルニック著
松島義博，後藤　恵訳

星和書店　A5版297頁　2007年

本書の目的｜クライエント自身が望む行動変化を支えるための面接技術として，動機づけ面接法（Motivational Interviewing：MI）を紹介することである。

本書の概要｜MIとは，アルコールや薬物依存の問題の治療的介入法として開発され，現在ではさまざまな精神疾患および生活習慣病を有する人の「行動の変化」に伴う両価的（アンビバレント）な葛藤を解決し，変化への動機づけを促す面接技術である。本書はこのMIの理論（第1～3章）と実践（第4～12章）と学習法（第13～14章）を紹介した書籍である。

第1章では，人が自らの行動を変化させる際の要因を学ぶ。その中で，変化への動機として「意思（変化の重要性の認識）」・「能力（変化することへの自信）」・「準備（優先順位）」の3側面の重要性が強調されている。第2章では，我々が誰でも抱く両価的な葛藤（例「タバコをやめたいが，やめたくない」というジレンマ）の特徴と葛藤が変化へ及ぼす影響を学ぶ。さらに，こうした葛藤の板挟みによって身動きがとれなくなっている場合に，MIが有益であると紹介されている。第3章では，両価的な葛藤を有する人へ接する際の対応の留意点として，両価的な気持ちの一面のみを支持したり意見を押しつけることの弊害（抵抗を生む）や，変化への動機を探索し拡大するための「矛盾を拡大する」，「チェインジ・トーク（変わることについての話）」などの面接技術を学ぶことができる。また，認知行動療法（CBT）などの異なるアプローチとの統合についても言及される。

第4章から実践編である。まずMIの基本的前提として，クライエントと協働しながら，クライエントの中にある変化への動機と資質を見つけ出し，呼び覚ます態度が紹介される。また，基本的な面接技術の4つの一般原理（「共感を表現する」「矛盾を拡大する」「抵抗に巻き込まれながら進む」「自己効力感を援助する」）が紹介される。第5章では，クライエントの反応である「抵抗」と「チェインジ・

トーク」の特徴の違いを学び，これらの反応がその後のクライエントの動機に大きな影響を有するものであることを理解する。第6章では，矛盾を拡大し明確化することでクライエントの両価性の解決を促し，変化への動機を構築するMIの第1段階について学ぶ。そこでは「4つの応答技術（開かれた質問，肯定，振り返り，要約）」や「チェインジ・トークを引き出すさまざまな技術」が紹介されている。第7章では，チェインジ・トークへの応答の仕方を学ぶ。第8章では，抵抗への応答の仕方を学ぶ。ここでは，抵抗を変化の鍵と位置づけ，それを減らすことによりクライエントの長期的な変化につなげていく技術が紹介されている。第9章では，クライエントの自信を深めるための面接技術が紹介されている。

第10章では，MIの第2段階を学ぶ。ここでは，クライエントが責任をもって変化を選ぶ決意を強化し，行動につなげていくことを支える方法が紹介されている。クライエントの変わる準備ができたら，一定期間のうちに行動を開始する必要がある。第2段階に入ったことを知るサイン，障害となるもの，必要な面接技術を学ぶことができる。

第11章では，MIの実際の面接スクリプトが紹介され，MIの全体的な流れを掴むことができる。これまで学んだMIの理論と実践方法が，実際にどのように用いられるのかが描き出されている。第12章は倫理的考察，第13～14章では動機づけ面接の効果的な学び方や学ぶ場についての紹介がある。

認知行動療法を学ぶ上での意義 MIは，変化に対する両価的な心境への理解とその心境への具体的な対応がまとめられており，変化を志すクライエントとの関係性の構築やクライエント自身の変化への動機づけを支える際に有益な面接技術といえる。他の心理療法と違わず，CBTの面接においてもこうした関わりが提供できることは有益な援助のための最も重要な要素の1つである。もし，変化することの大変さ，変化を希望しつつも変化することができない苦しさ，変化にまつわる両価性，といったクライエントが体験する可能性のある心境についての理解や配慮がない場合，CBTの行動変容技術をただ単に適用して問題解決を急いでも，クライエントとの関係性が充分に構築できず，また，クライエントの変化への動機づけが損なわれてしまうために，うまくいかないことも出てくるであろう。そのような失敗を減らすためにも，本書でMIを学び，クライエント理解の参照枠の1つとして利用していくことができれば，より援助的で臨床的なCBTを提供する際の有益な助けになると考えられる。

本書内でも示されているように，CBT導入の初期段階でMIを用いることはもちろんのこと，CBTの日々の面接の端々において変化を志すクライエントの大変さに配慮しつつ，どのようにクライエントを支えることができるかについて学ぶことのできる貴重な1冊である。

（林潤一郎）

動機づけ面接法実践入門
あらゆる医療現場で応用するために

S・ロルニック，W・R・ミラー，C・C・バトラー著
後藤 恵監訳，後藤 恵，荒井まゆみ訳

星和書店　A5版 324頁　2010年

本書の目的　動機づけ面接法の中核部分を，どのように毎日のヘルスケアの臨床実践に新しく取り入れるかということを総合的に解説することで，動機づけ面接法の本質を充分に保ちながら，それを近づきやすく，学びやすく，有益で効果的なものにすることを目標にしている。

カウンセリングや面接法に習熟していないセラピストでも，理解でき，実際に使うことができるように，丁寧な解説を心がけた実用書である。

本書の概要　第Ⅰ部「行動の変化と動機づけ面接法」では，動機づけ面接の原理・証拠や基本的指針が概説される。

そもそも，1983年に「動機づけ面接法」の初版が出た頃は，動機がないことが障害であると考えられていた酒・薬物問題への短期介入法として開発された。1990年代からは，患者の動機の欠如が一般的な問題となっている慢性疾患等に対しても試験的に用いられ始め，現在では，さまざまな健康問題やHIV感染の治療と予防にも用いられている。

変化に対する患者自身の動機と，治療アドヒアランス（患者が積極的に治療方針の決定に参加し，その決定に従って治療を受けること）を活性化することによって，心理療法は効果を上げるものである。

変化に対する動機は，実際にはかなり状況に応じて変わるものであり，特に人間関係の中で形づくられるという考え方が原点にある。そこで第Ⅰ部では，4つの指針「RULE」や，3つの中核的コミュニケーション形式・技術が解説される。

第Ⅱ部「動機づけ面接法の中心的技法」では，3～6章にわたって，中心となる技法が1章ずつ丁寧に解説される。各技法について，前半では技法についての一般論を，後半では動機づけ面接法ならではの特徴や留意点を解説している。

3章では，クライエントが抱える両価性に注意を払い，ぽつぽつと出てくる「チェインジトーク」を逃さずに聞き分ける方法が述べられる。

4章では,「質問する」と題して,閉じられた質問と開かれた質問の使い分けや,動機づけ面接が大切にしている適切な質問をするための実用的な提案がなされる。

5章では,「傾聴する」ことを扱う。一般的に傾聴は重要な技法だが,特にチェインジトークを集めて「花束」を作り,クライエントへ伝え返す等,動機づけ面接法ならではの傾聴技法が面白い。

6章では,「情報提供」について,クライエントとの関係性に重点を置いて,いかに情報提供を行うか,といった解説がなされている。

続いて,第Ⅲ部「全ての技法を併せて使う」では,ここまでのさまざまな技法を,いかに使い分け,また,組み合わせるかについて書かれている。

第8章では,3ケースの具体例として,臨床家と患者の会話が提示され,各会話でどの技法を用いているかが左欄で解説されているため,イメージが湧きやすく,理解を深めてくれる。

最終章となる10章では,「なぜ私が変わる必要があるのかわかりません」「言っていることはわかりますが……」「私が何をすべきかあなたの考えていることを言ってください」「本当に全然対処できないのです」などの患者の苦闘や,セラピストの患者の行動の変化を求める気持ちが強すぎる場合,関係性がこじれた場合,などの障害の克服についても書かれている。

機関や医療機関を訪れる人のすべてが,自分の意思で扉を叩くわけではない。家族や上司など,周囲の人に言われてしぶしぶ来る人も多い。また,何とかしたいという漠然とした気持ちは抱えながらも,それを言葉にすることは不得手な人もいる。ヘルスケア臨床に関わる人にとって,最初から動機づけが明確に示されないクライエントと向き合うことは少なくないにもかかわらず,来談の継続自体が難しい状況下で,治療契約を結び,共通の目標に進むことは容易ではない。

このようにクライエントから,やる気や希望が表出されない時に,それをクライエントのせいにするのではなく,相互関係の中でいかに動機を引き出していくかを学ぶことは,ほとんどの面接において役立つスキルとなる。

本書では,認知行動療法（CBT）との直接的な結びつきが強調されているわけではないが,CBTを有効に導入するためには,治療同盟や,クライエント自身の動機は不可欠である。

特に,CBTの主な技法の1つである,曝露反応妨害法などは,クライエントにとって辛いことを,あえてやってみるのであり,治療同盟と動機づけなしには困難である。

したがって,CBTを学ぶ上で,その導入と実践のために動機づけ面接法をも学ぶことが,臨床実践の場で役立つに違いない。

（髙柳めぐみ）

認知行動療法を学ぶ上での意義　相談

認知行動療法
ケースフォーミュレーション入門

M・ブルック，F・W・ボンド編著
下山晴彦編訳

金剛出版　A5版 286頁　2006年

本書の目的　認知行動療法（CBT）のケースフォーミュレーションについて，その概念や実施過程，基本的考え方について説明すると共に，具体的な事例を取り上げながらそれらをわかりやすく解説する。

本書の概要　第1章「ケースフォーミュレーションの成立と発展」では，CBTにおけるケースフォーミュレーションの基本的な考え方，その有効性が紹介されている。具体的には，現時点での精神医学にみられる限界，精神医学的診断とケースフォーミュレーションの関連性が論じられており，さらにケースフォーミュレーション発展の経緯を概観することを通して，それを用いる根拠が解説される。

第2～3章では，主にケースフォーミュレーションの理論，手順について紹介される。第2章「ケースフォーミュレーションの理論と方法」では，ケースフォーミュレーションの導入的な解説が行われる。ケースフォーミュレーションの手続きにおいて最も重要とされる初回面接を取り上げ，その理論および方法について述べられている。第3章「ケースフォーミュレーションの実施過程」では，ケースフォーミュレーションを実践するための手続きを概説している。前半では，ロンドン大学で開発・実践されているケースフォーミュレーションの実施方法の簡潔な説明がなされ，後半では，そのケースフォーミュレーション・アプローチをどのように用いるのかが実際の事例をあげながら具体的に述べられている。

第4章「セラピストとクライエントの協働関係を形成する」の目的は，ケースフォーミュレーションに基づく介入におけるセラピストの関わり方，クライエントとセラピストの協働関係の構築について解説することにある。セラピストの関わり方は問題のフォーミュレーションによって決定され，その協働関係は面接の基盤となるものである。ここでは，2つの事例研究を通してセラピストのあり方について解説される。

第5章「問題状況のコンテクストに

注目する」では，コンテクストに注目したケースフォーミュレーションの実践を説明している。有効な介入をするためには，問題を診断するのではなく，問題が生じてきたコンテクストに注目したケースフォーミュレーションを行うことが前提となる。

第6章の「個別状況に介入プログラムを適合させる」では，マニュアルを個々の事例状況に合わせ，個別生成的に活用することの必要性を述べている。

続く第7～9章では，著名なCBTのセラピストによるケースフォーミュレーションと，それに基づく介入事例を取り上げ，解説している。

第7章「社会構成主義とケースフォーミュレーション—パニック障害が疑われた事例」では，社会構成主義が臨床心理学の領域においても重要な意味をもつとし，社会構成主義アプローチを採用した事例を取り上げている。

第8章「自己マネジメントとケースフォーミュレーション—恐怖症状と強迫症状を呈した事例」では，自己マネジメント療法において重視されている自己マネジメントモデルを基本とするケースフォーミュレーションの実際が解説される。

そして本書の最終章にあたる，第9章「論理情動行動療法とケースフォーミュレーション—不安と抑うつを訴えた事例」では，論理情動行動療法に基づくケースフォーミュレーションが例示され，解説される。ここでは，クライエントの個性を尊重するとの観点から，"ケースフォーミュレーション"という用語の代わりに，「問題のコンテクストでクライエントを理解する」という表現が用いられている。

認知行動療法を学ぶ上での意義 本書は，CBTの中でも「問題をどのように見立て，介入を行うのか」といったケースフォーミュレーションについて深く学ぶことができる。CBTというと，構造化されたマニュアルがあり，それを当てはめる機械的なイメージが先行して語られることが多いが，本書で紹介しているケースフォーミュレーションはそれを覆すものである。

ケースフォーミュレーションでは，セラピスト−クライエントの協働関係を基盤として，クライエントの問題をマクロな視点で捉え，その意味や位置づけを丁寧に探っていく。それはフォーミュレーションの検討を繰り返しながら介入を進めるというクライエントの理解・それに基づく介入のためのプロセスである。

クライエントの個別性に基づき多様な視点からクライエントを捉え介入するケースフォーミュレーションの姿勢は，CBTの実践に限らず，心理臨床活動に携わる者に一様に求められる姿勢であるといえる。この点で，ケースフォーミュレーションは学派を超えてクライエントを理解する際の1つの参照枠として活用することが可能であり，ゆえに本書はCBTの実践家にとってもそうでない実践家にとっても心理臨床を行う上で大変参考となる1冊であろう。

(鴛渕るわ)

認知行動療法における
レジリエンスと症例の概念化

W・クイケン，C・A・パデスキー，R・ダッドリー著
大野　裕監訳

星和書店　A5版 516頁　2012年

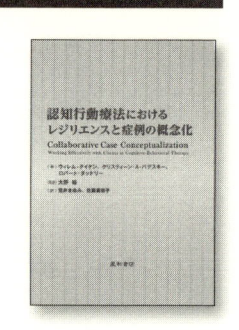

本書の目的　認知行動療法（CBT）において，クライエントの問題に協同的に取り組み，レジリエンスの確立を目指すための「概念化」のスキルについて解説した書である。

本書の概要　本書は9章から構成されており，大きく3つのパートに分けることができる。

はじめのパート（1〜2章）では，著者らが提唱する「症例の概念化の新モデル」についての理論的な説明が述べられている。このモデルは，クライエントの「強み」すなわちこれまでの人生で有効に対処してきた経験を取り入れていき，セラピーの目標を苦悩の軽減だけでなくレジリエンスの確立まで含めるものとするのが特徴的である。レジリエンスとは，困難な状況に陥り落ち込んでも，そこから立ち直り，前へと進んでいく力のことである。レジリエンスを導く要因は人によって多様であり，その人にとっての「強み」がレジリエンスを導くため，すべての人のレジリエンスを導く手順は存在しない。著者は，クライエントをマニュアルに当てはめることの危険性を述べ，実証的理論とクライエントをつなぐものとして，個別の概念化を重視することを強調している。ただし概念化においてセラピストは，まずエビデンスに基づいた理論の枠組みを用いるべきだと言う。なぜならセラピストの理論とクライエントの経験が持ち寄られることで，はじめて両者が「統合」された有用な概念化が生み出されるからである。

続くパート（3〜7章）では，レジリエンスを導くこのモデルにおいて指針となる3つの原理について，具体的な事例での会話のやりとりを通して説明されている。

1つめの原理は「協同的経験主義」であり，セラピストとクライエントがお互いの考えを尊重しながら協同作業で概念化モデルを作り，さらにそのモデルを行動実験によって積極的に検証していく構造が，セラピーの進行や変化を促進させるエネルギーとなる。

2つめの原理は「『強み』の取り入れ」

であり，クライエントの「強み」に焦点づけを行う。問題状況についての概念化に無理やり「強み」を入れ込んでいくのではなく，まずはうまくやれている体験について別個に概念化を行う。多くのクライエントは，自分には「強み」などないと考えてしまう。そこでセラピストが，問題状況とは別の生活領域について丁寧に質問をしていくことで，クライエントの目には映っていなかった「強み」が発見される。

3つめの原理は「三段階の概念化」であり，概念化がセラピーの進行に伴って進化していくことが説明されている。まずはクライエントの経験をCBTの用語に結びつける記述的概念化，続いて課題の誘因と維持要因をCBTモデルで説明する横断的概念化，最後に課題をこれまでの歴史から理解し，将来の予測と予防につなげる縦断的概念化である。各段階の概念化を通してクライエントはさまざまな対処を試み，小さな成功を重ねる。そのセラピーのプロセス自体が，クライエントの新たな「強み」を構築することにつながるのである。

最後のパート（8～9章）には，セラピストが概念化の技法を学ぶための方法が書かれている。初級～上級の経験レベルに合わせて，スキルアップのための具体的な課題が列挙されているため，自分の足りない部分を確認しながら学ぶことができる。その学びの過程においては，セラピスト自身も自分の「強み」を見つけることが重要であるという。なお，巻末には，このモデルの有用性や適用性についての評価と，初回のアセスメント時にクライエントに記入してもらうことのできる質問票が載っている。

認知行動療法を学ぶ上での意義｜CBTでは，思考の偏りや問題行動を変える技法が豊かに体系化されているため，クライエントの問題，すなわち「弱さ」に焦点が向かいやすいという側面がある。クライエントの「強み」に焦点を当てた本書は，CBTに対するそうした「認知の偏り」を修正してくれる。自分の認知や行動を変えようとすることは，同時にそれまでの自分を否定する苦しい体験でもある。その中で，セラピストがクライエントの「強み」に価値を置き，それを生かそうとすることは，クライエントがそうした苦しいプロセスの中で自尊心を保ち，変化を起こす力につながる。

また本書では，協働関係を構築することの重要性が強調されており，その関係が単に治療への動機づけを高めるだけでなく，クライエントに主体性・能動性の回復をもたらすものであることが読み取れる。さらに，問題の状態に至らざるを得なかったクライエントの背景を，セラピストが納得し理解する関わりの中で，クライエントの「自分を慈しむ力」が育つプロセスも興味深い。本書を通して，クライエントの「よさを尊重する」という，見落としてしまいがちな視点が，セラピーにおいていかに重要であるかに気づくことができる。

（平野真理）

認知行動療法
実践ワークショップI
ケースフォーミュレーション編(1)
インテーク面接・初回セッション・応急処置

伊藤絵美著

星和書店　A5版 496頁　2010年

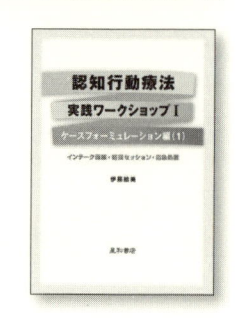

本書の目的｜インテーク面接や初回セッションにおける認知行動療法（CBT）の導入を始めとして、クライアントとの協同関係の形成、問題のアセスメントや目標設定といった一連のケースフォーミュレーション（事例定式化）のやり方について、模擬ケースの面接記録に沿って実践的に紹介することが本書の目的である。

本書の概要｜本書は5章から構成されており、第1章ではCBTの概要が示されている。第2章ではインテーク面接の具体的なプロセスが順を追って紹介され、第3章では初回セッションについて、心理教育と構造化を重視して解説されている。第4章ではCBTにおけるホームワークの意義と目的、課題設定における留意点等を説明し、続く第5章では緊急時の「応急処置」について紹介している。

第1章「認知行動療法とは―初級ワークショップのおさらい」では、初めにCBTの定義に触れると共に、環境−個人および個人内という2つの相互作用の視点に基づいたCBTの基本モデルや、階層的認知モデルについて説明している。また、CBT実践における8つの基本原則を概観し、後の章で扱われるテーマの導入として提示している。

第2章「認知行動療法の導入―その1インテーク面接」では、著者が実践しているインテーク面接の流れを紹介している。この章では面接時に実際に用いられている契約書や表が掲載されており、面接前の情報収集の段階から丁寧にそのプロセスが説明される。また、面接場面における対話例も随所に織り込まれており、アジェンダに沿った聞き取りや心理教育の方法を、筆者の経験も交えて説明している。章末では5つの模擬ケースのインテーク面接記録が提示されており、第3章以降はそれらの展開を追いながら解説がなされる。

第3章「認知行動療法の導入　その2初回セッション」では、初回セッションのマネジメントにおいて重要な諸スキルが、心理教育と構造化を中心に解説されている。ここでは事前のアジェンダ設定

や，セッション構造についての心理教育の重要性が強調され，クライアントとの合意の上で面接が進んでいく様子が示されている。また，事例毎に心理テストのフィードバックのやりとりが掲載され，さまざまなケースに応じたカウンセラーの対応が紹介されている。ここではセッション最後のまとめや，次回セッションに向けての準備作業についても触れられている。

　第4章「ホームワーク」では，ホームワークをCBTの要として位置づけ，CBTの効果を確実なものにすると同時に，セッションと日常生活をつなぐ役割を担うものと説明している。この章ではその意義と目的に加えて，ホームワークについての心理教育や課題設定の方法，課題実施状況の確認の仕方について紹介している。ホームワークに関して生じがちな問題とその対応についても事例に沿って示され，臨床の現場でそうした状況に直面した際の心構えについても述べられている。

　第5章「応急処置」では，筆者が現場でCBTを実践するにあたり独自に発展させてきた「応急処置」の概念を提示している。自傷他害の恐れがある場合の危機介入やCBT導入の下地を整える環境調整など，早急に対応が求められたりCBTの継続が困難となる要因がある場合の「急場の手当て」が，事例と共に紹介される。各事例ではカウンセラーとクライアントがコーピングシートを用いながら，協働作業を進めていく様子が詳細に語られる。

認知行動療法を学ぶ上での意義｜　本書はケースフォーミュレーションをはじめとしたCBTの理論を臨床現場で活かすための方法や工夫について，ワークショップ形式で具体的かつわかりやすく紹介している1冊である。筆者が実践の場で行っている面接の流れや形式，クライアントへの対応などが具体例を用いて丁寧に示されており，実際の現場で用いるワークシート類の紹介も充実している。多くのページを割いて詳細に記述されるセラピストとクライアントのやりとりは，臨床実践の様子を具体的にイメージする上で有用な手引きとなるだろう。5つの模擬ケースがそれぞれ独特の展開をする様を紹介することにより，臨床現場では個々のクライアントに応じた柔軟な発想，および臨機応変な対応が求められることが，筆者の穏やかな語り口で示されているように感じられる。

　各章の最後にはワークショップの受講者やスーパーバイジーから多く発せられる質問内容とそれに対する回答が掲載され，実際にワークショップに参加しているような臨場感が味わえることも本書の魅力である。口語的に語りかける文体には親しみがあり，読者の読みやすさへの配慮も随所に窺える。現場で活躍する実践家のスキルや経験を惜しみなく反映させた本書はスキルアップを目指す専門家に多くの示唆を与えるものであり，CBTの理論や技法を実践に導入する際の参考書として良質な書といえるだろう。

〔能登　眸〕

ACT（アクセプタンス&コミットメント・セラピー）を実践する
機能的なケース・フォーミュレーションにもとづく臨床行動分析的アプローチ

P・A・バッハ，D・J・モラン著
武藤　崇，吉岡昌子，石川健介，熊野宏昭監訳

星和書店　576頁　2009年

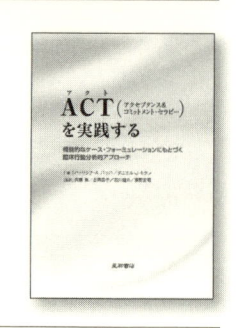

本書の目的　行動療法の"第3の波"として位置づけられるアクセプタンス&コミットメント・セラピー（ACT）の原理を解説し，個々の実践場面にACTを活かすための方法を提供することを目的とする。

本書の概要　本書は3部構成をとっている。第1部（第1～5章）では，ACTのもつ意義や基礎的な概念が解説される。第2部（第6～9章）では，ACTによるケース・フォーミュレーションを行う際のポイントがまとめられている。第3部（第10～16章）では，ACTをどう実践するかについて，セラピーでの具体的な会話例をあげながらの解説がなされる。各部の概要は以下の通りである。

　第1部「ACTの原理に関するイントロダクション」では，従来の行動療法のメカニズムとその限界についての概観がなされ，その上でACTの基本的な原理が解説される。ここで著者らが強調する点は，以下の2点である。①ACTは，問題とされる認知や行動が，クライエントの生きる文脈の中でどう意味づけられているかに焦点化したものであること。②「エビデンスを重視しない哲学的なアプローチ」というACTに対するイメージが誤解であること。①は，従来の行動療法の限界を超える発想と位置づけられている。従来の行動療法のように認知や行動の内容を変えようとするだけでは，「不安になるのは悪いことだ」「不安をなんとしてもコントロールしなければならない」といった意味づけの強化を招き，かえって問題をより根深いものにしてしまう恐れがある。そのような限界を超えるアプローチとしてACTは，ある認知や行動に特定の意味づけをする状態（不安になるのは悪いことだ）を変容し，認知や行動を受け容れるアクセプタンスの状態（不安になるのは嫌だが，なんとか耐えられる）に導くことを目指している。②について著者らは，ACTが基礎研究による裏づけがなされた関係フレーム理論に依拠するものであることを詳述している。ACTが従来の行動療法と同じく，

基礎研究の理論の応用を原理とするエビデンスベイストな実践であることがここから理解できる。

第2部「ACTにおけるケースの概念化に関する基礎」では，第1部で解説されたACTの原理に基づいてケース・フォーミュレーションを行い，アクセプタンスに導くまでの過程が解説されている。その過程の中で考慮すべき事柄は「体験の回避（好ましくない思考や感情をどの程度避けるか）」「認知的フュージョン（ある考え方にどの程度とらわれているか）」といった6つのポイントにまとめられ，それぞれについて詳細な解説が施されている。

第3部「ACTを実践する」では，ACTの実践を行う中で活用できるエクササイズが具体例を交えて紹介される。第2部で扱った6つのポイントそれぞれに有効なエクササイズも紹介されていることから，それぞれのケースに適した実践のアイデアを読者が得られる内容となっている。なお，ここで紹介されるエクササイズはメタファーを用いた会話に基づく観念的なものであり，個々のケースにそのままの形で適用できるものではないことを著者らは注意点として述べている。

認知行動療法を学ぶ上での意義 本書はACTの実践を目指す読者に限らず，認知行動療法（CBT）の実践者に幅広く役立つ1冊である。特に，CBTを実践する上でのケース・フォーミュレーションをより充実させたい読者には，本書の第1部を読むことをお薦めしたい。

本書の指摘にあるように，従来のCBTの考え方には「症状の改善のため，認知や行動をどう修正するか」という医学的発想の域を出ていない面がある。そうした限界のために，実践の中で「認知や行動を修正させようといくら努力しても進展がない」という体験をした読者も少なからずいるのではないだろうか。

ACTの発想は，こうした従来のCBTの限界を乗り越えるのに役立つものだといえる。ACTの発想を参照することで，実践者は問題の背景にある文脈に気づくことができ，認知や行動の修正にばかりとらわれる状況に陥っていないかの見直しができる。そうした気づきや見直しがあってこそ，「どうすれば症状が改善できるか」という医学的発想を超え，「どう生きていきたいか」を軸にした，より多面的なケース・フォーミュレーションを行うことが可能になるだろう。

なお，本書の第2部・第3部の内容は，ACTを本格的に理解して実践で用いたい読者向けのものであることを断わっておきたい。これらの部で紹介される内容は抽象度が非常に高く，さらにはACT固有の用語が多く難解でもあり，そのまま日常の実践で使えるというものではない。

自身の実践を充実させるためにACTの発想に触れるといった目的であれば，ACTの意義や概念をまとめた第1部に目を通すだけで充分だろう。

（樫原　潤）

第12章　介入デザインの実際を学ぶ

ケース概念化による
認知行動療法・技法別ガイド
問題解決療法から認知療法まで

中野敬子著

遠見書房　A5版210頁　2009年

本書の目的　認知行動療法（CBT）で用いられるほとんどの技法を，初心者も使えるよう詳しく解説し，個々のケースにあった技法の導入方法や「ケース概念化アプローチ」を用いてケースの理解を深め，治療計画を立て，ケースにあったCBTの介入技法を選択する方法もあわせて学ぶことを目的とした1冊である。

本書の概要　本書は第1部（第1章〜第6章）と第2部（第7章〜第9章）からなる。第1部「認知行動療法の技法」では，第1章においてCBTの理論やケース概念化の手順などをふまえ，第2章以降ではいくつかの技法について述べられている。また，技法のケースへの応用を治療者とクライエントのやりとりを通して学べるように説明してある。第2部「問題別認知行動療法の実践」においては，症例を用いてCBTの導入方法やセッションの構成，進行など一連のプロセスについて詳しく解説されている。

第1章「認知行動療法」は，本書のイントロダクションにもあたる部分でもある。認知療法とは何かを概説した上で，ケース概念化に焦点を当て，ケース概念化記録表を用いて具体的な手順，何に留意すべきか，どういったところでケース概念化が役立っていくのかということが述べられている。また，CBTを実施していく上で生じる人間関係上の問題や，CBTだけに限らない治療関係の重要性についても記されている。

第2章以降は具体的な技法について理論的根拠やその導入手順を概説し，注意点や適用対象などについても述べられている。第2章では「問題解決療法」を取り扱い，その中で各技法それぞれにおいても重要となる導入面接について詳しく述べられている。第3章「認知の再構成・認知療法」では，この技法においてケース概念化記録表を具体的にどう用いていくかが詳しく示されている。第4章「リラクセーションと不安管理訓練」では，リラクセーション（弛緩訓練）と不安管理訓練（AMT）の2つが取り上げられている。第5章「行動の修正」では，オペラント条件づけにおける強化随伴性と

刺激統制，行動スケジュール法，モデリング，行動リハーサル，ロールプレイングなどを紹介している。またケース概念化による治療計画に基づいた技法の選択をすべきであると述べられている。第6章「自己主張トレーニング（アサーティヴネス・トレーニング）」では，社会スキルトレーニングの一環である自己主張トレーニングについて概説し，諸説ある自己主張行動の定義やトレーニング自体の理論的根拠に関しても，比較的詳しく述べられている。第2～6章はそれぞれ個別の技法として章分けされているが，さまざまな技法との取り合わせや，導入面接におけるアセスメントが各技法の選択にどう結びつくかなど，1つの技法を超えた，個々のクライエントに合わせた援助を考える姿勢が随所に示されている。

第2部では，章ごとに具体的な症例を示し，ケース概念化アプローチの方法や，セッションの構成，対応などの詳細を解説している。第1部で提示してきた各技法を，個々の症例に合わせ柔軟に用いていく治療プロセスが詳しく提示されている。症例としては，第7章「抑うつを主訴とするケース」，第8章「不安を主訴とするケース」，第9章「境界性パーソナリティ障害が疑われるケース」である。どの症例でもまずはケース概念化記録表を作成し，アジェンダをクライエントと共同設定するという共通のプロセスを経る。その上で各技法の選択，組み合わせについて説明されている。

認知行動療法を学ぶ上での意義｜ 本書の1つの特徴は，技法の紹介にとどまらず，CBTの導入面接，面接技法，セッションの構成についても述べているということである。

CBTは形式的，機械的に技法をクライエントに対して用いる教育的治療法であると勘違されることも多い。しかし，CBTにおいても治療関係における信頼関係の形成は重要であり，本書では治療の導入方法やCBTにおいて一般的に用いられる面接方法についても具体的に紹介している。

各セッションの構造およびセッションの進め方についても具体例を用いて解説しており，治療の流れがイメージしやすい1冊だと思われる。ケース概念化アプローチを基に治療計画の修正や技法間の組み合わせについて述べられているため，クライエントに合わせた柔軟なアプローチの仕方を学ぶことができる。さらに，第2部で症例を紹介することにより，治療の過程が初心者にとって理解しやすいものとなっている。

CBTとは何か，どういったところから始めていけばよいのか，初心者がまずやっていくにはどういった技法があるのか，その技法はどう用いるもので，どのようなクライエントに適しているのか，などといったこれからCBTとその介入技法を勉強する，または実践するという人にとって大変参考になり，とりかかりやすい著書である。

（平良千晃）

認知行動療法における
事例定式化と治療デザインの作成
問題解決アプローチ

A・M・ネズ，C・M・ネズ，E・R・ロンバルド著
伊藤絵美監訳

星和書店　A5版　381頁　2008年

本書の目的　セラピストには，個々の患者の状況や状況に合う治療計画を立てることが求められる。本書の目的は，筆者らが開発した「問題解決モデル」を中心とした，治療計画の作成に役立つガイドラインを活用できるようにすることである。

本書の概要　本書は第Ⅰ部（第1章から第5章）と第Ⅱ部（第6章から第15章）で構成される。

第Ⅰ部では，問題解決モデルの特徴と活用方法について説明されている。第Ⅱ部では11の主な心理学的障害について，併存する疾患や治療目標など治療計画の立案に役立つ情報が記載されている。各章の概要は以下のようになっている。

第Ⅰ部「事例定式化から治療デザインの作成まで：問題解決モデルの活用を通じて」の第1章「たったひとつのやり方ですべてに対応することは不可能である」では，治療計画を立てる際に犯しやすい判断の誤りをあげ，それらを回避するために役立つモデルとして問題解決モデルを提案している。問題解決モデルとは，「問題の明確化→解決策の案出→意思決定→結果の評価」という問題解決のプロセスを，臨床実践で活用するものである。セラピストには個々の患者に最適な臨床的判断を下すことが求められるが，実際は経験や創意などに頼って治療アプローチを選択していることも多いと指摘する。こうしたアプローチに代わるものとして，問題解決モデルを提案し，その合理性と有効性について説明している。

第2章「認知行動療法における事例定式化に問題解決モデルを適用する」では，事例定式化段階における，問題解決モデルの活用法について述べられている。著者らは問題解決モデルのポイントとして，①問題をシステムの中で生じる多様な要因を持つものとして捉える視点と，②段階的に問題解決のプロセスを進めることをあげている。問題解決のプロセスの最後に作成される「臨床病理マップ」は，患者の問題の発現と維持に関わる要因を図にまとめたものであり，介入の基

盤となる。この章では，効果的な臨床病理マップを作成するために各段階で用いられる概念や原理についての，詳細な説明がなされている。

第3章「認知行動療法の治療デザインに問題解決モデルを適用する」では，臨床病理マップに基づいて治療計画を立てる段階について説明されている。個々の治療ターゲットへの介入について，できるだけ多角的に検討し，患者の目標と介入戦略を図にまとめる。こうして作成されたものは「目標達成マップ」と呼ばれ，このマップを利用することでセラピストは患者と治療プランについて話し合うことができ，さらには治療全体のプロセスを心理教育的に示すこともできる。

第4章「外来用治療ガイド（本書第Ⅱ部）の活用の仕方について」では，問題解決のプロセスに実際に取り組む際に役立つシートが添付されている。例えば，「事例定式化を促進するための質問群」は，これらの質問に回答していくことで包括的に情報収集を行うことができる。また，この章の後半では第Ⅱ部の活用法について概説している。

第Ⅱ部「特定の障害と問題」では，11の主立った心理的問題（うつ病，恐怖症，パニック障害など）について説明している。7つの項目からなり，診断基準，介入技法やアセスメントツールといった治療計画の立案に必須の情報から，セラピストがその障害を扱う際に考慮すべきさまざまな問題（文化や年齢など）についての解説まで，幅広く網羅されている。

認知行動療法を学ぶ上での意義 本書は事例定式化と治療デザインの構築段階に焦点を絞り，それをいかに論理的，客観的に行うかということに特化した内容である。

本書で提示された問題解決モデルを活用することで，セラピストとして陥りやすいいくつかの判断のエラーを避けることができるだろう。

実際，事例への方針を決定する際に，患者の第1印象や自己の能力への自信にまったく影響を受けていないセラピストがどれだけいるだろうか。これらの変数の影響には，セラピストとしての経験の量に関わらず，常に注意を払い扱っていく必要がある。

本書では介入方針を立てるまでのプロセスを細かく取り上げ，各段階でできるかぎり正確な意思決定を下すための作業を具体的に示しているため非常に使いやすい。

他方，筆者らは研究成果で示される患者と実践場面で出会う患者との解離から問題意識をもち，研究成果を実践に活かすためのガイドラインとして本書を位置づけている。

わが国においても，さまざまな問題や障害に関する効果研究の蓄積が進んでおり，それらを今後十分に活用していく必要がある。本書はセラピストが妥当性の高い実践活動を行うための必携の書であるといえる。

（小倉加奈子）

事例で学ぶ認知行動療法

伊藤絵美著

誠信書房　B5版260頁　2008年

本書の目的 臨床現場で出会うことの多いタイプの問題である12の事例を取り上げ，筆者のアプローチが具体的に紹介されている。認知行動療法（CBT）についての知識をある程度有し，実践を始めている臨床家が，本書の事例はあくまで1つのサンプルとして参考にし，自分なりのCBTを作っていくことを目的としている。

本書の概要 本書は，序章から第8章までの，全部で9つの章から構成されている。

序章は，CBTの概説である。第1〜8章では，大うつ病性障害，強迫性障害など，臨床現場で出会うことの多い疾患が取り上げられている。各章1〜2事例が紹介され，CBTの導入期・実践期・仕上げ期に行うこと，アセスメントの注意点，各技法の実践方法について詳細に説明されている。章の最後には，事例から学ぶことのできる点が数点ずつ解説されている。以下に簡単に紹介する。

第1章「大うつ病性障害」では，重症の抑うつ状態に対してCBTを導入する場合の注意点，アセスメントの重要性，認知再構成法の1クール目の重要性，環境（状況・対人関係）に目を向けることの重要性について解説されている。

第2章「気分変調性障害」では，経過の長い事例におけるヒアリングの重要性，セルフモニタリングの効用，エピソードレベルでの詳細なアセスメントの重要性，協同的問題解決過程としてのCBT，技法としての問題解決法の有用性，セラピストの自己開示について解説されている。

第3章「複雑な気分障害」では，アジェンダにフリートークを入れ込むこと，クライエント自身が自分をアセスメントできるようになる効果，複雑な主訴は小分けにすること，ツールに外在化することの効果，中核信念（スキーマ）に対する介入，躁転の徴候が見られた時の対応，コーピングシートやコーピングカードの活用，双極性障害を乗り越えたクライエントの変化などについて解説されている。

第4章「パニック障害」では、不安障害に対する心理教育の重要性と効用、曝露と他の諸技法との整合性を保つこと、詳細な不安階層表を作成すること、リラクセーション法の継続の重要性について解説されている。

第5章「強迫性障害」では、アセスメントはセラピスト主導で実施し、心理教育につなげること、侵入体験をノーマライズすること、曝露反応妨害法の実施の注意点、周囲の人への働きかけなどについて解説されている。

第6章「社会不安障害・対人恐怖」では、社会不安障害のクライエントのセラピストに対する態度の特徴、多種多様な技法を適用する際の注意点、自己臭恐怖や自己視線恐怖の取り扱いについて解説されている。

第7章「摂食障害」では、拒食症クライエントのCBTに対するモチベーションの上げ方、体重が回復する際の揺れ動き、過食嘔吐の事例におけるセルフモニタリングの重要性などについて解説されている。

第8章「境界性パーソナリティ障害」では、構造化の重要性、クライエントの生活環境を整えることについて、CBTにおけるヒアリングについて、アセスメントの効果などについて解説されている。

認知行動療法を学ぶ上での意義 筆者も指摘するように、CBTに対するニーズの高まりと、それらに対する専門家の不足は、考慮すべき点であろう。筆者は、自身がCBTを現場で実践するかたわら、CBTの専門家育成に携わっている。筆者自身、「専門的なトレーニングを受けたというよりも、現場で試行錯誤しながら自分の認知行動療法を作ってきた面も大きい」と述べていることからも、本書で紹介されているCBTは、より現場に即したアプローチであり、高い治療効果が望めるものであろう。

本書は、臨床現場で出会うことの多いであろう12事例から、個別具体的にCBTを学ぶことのできる書である。各事例について、CBTの導入期・実践期・仕上げ期に行うこと、アセスメントの注意点、面接におけるセラピストのスタンスなどの留意点が詳細に説明されている。面接場面における会話例も豊富に載っておりイメージがしやすい。

さらに、面接を効果的に進めるためのツールや技法が数多く紹介され、記入例なども載っており、効果的な介入デザインの実例として実践に活用できるであろう。

筆者の丁寧な対応は非常に参考になる。ただし、筆者も述べているように、本書の事例は「筆者の認知行動療法」でのアプローチでしかなく、唯一の正しいやり方ではない。筆者のアプローチを参考にし、臨床家が自分なりのCBTを作っていき、臨床家として成長していく上で、有用な書といえるだろう。

（坂口由佳）

対人援助職のための
認知・行動療法
マニュアルから抜け出したい臨床家の道具箱

原井宏明著

金剛出版　A5版 258頁　2010年

本書の目的　患者が実際に認知行動療法（CBT）を受けて生活の質が高まることを著者は究極の目的として位置づけており、そのためにCBTを実践する臨床家を増やすことが本書の目的である。

本書の概要　本書は序章から第8章までの、全部で9つの章からなる。第1章から第4章では、事例を提示しそれに沿いながら、臨床の原則や常識心理学と行動療法の違いについて論じている。第5章から第7章では、個別の疾患・問題ごとの理論や治療法、および行動療法の理論的背景について説明されている。

第1章「デモンストレーション」では、"成功の原則"に言及した上で、2つの症例にそれぞれ2つの治療アプローチをした計4事例を紹介している。症例1はパニック障害の男性であり、患者の希望にできる限り応じた診療を実施する"癒し系"であるAクリニックと、チェックリストによる症状の聴取やエビデンスに基づいた薬物療法やエクスポージャーによる治療を行う"エビデンス系"のBクリニックでの治療経過が比較されている。また、症例2は強迫性障害の女性であり、心理士である治療者Xと治療者Yの治療経過が比較されている。そして、読者が患者ならばどちらの治療を選ぶかを問いかける。

第2章「臨床の原則」では、透明性と説明責任といった医療の原則や、目的志向行動システム、根拠に基づいた実践について説明されている。常識的人間の判断は、損失回避、価値判断が物を見る順序で変わるという参照点依存、連言錯誤といった特徴にみられるように"限定合理的"であることが指摘され、いかに損な選択をすることが日常的に生じるかが示される。

第3章「基本的なCBT」では、最初に常識心理学について説明した上で、CBTの基礎である行動療法について説明している。常識心理学とは、人間の一般的な問題解決行動の背景にある心理学のことであり、因果論や価値判断に基づいた思考がとられやすいことに比べ、行動主義から発展してきた行動療法は、具

体的な量や頻度を重視し，因果論を避け機能を重視するなどの違いがあることを指摘する。また，死人テスト，具体性テストといった，行動とは何かについて，さまざまな基準が示されている。その次に，どのような疾患であっても共通して行うことができる基本的な技法として，CBTのステップケアモデルが紹介された上で，初期の面接で用いられる技法である行動活性化やセルフモニタリング，ベースラインのアセスメントの方法などを取り上げている。

第4章「症例解説」では，第3章で解説された言葉を用い，症例が解説されている。この中で，常識的対処と行動療法の違いや，不安やうつを中心とした具体的な問題や訴えに合わせた評価と治療法について示されている。

第5章「個別の問題に対する行動療法の技術」では患者の受診行動を問題解決行動にすることを目標とした初診時のアプローチとして，動機づけ面接や，患者の選択行動への援助について説明がなされている。第6章「疾患別・問題別治療プログラム」ではパニック障害への内部感覚エクスポージャー，うつ病への行動活性化，薬物療法では特にベンゾジアゼピン系の抗不安薬依存について取り上げている。第7章「行動療法の理論」では行動療法の理論の展開が説明されている。

第8章「〈座談会〉CBTの今日的課題を考える」では，第1章で描かれた4名の治療者と著者の座談会形式で，CBTの今日的課題がユーモラスかつアイロニカルに描かれている。

認知行動療法を学ぶ上での意義 近年CBTが社会的注目を集めているが，その大きな理由の1つは「エビデンスがあること」「効果があること」だろう。しかし，この「効果がある」の意味を，立ち止まって考えている実践家はどの程度いるだろうか。著者の考えに沿えば，臨床は患者の得る長期的な利得が最大化されることを目的とした目標設定をして行われるものであり，CBTありきの治療になってしまうことへの懸念が示されている。

本書によって読者に伝えようとしたことは，“クリティカルシンキング”（正しいと思うことに懐疑的な態度をもつこと）という習慣だと著者は述べている。常識心理学と行動療法の考え方の違いという視点は新しく，かつ日常の読者自身の思考を振り返ることで，客観的に自分の臨床を見直す1つのきっかけとなる。また，患者を「治す」という時に，「治す」とはそもそもどういうことであるか考える必要があり，どんな行動の改善を目標としていくかを患者と共に考え，示していくことで可能になるという視点は，既存の疾患別の，いわゆる「エビデンスのある」プログラムでは抜け落ちている大事なポイントであろう。

著者の臨床経験に基づいたこうしたさまざまな視点や考え，技法は，まさにCBTの実践をしていく上での有用な“道具箱”のように感じられ，治療効果を上げ，介入デザインを洗練させたいと願うCBTを実践する者とって一読の価値がある著書だといえよう。

（野中舞子）

第13章 さまざまな介入技法を学ぶ

リラクセーション法の理論と実際
ヘルスケア・ワーカーのための行動療法入門

五十嵐透子著

医歯薬出版　B5版168頁　2001年

本書の目的｜本書は医療に携わる，医師，ナース，臨床心理士，介護福祉士などのヘルスケア・ワーカーと将来そのような職を目指す学生を対象とした，"こころ"と"からだ"のセルフ・コントロール法を学ぶための入門書である。臨床的問題の改善のみならず，現在の健康を維持・向上するヘルス・プロモーションにも活用が可能である。

本書の概要｜本書は大きく3部に分かれる。Ⅰ部ではリラックス状態の説明があり，Ⅱ部ではリラクセーション・トレーニングの背景としての行動療法を概観し，Ⅲ部ではリラクセーション技法の紹介がされ，理論から実践へ段階的に学ぶことができる構成となっている。

Ⅰ部では，「リラックス状態の理解」を目指し，緊張のない状態と誤解されがちな"リラックス状態"について見直す。リラックス状態における適度な緊張の必要性を説き，緊張と弛緩の間の最適な状態を"リラックス状態"と定義する。また，リラックス状態は獲得可能であることと，リラックス状態の効果について知る。

Ⅱ部では「リラクセーション・トレーニングの背景」として，行動療法について書かれている。まず，精神分析との比較を交えつつ，行動療法が生まれた経緯がまとめられている。次に，①レスポンデント条件づけと新行動主義S-R仲介モデル，②オペラント条件づけと新行動主義に基づく応用行動分析モデル，③社会学習理論モデルといった，行動療法の主な理論と技法の分類が基本的概念をおさえながら説かれている。さらに，責任所在の明確化や受動的集中，トレーニングの必要性等，行動療法の特徴と原則をおさえ理解を深める。最後に，行動療法における詳細な行動分析の重要性ついてまとめられている。

Ⅲ部では「リラクセーション技法の種類と活用の実際」として，リラクセーションの各技法が実践に即した形で説明されている。各技法において，適応対象，指導手順，留意点についておさえ，インストラクション例を交えて，実践に即して詳細に記述されている。①呼吸法では，

深呼吸による身体的・心理的効果を生理学的な視点からも説明する。②漸進的筋弛緩法では，インストラクションの1例が示され，実践への具体的なイメージをもつことができる。③自律訓練法は，自律性や受動的集中といった主要な概念の説明に始まり，自律訓練法を習得したのち身体面に向けた焦点を内面に移行する自律性瞑想エクササイズの紹介もある。④系統的脱感作法では，主観的苦痛状態の捉え方，具体的な不安段階リストの作り方，不安段階リスト実例が示されている。各技法において，基本形の他，対象者の特徴に合わせたバリエーションも紹介されている。

また，Ⅲ部後半ではリラクセーション法以外の行動療法として，認知行動変容療法について，適応対象と留意点がまとめられている。主として，論理療法，認知療法，自己教示トレーニング，ストレス免疫法といった認知行動療法（CBT）に分類されるものが紹介されている。

最後に，自分と他者の権利を尊重しながらアサーティブに振る舞う訓練として，アサーティブ・トレーニングが説明されている。アサーティブ・トレーニングが生まれた社会的文化的背景と，①アサーティブネス，②アグリッシブ，③ノンアサーティブネスの3タイプの行動の違いについて具体的な場面例を用いて説かれている。アサーティブな行動についても，a.拒否，b.賞賛，c.要求や依頼の3つのタイプに分けて説明される。アサーティブな行動をとる時の考慮すべき点やアサーティブな行動の阻害因子にも触れられている。

認知行動療法を学ぶ上での意義 実践で活用しやすいリラクセーション技法について理論的なポイントをおさえ，豊富なイラストやコラムを活用してわかりやすく解説した実践のための入門書である。

著者の実践スタンスが折衷派的アプローチであることから，行動療法やCBTの他，精神分析的な見方や健康心理学的な内容が含まれていることも本書の特徴である。クライエントの状態を多角的に捉え，個々のケースに適した対応をとることの大切さを学ぶことができる。

加えて，本書は，広くヘルスケア・ワーカーを対象として書かれており，実践者の依る理論的立場や学問的背景に関わらず，クライエントの状態改善に役立つツールとしてリラクセーションの活用を考えることができる1冊といえる。

本書で言う「認知行動変容療法」を学ぶことのできる良著は多くあり，そこでは認知と感情の相互作用が重視される。本書では，「リラクセーション」に焦点を当て，時に認知行動変容療法では軽視されがちな"こころ"と"からだ"の相互作用の重要性について，再確認することができる。

CBTの初学者が，生理－心理－社会的な視点をバランスよく学ぶために欠かせない1冊であるといえよう。

（野津弓起子）

マインドフルネスストレス低減法

J・カバットジン著
春木　豊訳
北大路書房　四六版 387 頁　2007 年

本書の目的｜著者が開発，実践した「ストレス対処およびリラクセーション・プログラム」を紹介しながら，そこで用いられているマインドフルネス瞑想法を解説し，読者自らがマインドフルネス瞑想法を実習しマスターできるようにする。

本書の概要｜本書は 3 部（全 18 章）からなる。第 1 部「『マインドフルネス瞑想法』の実践」（1～8 章）では，マインドフルネス瞑想法とはどのようなものか，そしてその具体的な手法と実施手順が説明され，第 2 部「瞑想によるストレス対処法」（9～13 章）では，それらの手法をさまざまなストレス状況下でいかに用いるかについて解説されている。第 3 部「健康と癒しの新しいパラダイム」（14～18 章）では，行動医学におけるエビデンスを示しながら，肉体的・精神的健康と注意集中力との関係が説明されている。

各部の概要は以下の通りである。

第 1 部では，マインドフルネス瞑想法について，その理念，取り組むにあたっての態度，具体的手法といった点から説明されている。マインドフルネス瞑想法とは，注意集中力を高め，"今"という瞬間を意識的に過ごせるようにする方法である（1 章）。効果的に瞑想を行う上での必要な態度として「むやみに努力しないこと」「受け入れること」「とらわれないこと」等があげられ，適切な実施頻度・状況についても説明されている（2 章）。

具体的な手法として，呼吸法（3 章），静座瞑想法（4 章），ボディー・スキャン（5 章），歩行瞑想法（6 章），ヨーガ瞑想法（7 章）があげられ，それらの実施方法の図解に加え，実施手順や実施上のポイントについても説明されている。また，8 週間にわたるプログラムの組み立て方が詳細に紹介されており（8 章），読者はこのプログラムのスケジュールに沿って独自のマインドフルネス瞑想法のトレーニングを進めることができる。

第 2 部では，症状やそれに伴う痛み，種々のストレス（時間ストレス［11 章］，

対人ストレス［12章］,仕事ストレス［13章］）に対するマインドフルネス瞑想法の用い方や用いる上でのポイント，そしてマインドフルネス瞑想法のストレス低減効果について説明されている。症状を身体の不適応状態を知らせるフィードバックとして捉えることの重要性について述べられており，マインドフルネス瞑想法によって身体からのフィードバックに注意を集中することは，身体の不適応状態に気づき，よりよい状態を目指す動機づけを高めるという（9章）。

また，症状に伴う痛みは，脳や中枢神経系統内部の痛感覚を知覚する認識・感情機能を通して感じられるため，痛みは想像の産物であるといえ，マインドフルネス瞑想法は，意識的に心理的側面に影響を与え痛みという体験をコントロールすることができる方略の1つであると説明されている（10章）。

第3部では，行動医学におけるエビデンスを示しながら，心と健康の関連性について述べられ，マインドフルネス瞑想法が健康の維持増進のために有用な方法であることが説明されている。

ものごとを一面的に捉えるのではなく，個人内システム，そして個人と環境の"結びつき"を意識し"全体性"の視野でものごとを認識する必要性が述べられ（14章），"結びつき"や"全体性"とマインドフルネス瞑想法の関係性について説明されている（15章）。

また，思考や感情や性格といった心的要素が健康や病気に及ぼすという行動医学や心理学におけるエビデンスに基づき，心と身体の相互作用に注意を集中し，心と健康の関係を認識する重要性が述べられ（16章），注意を集中するマインドフルネス瞑想法の有用性について示唆されている（17, 18章）。

認知行動療法を学ぶ上での意義 本書は，原書が20年以上も前に出版されていることもあってか，マインドフルネス瞑想法を支持する直接的なエビデンスが示されておらず，思考や感情や性格といった心的要素が健康や病気に影響を及ぼすという行動医学のエビデンスからマインドフルネス瞑想法の有用性が示唆されている。この点，本書を通してマインドフルネス瞑想法が根拠に基づく心理療法であるとはやや納得しにくい。

しかし，マインドフルネス瞑想法のさまざまな手法を紹介し，各手法の実践手順や実践上の留意点について図解を交えて丁寧に解説されており，専門職が自らの臨床実践に取り入れる上で有用な1冊といえよう。

本書を通してマインドフルネス瞑想法の具体的手法を学び，本書で手薄になっているマインドフルネスのエビデンスについては，マインドフルネスの最新のエビデンスを適宜フォローすることで補う。そうすることによって，クライエントの問題に対してマインドフルネス瞑想法を適用する際，それがどのような援助技法であるかに加え，どのような根拠に支持されているかについて説明ができ，実践に結びつけることができよう。

（河合輝久）

読んでわかる
SSTステップ・バイ・ステップ方式
2DAYSワークショップ

熊谷直樹，天笠　崇，加瀬昭彦，岩田和彦監修　佐藤幸江著

星和書店　A5版236頁　2008年

本書の目的　統合失調症患者へのソーシャルスキルトレーニング（SST）を開発したベラックによる2日間のワークショップの採録を通して，SSTを組織するリーダーとして必要な知識，アセスメントツール，SSTプログラムの効果的な組み立て方について解説する。

本書の概要　本書はベラックらの著書『わかりやすいSSTステップガイド』（2000・翻訳出版）とその改訂新版（2005）の実践的副読本であり，2日間のワークショップを再現する形をとっている。本書の構成は，ワークショップ1日目：オリエンテーションとセッション1〜6，2日目：セッション7〜10とクロージング・セッションからなる。

まず，オリエンテーションでワークショップの進め方と目的について解説した後，セッション1で「ステップ・バイ・ステップ方式」を他のSSTの技法との比較を交えながら解説する。ステップ・バイ・ステップ方式では，参加者はソーシャルスキルが欠損している状態で

あると考え，そのスキルを学習するためにSSTを行うとする。スキルはステップという行動要素に細分化され，行動要素を1つずつ学習することで行動形成が達成される。さらに，関連するスキルを技能群としてまとめて捉え，習得したスキルをさまざまな場面に広く適用できることを目指す。プログラムの作成に関しては，個人とグループのアセスメントを通して，メンバー共通の目標・スキルを決定することが重要とされている。

次にセッション2では，統合失調症の認知機能障害とその障害から生じる問題について解説され，続くセッション3ではその問題に対処するための工夫が紹介されている。実践の工夫として，認知機能の障害があっても覚えやすくて忘れにくい「体で覚えた記憶」を利用するロールプレイを学習の中心にすえる。また，具体例をあげる，視覚的手がかりを用いるといった理解を促進する工夫や，メンバー全員の生活に密着してイメージしやすいものを取り上げるといったモデルの作成に関する工夫，さらに，複雑なス

キルは5，6のステップごとに提示し解説する必要であることが書かれている。セッション4ではSSTが基盤とする社会的学習理論についての解説がなされ，SSTを基礎理論から理解することができる。

セッション5は実際に行われたベラックのデモンストレーションをプロトコルの形で再現し，セッションの流れを体験できる。同様に，セッション6ではスキルとステップの使い方についてのセッションに絞ってデモンストレーションが再現されている。

ワークショップ2日目，セッション7ではアセスメントツールである「社会生活状況面接」の解説と，面接のデモンストレーションについて書かれている。社会生活状況面接とは構造化されたアセスメント面接で，参加メンバーの過去および現在の役割機能，問題となる対人状況について聴取したのち，個人の目標を決定するものである。セッション8では，この社会生活状況面接の実施について質疑応答の形式を交えて解説されている。

セッション9では社会生活状況面接によるアセスメントから学習すべきスキルを決定するプロセスについて学び，セッション10では，1つのスキルを学習するセッションのデモンストレーションと，その解説を通してセッションの進め方の実際を学ぶ。

最後に，ワークショップ受講生からの感想とそれに対するフィードバックがクロージング・セッションとしてまとめられている。

認知行動療法を学ぶ上での意義｜ 現在，精神障害患者に対する援助は，入院・隔離での援助から社会の中での援助へと移行しつつある。その流れの中で，統合失調症をはじめとする精神障害患者に対する心理的援助は，症状への対処と共に，社会復帰を促進する援助としての役割が強く求められている。本書で紹介されているSSTは，まさにこの社会復帰の促進を担う技法であるといえる。

本書では，認知行動療法の中でもSSTについて深く学ぶことができるものである。SSTの背景となる理論と実践の両方について，図を用いて詳細かつわかりやすく書かれており，読者がSSTを理解するだけではなく，アセスメントからプログラム作成，セッションの進行までを習得できる内容になっている。ワークショップの再現の形をとっているため，まさに読者が研修を受けているような形で読み進めることができることも本書の特長であろう。

さらに，現在，SSTなどの心理教育は，統合失調症患者や他の精神障害患者に対するものだけでなく，障害の程度や有無に関わらず，広く一般の人を対象とするものに対してもニーズが高まっている。本書は統合失調症患者のためのSSTであるが，同様の手続きを踏んで対象者に合わせたSSTのプログラムを組むことも可能であると考えられ，心理教育の1つの方法として参考になるだろう。

（本田麻希子）

強迫性障害を自宅で治そう！
行動療法専門医がすすめる，
自分で治せる「3週間集中プログラム」

E・B・フォア，R・ウィルソン著
片山奈緒美訳

ヴォイス　四六版 381 頁　2002 年

本書の目的　強迫性障害（OCD）患者のセルフヘルプを実現するため，曝露反応妨害法（ERP）などの行動療法によってOCDを治療する方法を，著者らの研究成果や実践経験に基づいて解説することが本書の目的である。

本書の概要　本書は第Ⅰ部（第1～3章）・第Ⅱ部（第4～6章）・第Ⅲ部（第7～10章）の，全3部からなる。第Ⅰ部では，OCDのメカニズムや症状に関する基礎的な知識が解説されている。第Ⅱ部・第Ⅲ部では，それぞれ軽度のOCD（第Ⅱ部）と重度のOCD（第Ⅲ部）を焦点に，OCDに対して有効な行動療法のテクニックが解説されている。各部の概要は以下の通りである。

第Ⅰ部「強迫性障害とは」では，まずOCDの一般的な症状やメカニズムについての解説がなされる。その上で，「洗浄強迫・清掃強迫」「確認強迫」「繰り返し強迫」といったOCDの症状のタイプが示され，タイプごとの特徴が事例を交えて詳述される。また，症状のセルフチェックシートが豊富に掲載されており，読者が自分自身のOCD症状の特徴（どのタイプに当てはまるか）や重度（儀式行動の頻度・所要時間，強迫観念の苦痛度など）を明確に理解できるようになっている。こうした症状理解は，第Ⅱ部以降でのプログラムの選択や治療の具体的方針の決定を左右するものとして重要視されている。

第Ⅱ部「初期段階の自己治療プログラム」では，軽度のOCDの治療に役立つ行動療法のテクニックが紹介されている。ここで紹介されるテクニックは，強迫観念に対する頭の中での反応を変える，リラクセーションによって不安を軽減する，儀式行動のパターンを変える，といったものである。

また，こうしたテクニックを用いるための前提として，強迫観念に逆らわずとことん付き合うことで事態の改善を図っていく，というOCD治療の原理となる考えが紹介されている。こうした考えがOCDの治療に取り組む上での土台として常に重要となることを，著者らは強調

している。

第Ⅲ部「三週間集中プログラム」は，比較的OCDの症状が重い読者を対象として，ERPのテクニックを用いた治療プログラムを解説したものである。

前半では，まず著者らが実践する治療プログラムの概略が示され，その上で読者自身が段階的な治療プログラムを作る方法が紹介される。治療の内容は「人が普通ならしないようなレベル」までERPのテクニックを実践するというものとなっており，徹底したERPの実践がOCD治療には必要という著者らの考えがうかがえる内容となっている。

著者らは，「エクスポージャー（実際の刺激に接触する）」「イメージの訓練（儀式行動をしないときに起こるイメージと向き合う）」「儀式行動の禁止」という3つのテクニックからERPが構成されることを解説し，症状のタイプに合わせて3つのテクニックの組み合わせ方を調節することを提唱している。

また，ERPを実施する上での前提として，著者らはプログラムを行うための準備を入念に行うことを強調している。時間や協力者の確保といった環境面の準備に加え，強迫観念に逆らわずとことん付き合うという心の面の準備が，ここでも重要とされている。

後半では，OCDの治療に役立つ薬物療法の概要や，OCDを克服した人の声が紹介されており，OCD治療に取り組む読者を後押しする内容が示されている。

認知行動療法を学ぶ上での意義 | ERPをはじめとするOCDに有効な行動療法のテクニックを幅広く学べると同時に，「理論やテクニックをいかに実際の場面に適用するか」ということを考えさせられる，援助者にとっても学びの多い1冊である。

セルフヘルプを目的とした書籍というだけあって，本書ではOCDの症状や行動療法のテクニックが，理論的な基礎から個々の事例に対する応用に至るまで，治療に臨む上での準備も含めて丁寧に解説されている。OCDやERPの基礎知識があっても実際の臨床場面ではさまざまな困難が生じるが，そうした困難を解消するのに役立つ内容が本書には満載されている。

しかしその反面で，「こうした理論やテクニックが実際の臨床場面にそのまま適用できるのだろうか？」と感じさせる記述も多々ある。例えば，症状をコントロールするための決心を患者が独りで保ち続けることは，本書の想定とは違い実際にはかなり困難だろう。また本書で解説されている徹底的なERPは，患者への負担やリスクがあまりにも大きい。そのため，本書を実際の治療で用いる上では，専門的な援助者がサポートを行い，協働して治療を計画していくことが必要となるだろう。既存の理論やテクニックを学ぶだけでなく，それらをどう適用するかの判断が大事だということを，本書は改めて認識させてくれる。

（樫原　潤）

PTSDの持続エクスポージャー療法
トラウマ体験の情動処理のために

E・B・フォア，B・O・ロスバウム，E・A・ヘンブリー著
金 吉晴，小西聖子監訳

星和書店　A5版196頁　2009年

本書の目的｜本書は心的外傷後ストレス障害（PTSD）に対する治療法としての持続エクスポージャー療法（PE）の解説書・治療マニュアルであり，『トラウマからの回復に向けて（Reclaiming Your Life from a Traumatic Experience）』（未翻訳）という患者用のワークブックとセットとして構成されている。本書に示される治療法は認知行動療法によく馴染んだ治療者を対象に作られているが，治療原理の明確化とそれを患者に理解してもらうことの重要性や，治療者による患者への情動的関わりの必要性などが強調されており，PEを実際に行わない臨床家にとっても各々の実践における貴重な示唆を与える内容となっている。

本書の概要｜全8章から構成されており，巻末には付録「トラウマ面接」と，資料「よく見られるトラウマ反応」が含まれる。第1章では，当治療法の中核となる情動処理理論の背景と目的についてまとめられている。PEとは，過度な恐怖や不安を克服するために，患者を安全ではあるが不安を喚起させる状況に直面させる治療法である。この療法が機能する基礎的なメカニズムとして，トラウマ被害者がその経験を情動的に処理するプロセスを体験することが肝要であるとする情動処理理論（emotional processing theory）が紹介されている。また，PEプログラムの手続きについても簡単に触れられており，なかでも手続きの最後にあたる現実・想像エクスポージャーの目的については，トラウマ記憶や関連する状況・行動はトラウマそのものとは異なるということを患者が理解することによって，トラウマとなった出来事に対する情動処理を促進させることであるという治療原理が強調されている。最後にはこの治療プログラムの実証効果や長所とリスクについて言及している。

第2章から第7章では，PEプログラムの具体的方法や実施手続きについて述べられている。第2章では，PEに適している患者や除外基準についての記載から，治療中患者の変化を計る評価尺度に

ついても紹介されている。また，患者を勇気付け受け止めることを基本とする治療の基礎を築く強固な治療同盟が不可欠であることが述べられている一方で，治療者自身のケアについても触れている。第3章はセッション1の概要についての説明となっており，患者への治療プログラムの概略の説明，想像／現実エクスポージャーに関する説明，トラウマに関する重要な情報の収集，呼吸再調整法の紹介，宿題の割りつけの各項目で構成されている。第4章はセッション2の概要となっており，セッション1の内容をふまえ，SUDS（Subjective Units of Discomfort）の紹介と項目決め，現実エクスポージャーの階層表の作成と宿題として行う現実エクスポージャーの課題の選択などで構成されている。第5章はセッション3の概要として，想像エクスポージャーの施行と処理について主に扱い，第6章では過去3セッションに学んだことを繰り返し実行してみる中間セッションについて説明されている。第7章は最終セッションの概要として，PEを通して改善したことについてのまとめと，今後の取り組みについての助言を患者にねぎらいの言葉をかけながら行うことが述べられている。最終章の第8章では，患者に応じた問題の予測と治療の修正と，効果的な情動的関わりの促進についての言及がされている。期待した回復が見られない場合の援助方法や，患者の情動的関与のタイプ別によるプログラムの修正方法等，具体的な助言がなされている。

認知行動療法を学ぶ上での意義｜ 著者とスタッフが膨大な効果研究を重ねた結果として生まれたPEの発展過程，治療原理，長所，手順が細かく記載されている一方で治療上のリスクや禁忌にかかる記載もバランスよく含まれており，PTSDと曝露を用いた介入技術に興味のある者にとって大変参考になる書である。また，巻末に収録された「トラウマ面接」は，収集すべき情報が詳細に質問書形式で記されており，実際にも大いに役に立ちそうな資料である。一方で，科学的根拠に基づくプログラムといった面が強調されすぎると人のこころを扱う治療法として無機質な印象を受ける場合もあるが，本書では患者との信頼関係の重要さと効果的な関係の築き方，エクスポージャー中の動機づけや励まし方など治療者／患者間の信頼関係構築に関する細やかな助言が加えられており，PTSD以外の治療でも役立つ指摘も多く，またPE以外についても臨床的な示唆に富む内容が含まれている。

　なかでも特徴的なのは，プログラム実行中に患者のつらいトラウマ体験と継続的に接することとなる治療者自身のケアにも言及している点である。その方法として，トラウマにかかる情動は実際のトラウマのように傷つけるわけでも永遠に続くわけでもない，というPEの概念モデルに治療者自身も立ち返ることである，としており，治療原理の理解にかかる重要性を主張する本書の強い意志を感じることができる。

（遠藤麻貴子）

改訂版
アサーション・トレーニング
さわやかな〈自己表現〉のために

平木典子著

日精研　四六版190頁　2009年

本書の目的　本書は1993年に刊行された同名の書の改訂版である。改訂版の目的は次の2点である。第1は、初版から15年、本邦におけるアサーションの実践の歴史をふまえ、その現代的意味を考えることである。第2は、さまざまな領域で実施されたアサーション・トレーニングの成果を盛り込むことで、アサーションをより身近なものにすることである。

本書の概要　本書は6章から構成されている。第1章でアサーションの定義を説明し、第2～5章でアサーションを構成する具体的要素について解説し、第6章でアサーション・トレーニングの実際を紹介している。各章の概要は以下の通りである。

　第1章「アサーションとは」では、アサーションとは何か、アサーションとそうではないことの違いはどこにあるのか、どうしてアサーションができないかについて解説されている。自他尊重のバランスの観点から、非主張的（ノン・アサーティブ）、攻撃的（アグレッシブ）、アサーティブの特徴が区別され、自分も相手も大切にする自己表現がアサーションであると説明されている。また、アサーティブになることの難しさの諸要因があげられ、それらの把握、積極的な使用、習得がアサーション成立に不可欠であると記されている。

　第2章では「人権としてのアサーション」では、アサーションの判断基準やその効果的な発揮の仕方について、自己表現の権利という基本的人権を知り、認めることの必要性が述べられている。自己表現の権利をアサーション権とし、この権利に関して基本的なものを5つあげ、権利についての留意点と共に紹介している。

　第3章「考え方をアサーティブにする」では、アサーションと日頃のものの見方や考え方との関連性が解説されている。日頃の自分の考え方を確認する質問項目や論理療法の創始者A.エリスのABCD理論の概要を通じて、自分の考え方やものの見方によって自己表現のあり方が異なることが説明されている。アサーティ

ブな言動を抑制する非合理的思い込みの典型例があげられ，アサーティブな言動には考え方がアサーティブである必要があると説明されている。

第4章「アサーティブな表現」では，言語表現におけるアサーションについて，日常会話におけるアサーションと課題達成・問題解決のためのアサーションの2つに大別し解説している。各アサーションの目的や機能，具体的なポイントが解説され，自らが苦手とするアサーティブな表現について検討できるよう記されている。また，アサーティブな表現の前提となる心構えについても述べられている。

第5章「言語以外のアサーション」では，非言語レベルのアサーションについて解説されている。非言語的アサーションの構成要素として，視覚的要素，聴覚的要素，文化的要素があげられ，各要素のアサーションへの影響が説明されている。また，非言語的表現が重要な働きを担う感情表現もアサーションには欠くことができないものとし，特に怒りを取り上げ，その感情と行動の結びつきや対処の仕方が説明されている。

第6章「アサーション〈自己表現〉トレーニングの実際」では，筆者が開発してきたアサーション・トレーニングの概要が紹介されている。一般の人々を対象としたアサーション・トレーニングの構成と内容が説明されている。また，トレーニング参加者からの感想や企業，病院，学校，家庭の各現場でアサーション・トレーニングのトレーナーの声が紹介され，アサーション・トレーニングの意義と広がりを知ることができる。

認知行動療法を学ぶ上での意義｜ 本書は今や認知行動療法の代表的な技術とされるアサーションスキルについて深く学べる。認知・行動の両側面からアサーションを包括的に解説しているため，本書を通して読者は自己表現のあり方やそれが自らの対人関係でどのような働きをしているかを振り返ることができる。アサーションの理論の解説に加え，自らのアサーション度を確認できるチェックリストへの記入，アサーションを抑制するものの見方・考え方の紹介等を通して，読者はよりよい人間関係に必要な自己表現のあり方や他者との関わり方を検討するヒントを得られるだろう。

このように自己表現のあり方を検討し自己理解を深められる点は，対人援助の専門職にとってもまた有益である。援助場面において，援助者が自らの考え，欲求，感情に正直になり大切にする一方で，クライエントもまたそのような権利をもっているというような態度でもって関わる。このような援助者の自己表現のあり方は，クライエントにとってアサーションのモデルとなるであろう。

本書は一般読者のみならず，認知行動療法を介入技法として実践しようとしている臨床家や，多くの対人援助の専門職を志す者あるいはすでに対人援助職として働いている者にとっても役に立つ1冊といえる。

（河合輝久）

第 14 章　集団で実施する技法を学ぶ

認知行動療法を身につける
グループとセルフヘルプのためのCBTトレーニングブック

伊藤絵美・石垣琢麿監修　大島郁葉・安元万佑子著

金剛出版　A5 版 204 頁　2011 年

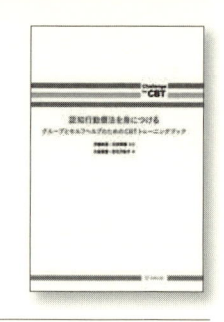

本書の目的　本書には主に 2 つの用途が想定されている。自分で自分に認知行動療法（CBT）を行う場合には，本書の文章や事例にならい，自身の問題について書き出していくトレーニングを行うことが目的とされている。また，専門家・施行者として CBT を行う場合には，特にクライエントの自己理解を深めるための援助として使用すること，および，セッションの前に施行者自身が，本書を用いてスキルを実践することが推奨されている。

さらには，集団認知行動療法のプログラムとしての実施を想定したワークシートなども含まれており，応用編としての集団介入にも活用できる。

本書の概要　本書は，「アセスメント」，「認知の工夫」，「行動の工夫」という 3 つのフェーズから構成されている。紹介されているプログラムは全 12 回からなるが，実際のセッションでそれぞれの内容に費やす回数は指定されておらず，繰り返しの練習も推奨されている。

まず「アセスメント」では，ストレス状況におかれた時の，自分の反応を観察し，把握することが目的とされている。まず第 1 回では，ストレスマネジメントおよび CBT について，基本的な解説がなされている。第 2 回では，外在化やマインドフルネスとの関連にも触れながら，モニタリングについて解説されており，ストレス刺激とストレス反応をモニターすることが課題となっている。第 3 回では，ストレス反応を認知・感情・身体反応・行動に分けて整理する方法について，また第 4 回では，自動思考について解説されている。第 5 回では，アセスメントのまとめとして，ストレス体験を振り返り，自身の傾向を探ることが課題として設定されている。

次に「認知の工夫」では，自身のストレスに対する認知面からの働きかけを行い，幅広いものの捉え方を検討することが目的とされている。まず第 6 回では，認知再構成の基本的な仕組みについて解説され，自動思考を同定する課題が設定されている。続く第 7 回では，実際

に選択した自動思考について，多様な見方をもつ方法について紹介されている。さらに第8回では，新たな思考を案出し，その効果を検証するという過程について解説され，実際に一通りの認知再構成を自身で行うという課題が設定されている。

さらに「行動の工夫」では，ストレスに対する行動面からの働きかけを習得し，問題解決に取り組むことが目的とされている。まず第9回では，行動面からのアプローチの基礎として，問題解決法の意義および手続きについて説明が行われている。第10回では，達成可能かつ現実的な目標を設定し，解決手段を案出する方法について解説されている。次いで第11回では，案出した手段をそれぞれ吟味するための具体的な実行計画を立てる段階について説明されている。

最後に第12回ではまとめとして，プログラム全体を振り返り，継続的に活用することの意義について述べられている。また巻末付録として，参考文献および，グループでプログラムを実施する際に活用できる資料がまとめられている。

認知行動療法を学ぶ上での意義 本書はCBTをセルフヘルプとして活用できるようになることを目指した，トレーニングブックである。

本書の特徴として，CBTは個別の疾患の患者のみではなく誰しもが日常のストレスマネジメントに活用できるものであること，必ずしも1対1のカウンセリングは必要ないこと，継続的に取り組むことで効果が得られること，といった考えに基づいて執筆されているということがあげられる。そのために，専門家の指導がなくてもCBTを理解し，正しい手続きで取り組むことができるよう，1つ1つの過程について非常に丁寧に，かつ平易な言葉を用いてまとめられている。

すべての過程について図を交えたワークシートが紹介されており，たくさんのツールを用いながらトレーニングを進めることが可能となっている。こうした工夫から，専門家でなくても手軽に，また段階的，継続的にCBTに取り組むことができるようになっているといえよう。

さらに，個別の疾患に特化していないことから，専門家自身が基本に立ち返りながら，セルフヘルプとして取り入れるにも適した書となっている。

全体はプログラムとして構成されているが，各セッションについて回数の指定はないことや，繰り返しの重要性が主張されていることから，使用するクライエントにあわせて必要な部分を抜き出して活用することも容易となっている。またグループセッションへの取り入れ方についても触れられているため，応用編として複数のクライエントに対して導入することもできる。

以上のように本書は，当事者やCBTの初学者から経験を積んだ臨床家まで，資するところの大きな1冊となっているといえる。

（吉田沙蘭）

集団認知行動療法実践マニュアル

中島美鈴,奥村泰之編集　関東認知行動療法研究会著
星和書店　A5版212頁　2011年

本書の目的　集団認知行動療法(集団CBT)を始めたいけれど,何を準備すればよいのかわからない,どのように進めたらよいのかわからないなどの不安や疑問をもつ専門家を対象に,プログラムの準備から終結までに必要となるものや留意点について解説し,集団CBTプログラムが実施できるようにする。

本書の概要　本書は全部で6つの章からなる。第1章と第2章では,集団CBTの効果に関する研究動向と今後の課題について説明されている。第4～6章では,集団CBT実践のための準備やプログラムの実践例紹介,実践上のつまずきがちな点とその解決策が提示されている。

第1章「集団認知行動療法の魅力」では,筆者の体験に基づき,集団CBTの主な特徴と魅力について解説されている。集団CBTの魅力としては,集団内の参加者間のダイナミックな関係性が,認知・行動の知識や方法を学び身につける際にダイレクトに生かされることがあげられ,ダイナミックな関係性を発展させていくためには,参加することで孤独感からの解放と,共通の経験を分かち合い安心感がもてるようになるという体験を踏むことが大切だと述べられている。

第2章「集団認知行動療法のエビデンス」では,集団CBTの定義(CBTを集団形式で行う)がなされ,集団CBTの適用範囲とエビデンスレベル,対象疾患別集団CBTのエビデンス,集団CBT研究の今後の課題について解説されている。

第3章「集団認知行動療法を始める前に準備すること」では,まず,対外的な準備のプロセス,必要なもの,利用しうる資源などが提示される。そして,導入に至るまでの経緯を中心に,集団CBTの導入例が紹介され,最後に治療者としての準備が,技法の習得の方法,時間の確保,スタッフの心構えについて説明される。

第4章「集団認知行動療法のプログラム内容」では,どの技法を用いるか,そしてリーダーとコリーダーの役割につい

て解説され，最後に集団CBTのプログラムの実践例の，対象・目的・内容などが提示されている（なお，第3章・第4章ともに，一部の例では，プログラムを実施した機関の名称と連絡先が掲載されている）。

第5章「集団認知行動療法でつまずきがちな点と打開策」では，参加者との間で経験するつまずきがちな点がQ&A方式で紹介された後，スタッフとの間，そして組織との間で経験するつまずきがちな点について説明される。Q&Aでは，22の質問がなされているが，同じ質問であっても，個別の状況によって必要とされる対応が異なることから，ほとんどの質問に対しあえて回答を複数設けている。

第6章「集団認知行動療法を続けていくために」では，集団CBTのプログラムが開始してからを「集団開始」「問題に焦点をあてる」「集団CBTへの慣れが生じる」「解決策を実行する」「集団CBTが終了する」の5つの時期に分け，各時期に見られる，集団CBTが続かない理由が，グループ力動とスタッフ自身の心理状態の観点から整理されている。その上で，各時期にできる工夫と，スタッフの心理状態への工夫について解説されている。

認知行動療法を学ぶ上での意義 これまで接点をもつことの少なかった，臨床心理学の研究者と医療機関などで働く実践者総勢21名によって執筆された本書は，理論の記述もノウハウの記述も詳細

である。

まず，集団CBTの概要が理解できるだけでなく，現在の効果研究の状況を把握することができる。また，研究の際に重要となることがポイントを押さえて説明されているので，集団CBT研究を行うこともできるだろう。

そして，集団CBTプログラムを実施するにあたって準備するものからプログラムの流れの例や内容を構成するための参考書まで紹介されており，実際の流れがイメージしやすい。

注意すべきポイントの説明や，つまずきがちな点に関するQ&Aも充実しており，集団CBTを実施する際にはぜひ手元に置きたい，非常に使いやすいマニュアルである。

用語説明も丁寧で，CBT初心者でも読みやすくわかりやすい。キャッチコピー通り「かゆいところに手が届く」1冊といえよう。

また，集団CBTに限らず，CBTの基本的な知識の復習にも使えるであろう。加えて，CBTのみならず，グループの活かしどころ，グループの力動についての示唆に豊んだ内容であるため，あらゆる心理援助の方法に通じる援助者の姿勢について，改めて考えさせられる本でもある。

基礎から応用まで，幅広い内容を学べる1冊である。

（柿爪茉南）

さあ！ はじめよう うつ病の集団認知行動療法 DVD付

松山　剛，大野　裕監修　岡田佳詠，田島美幸，中村聡美著
医学映像教育センター　B5版155頁　2008年

本書の目的｜ 本書はうつ病に対する集団認知行動療法（集団CBT）のポイントを，実践的な視点からわかりやすく簡潔に紹介したものである。集団CBTプログラムの基本的な進め方に加え，参加者が安心感をもってグループに参加できるような関わり方，参加者同士の会話をとりもち活発にしていく方法など，集団CBTの具体的な働きかけについて書籍・映像の両側面から学ぶことのできる1冊である。

本書の概要｜ 本書は3章から構成されており，第1章ではCBTおよび集団CBTの概要が示されている。第2章では復職支援を目的とした集団CBTプログラム，第3章では女性を対象とした集団CBTプログラムがプレセッションから最終セッションまでそれぞれ順を追って解説され，巻末にはその他の領域における実施の概要と，その介入効果に対する研究結果が簡潔に掲載されている。さらに付属のDVDではセッション内でのスタッフや参加者間でのやりとりの様子

が収められており，集団CBTの進行方法をより具体的かつ実践的に紹介している。

第1章「集団認知行動療法とは」では，集団CBTが構造化された時間制限的枠組みをもつ治療形態であり，各参加者が集団の作用を活用しながら認知・行動に関する知識や方法を獲得し，それがまた集団に効果的に働くという相乗効果が期待できると説明されている。集団CBTの実践において，スタッフは各参加者との間で目標を共有し，ソクラテス式質問を活用しながら各参加者の自問を促す役割を担う。また，参加者間における認知・行動に関する発言が活発になるよう働きかけることで，各参加者の新たな気づきを促進する。ここでは参加者に対するスタッフあるいは参加者間の肯定的フィードバックにより，新たな認知や行動の強化・維持を心がけることの重要性も指摘されている。

第2章「職場復帰のための集団認知行動療法」では，うつ病休職者対象の職場復帰援助プログラムの一環として実

施された集団CBTの概要を紹介している。プログラムはプレセッションから最終セッションまでの1クール9回を通して，認知・行動・コミュニケーションの各面に焦点を当てている。基本的に各セッションが導入（症状評価の実施，前回の復習など）⇒講義（概念・ワークシートなどの解説）⇒個人ワーク（ワークシートの作成など）⇒グループワーク（ワークシートの内容の発表・ロールプレイなど）⇒まとめの手順で進行し，最終回終了後に各参加者に対し修了証やプログラムで学習した内容の資料などが授与される過程が説明されている。

　第3章「女性のための集団認知行動療法」では，世界的な女性うつ病患者の割合の高さを受け，女性うつ病患者の重要他者との関係性における認知に焦点を当てた集団CBTプログラムの概要を紹介している。参加者は1クール（7回）5〜10名の固定制で，うつ病あるいはうつ状態にある気分障害と診断されている20〜64歳の女性である。セッションの進行において，スタッフは常に女性に馴染みのある表現方法あるいは家事などの生活体験に基づく事例を用いるよう心がけており，女性を対象としたプログラムならではの細やかな工夫を感じとることができる。

　なお，巻末では精神科やデイケアにおける集団CBT実践についての報告が簡潔に掲載されている。また，付録DVDでは集団CBTプログラムにおける個人あるいはグループのワーク実施の手順や雰囲気，スタッフのセッション進行および参加者とのやりとりの様子を客観的・視覚的に学ぶことができる。

認知行動療法を学ぶ上での意義｜　本書は実際の集団CBTプログラムの概要を，体系的かつに具体的に紹介している1冊である。各ページに脚注を設けることにより基本的な専門用語からわかりやすく丁寧な解説がなされており，初学者の理解を助けると同時に，すでに実践の場にいる臨床家にも改めて基礎固めの役割を果たす親切な入門書といえる。各セッションで行う個人あるいはグループワークの実施手順や，ワークシートの記入例も充実しており，それぞれの場面における介入の焦点や内容が明確に示されている。加えて各セッションには"参加者の様子と働きかけのコツ"も示されており，実際に集団CBTを実践する際にスタッフが手元に置き，セッション進行の手続きや留意点を確認するマニュアルとしても有用である。また，付録DVDによって得られる情報はプログラム運営の具体的かつ実践的なイメージの想起を促し，書籍における理解を助けるものとして，読者の学びをいっそう深めるだろう。

　そして本書最大の魅力は，映像資料を含め書籍全体を通して終始読者が親しみやすくあるよう工夫に努めていることであり，初学者をはじめこれからCBTを体験してみようという人にとっては，CBTの基本や集団CBTの全体像，さらには映像を通してセッションの雰囲気を捉えるために重宝できる1冊であるといえる。

（能登　眸）

うつ病の集団認知行動療法実践マニュアル
再発予防や復職支援に向けて

鈴木伸一, 岡本泰昌, 松永美希編
松永美希, 吉村晋平, 国里愛彦, 鈴木伸一著

日本評論社　B5版 109頁　2011年

本書の目的　うつ病の集団認知行動療法（集団CBT）は，抗うつ薬治療抵抗性のうつ病にも有効であり，うつ症状だけでなく心理・社会的機能の改善にも有用であることが実証的に示されている。

　本書は，編者らが実践しているエビデンスに基づいた集団CBTの治療プログラムを詳しく解説した，治療者用実践マニュアルである。本書を活用することで，治療の質が標準化され，エビデンスに基づいた治療が広く行われることが期待される。

本書の概要　本書は，8章からなる。第1章では，うつ病の認知行動療法の理論やその有効性について概説し，第2～6章で集団CBTの実践方法を，再発予防を含め具体的に示している。そして第7～8章で認知行動療法をグループで行うことの有効性と実践する上での注意点を述べている。各章の概要は以下の通りである。

　第1章「うつ病の集団認知行動療法について理解する」では，うつ病の認知行動療法の理論的背景やモデル，介入技法を概説し，これまでに報告されている認知行動療法および集団CBTの有効性を示している。そして，グループセミナーの構成や流れ，適用対象などの概要を紹介している。

　第2章「グループセミナーを開始する―導入と心理教育」では，グループセミナーの導入段階で最も重要な心理教育について，説明の例を交えながら解説している。心理教育の内容は，うつ病や認知行動療法に加え，グループで行うことのメリットや注意点など細部にまで及んでいる。

　第3章「自己理解を図る」では，ワークシートを用いて行うセルフモニタリングの方法を紹介している。患者が自身の経験に沿って問題を理解することで，解決したい生活上の問題点や目標を確認する作業である。目標を確認した上で，気分と認知を分けて考えること，考え方のクセを探す。

　第4章「思考を再検討する」では，第3章で確認した考え方のクセを見直す方

法を示している．本文中で紹介されている"つらい気持ちにさせる考え方のクセ"を参考に，考え方のクセを確認し，いつもとは違う視点を導入することによって気持ちが楽になるような考え方を見つける．さらに，それらの新しい考えや取り組みを実践した時の成功・失敗を分析することで，新しい考えや取り組みの定着を目指す．

第5章「生活場面で実践する」では，実際の生活場面で実践するために，苦手な場面を想定したイメージを使ったロールプレイを行い，新しい考えや取り組みのシミュレーションを行う．最後に，これまでのセッションを振り返り，今後生活場面で想定される問題点の整理と，それに対する解決を提示し，1週間の行動計画を立てる．

第6章「総括と再発予防」では，セッション終了後の生活に向けての課題と，その段階的計画の立て方を再検討し，再発予防のために気をつけることを整理する．まとめが終了したら，今後の生活でもセッションで学んだことを継続していくことへの意識を確認し，終了式とする．

第7章「うつ病のグループセミナーの有効性」では，実際に集団CBTを受けた患者が実感した効果を，実証的に検討した効果研究を紹介している．質問紙，半構造化面接など心理指標を用いた評価と，脳機能画像を用いた効果研究の結果を示している．

最後に，第8章「これから集団認知行動療法をはじめる方へ」では，実際の臨床場面で集団CBTを運用していくにあたっての基本的な考え方を，著者らの経験をふまえ解説している．

認知行動療法を学ぶ上での意義 認知行動療法をグループで行うことには，個人療法にはない効果が期待できる．1点目は費用対効果の高さ，そして2点目は集団での対人コミュニケーションの経験におけるサポート機能，教育・モデリング機能，強化機能といった効果である．

その有効性が徐々に示されてきており，社会的に広く期待されつつある集団CBTの実践方法を体系的に示した本書は，臨床場面での実践に役立つ1冊である．

理論や方法論だけでなく，ワークシートや会話例が細かく示されているため，本書を用いれば編者らが行っているセッションの再試が可能である．また，セッションごとに実施項目と実施時間，治療者が担うべき役割や作業も明記されているため，治療者がセッションのねらいと計画を十分に理解しながら取り組むことができる．

文末では，構造化されたプログラムを複数の患者に提供する集団CBTについて，事例性を十分に考慮し，どのような活用方法が患者にとって有効であるのかを治療者が見極めることが重要であると結んでおり，グループでのメリットだけでなくデメリットについても十分に考慮された実用的な実践マニュアルである．

(川崎舞子)

統合失調症のための
集団認知行動療法

E・ウィリアムズ著
菊池安希子監訳

星和書店　A5版221頁　2008年

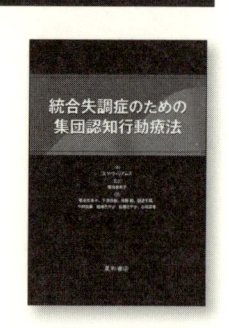

本書の目的　統合失調症に対する心理学的介入プログラムの具体的な内容やワークシートを，集団セッションとして実践できるように紹介した書である。

本書の概要　本書は3パートから構成されている。

パートⅠ「統合失調症への心理学的介入」では，まず本プログラムが，治療同盟を重視し，クライエントの能力や素質にあったかたちで，クライエントのニーズに合わせて提供されるという基本信条が説明されている。疾病をクライエントと完全に切り離すのではなく，本人のもつ素因や認知的基盤を含めて考える心理学的モデルに基づいて実践されている認知行動療法やソーシャルスキルトレーニング（SST），症状マネジメントなどの介入が紹介され，それらの介入をクライエントのニーズに合わせて用いる方法として，本書で扱うモジュール式アプローチが位置づけられている。したがって，本書で紹介されている5つのモジュールは，必要なものだけを用いるものであり，期間（6～12カ月が目安）や時間設定もクライエントと相談して決める。また各モジュールは，集団でも個別でも用いることができる。

パートⅡ「アセスメント」では，クライエントの状態を理解するための尺度が紹介されている。包括的な尺度と，陽性・陰性症状，うつ，対人関係などに焦点化した尺度があり，必要なものだけを用いる。またこれらの尺度をプログラム前後に実施することで評価が可能になる。

パートⅢ「心理学的介入プログラム」では，各モジュールのセッション内容が，多様なワークシート例と共に説明されている。

モジュール1では，治療への導入と準備を行う。物理的な環境の整備や，グループでのルールを設定することから始まり，プログラムに対する期待や心配を共有する中で，初めて出会うメンバーが気持ちをほぐせる工夫が必要である。またここでは「病識」についても扱う。統合失調症患者はしばしば「病識の欠如」が問題とされるが，心理学的モデルでは

「今の自分にとって何が問題であるのかの認識」というより広い視座での自己理解を促すことが重要であると考える。そして，この治療の本人にとっての意味を確認し，目標を設定する。

モジュール2では，自分と統合失調症についての理解を深める作業を行う。これまでの自分史を振り返り，前駆症状，急性期，回復期，寛解期，再発可能性のある時期のそれぞれについて，自分の症状のパターンを分析していく。それをふまえ，今後病気を抱えながらどのように生活していけるかを考えていく。

モジュール3では，陽性症状への理解を深め，幻覚・妄想への対処方略を高めていく。幻覚・妄想が現在のその人にとってどのような機能をもっているのかは個人によって異なるため，それらを消失させることでネガティブな結果にならないよう注意が必要である。幻覚記録をつけて誘因となる刺激を見つけたり，対処方略のブレーンストーミングを行う。さらに，誤った信念に反証していくスキルを学び，信念・スキーマを修正する。

モジュール4では，対人関係の向上や，ストレス対処，陰性症状への対処を行う。病気についての洞察が弱いクライエントも，対人関係については強い問題意識を持っている場合が多いという。モニタリングや問題解決の手順を練習するほか，エクスポージャーなどを用いることもある。

モジュール5では，プログラムの振り返りとまとめを行い，評価を個別にフィードバックをする。また，プログラム終了後の方向性について，継続面接，他の機関の利用，メンテナンスグループの設置などの選択肢を広げ，個別に検討する。

認知行動療法を学ぶ上での意義 ｜ 本書は，統合失調症患者に対するグループ形式の認知行動療法を学ぶことができる。

統合失調症患者は，思考障害や病識のなさから洞察が深まりにくいため，心理療法は不適用であると言われることがある。SSTや家族教育といった心理学的介入がようやく実践され始めたものの，患者本人の洞察を深めるアプローチについてはまだ浸透しているとはいえない。

しかし本書で述べられているように，「病識」のない患者が，自分の生活のさまざまな問題に対して洞察していないかというと，そうではない。本書で扱われているアプローチは，医学モデルで言うところの病的思考を正常に修正するものではなく，患者自身の立場に立って，生活をよりよくしていこうとするためのアプローチである。プログラム全体を通してみると，患者一人ひとりが，自分だけのセルフヘルプマニュアルを作成する過程であることがわかる。

症状のアセスメントや，グループ実践で起こりうるトラブル等についてはほとんど紙面が割かれていないことから，すでに統合失調症および患者についての理解が深い臨床家向けの書であると思われる。統合失調症患者に対するグループ介入は，医療現場で最も求められている援助の1つでもあり，現場の心理士にとっては実践的で役立つ書であろう。

（平野真理）

第IV部

問題に適した方法を活用する

　第I部では認知行動療法（CBT）の全体像を，第II部では実施法を，第III部ではCBTの各技術を学ぶことができる書籍を紹介してきました。この第IV部では，CBTが各種の精神障害や心身の問題に対していかに用いられるのかを詳細に学ぶための書籍を紹介したいと思います。

　ここまでCBTを学んできた皆さんは，CBTが各クライエントの個別性に応じた介入を提供できる特徴を有していることがわかってきたのではないかと思います。しかしながら，その一方で，以下に示すように各種の精神障害や心身の問題に対する介入技術をパッケージ化したマニュアルを整備し，その有効性を確認してきた点もCBTのもう1つの特長です。こうしたマニュアルは，実験心理学などの基礎的研究で支持された病理理論とそこから示唆された介入案，さらに効果研究で支持されてきた具体的な介入技術群によって構築されてきました。実際の臨床場面では，マニュアルをそのまま用いることは難しい場合が多いため，クライエントの個別性に合わせたテーラーメイドのCBTが提供されるものの，その場合であっても，マニュアルによって得られた示唆は有益な参照枠となります。また，各障害に対する現時点でのCBTの寄与を把握するためにもこうしたマニュアルは貴重な情報源となります。そこで，第IV部では，次の構成で，各種精神障害や発達障害および身体的な問題に対する

CBTの指針と実践例を学ぶことのできる書籍を紹介します。

第15章「不安障害への適用」では，不安障害治療における現時点でのCBTの貢献を学ぶことのできる書籍を紹介しています。『不安障害の認知行動療法〈1〉パニック障害と広場恐怖』[55]『不安障害の認知行動療法〈2〉社会恐怖』[56]『不安障害の認知行動療法〈3〉強迫性障害とPTSD』[57]の3部作では，CBTにおける不安障害の理解とそれに基づく介入指針および介入技術の実例を学ぶことができます。『対人恐怖とPTSDへの認知行動療法』[58]では，近年の研究知見を踏まえた形での対人恐怖とPTSDに対する実践的な示唆が記されています。なお，既出の書籍（例えば06, 15, 20, 24, 31, 44, 48）も役立つでしょう。

第16章「うつ病への適用」では，うつ病治療における現時点でのCBTの貢献を学ぶことができます。既出の書籍（例えば09, 11, 15, 23, 24, 25, 26, 52, 53など）もうつ病のマニュアルとして有益なものですが，ここではさらに視点の異なる3つのマニュアルを紹介しています。まず，認知療法の古典的な書籍でもある『新版 うつ病の認知療法』[59]です。このマニュアルは，うつ病に対する認知療法としてベックが作成したものですが，その有用性は今でも目を見張るものがあり，ぜひ一読いただきたい貴重な書籍です。『うつ病の行動活性化療法』[60]は，うつ病に対する第3世代のCBTの1つである行動活性化療法の理論と技術を学ぶことができるものとなっています。この書籍では，クライエントが環境という文脈と相互作用しているという視点の臨床的な意義を学ぶことができるでしょう。『慢性うつ病の精神療法』[61]では，慢性うつ病患者を対象として独自に開発した認知行動分析システム療法が紹介され，その方法と手順が解説されています。

第17章「発達障害・知的障害への適用」では，発達障害に対するCBTの貢献を知ることができます。ここでは，次の4冊の書籍を紹介しています。『発達障害・不登校の事例に学ぶ 行動療法を生かした支援の実際』[62]では，日本の学校教育における発達障害のある児童生徒への指導や支援のためのCBTの適用性と有用性が紹介されています。『応用行動分析で特別支援教育が変わる』[63]も，発達障害のある児童生徒を対象としたマニュアルですが，こちらは主に通常学級に在籍する軽度発達障害のある子どもを対象としたものとなっています。『わかりやすい発達障がい・知的障がいのSST実践マニュアル』[64]では，知的障害や発達障害のある人を対象としたソーシャルスキルトレーニング（SST）について学ぶことができます。『お母さんの学習室』[65]は，精神遅滞児の問題行動を

改善するための親訓練プログラムをまとめたものです。子どもに適切な関わりを提供できるようになるための親御さんへの訓練の詳細が示されており，問題を抱える子どもとその親御さんを援助する実践例を学ぶことができます。

第18章「統合失調症への適用」では，統合失調症治療における現時点でのCBTの貢献を知ることができます。**『統合失調症の認知行動療法』**[66]および**『統合失調症を理解し支援するための認知行動療法』**[68]では，統合失調症に対する最先端の認知療法を中心とした技法とその進め方についての具体的な示唆を得ることができます。他の精神障害においてももちろん重要なものではありますが，統合失調症での心理教育の大切さを改めて感じることのできる書籍です。**『わかりやすいSSTステップガイド―統合失調症をもつ人の援助に生かす〈上巻〉基礎・技法編』**[67]は，生活技能に欠損がみられやすい統合失調症の治療ガイドラインの第1選択として推奨されているソーシャルスキルトレーニングの実践的なマニュアルです。なお，既出の25，46，54も参考になるでしょう。

第19章「パーソナリティ障害への適用」では，パーソナリティ障害の理解と治療に対するCBTの貢献を学ぶことができます。**『弁証法的行動療法実践マニュアル』**[69]では，境界性パーソナリティ障害に対する効果が支持されたCBTとして，制御が困難な感情に対する対処スキルを学ぶことができるものです。なお，既出の書籍（27）も関連が深く，併せて読むとよいでしょう。**『パーソナリティ障害の認知療法』**[70]では，幼少期に形成される不適応的なスキーマに着目したスキーマ・フォーカスト・アプローチに基づくCBTの理論と実際を学ぶことができます。**『自傷行為治療ガイド』**[71]は，パーソナリティ障害に特化した書籍ではないものの，パーソナリティ障害で散見される自傷行為に着目した書籍であり，自傷行為についての理解と治療法に対するCBTの貢献を学ぶことができるものであるため，ここに含めています。

第20章「不眠・摂食障害・疼痛への適用」では，心身の問題に対するCBTの貢献を知ることができる3冊を紹介しています。**『不眠症の認知行動療法』**[72]では不眠症に対する代表的なCBT，**『摂食障害の認知行動療法』**[73]では摂食障害に対する代表的なCBT，**『慢性疼痛の治療：治療者向けガイド』**[74]では，慢性的な疼痛に対する代表的なCBTを学ぶことができます。

皆さんはこうした書籍を通じて，さまざまな領域で適用され，それぞれの問題に適した形で用いられるCBTとその発展の経緯について学ぶことができるでしょう。

第15章　不安障害への適用

不安障害の認知行動療法（1）
パニック障害と広場恐怖─不安障害から回復するための治療者向けガイドと患者さん向けマニュアル

G・アンドリュース，M・クリーマー，R・クリーノ，
C・ハント，L・ランプ，A・ペイジ著
古川壽亮監訳

星和書店　A5版292頁　2003年

本書の目的　本書は不安障害の中でもパニック障害と広場恐怖に対する認知行動療法的治療について記述したものである。障害の性質，治療中に遭遇する問題や治療戦略が論じられている。患者さん向けマニュアルも備えており，患者さんの病気に対する理解に役立つものとなっている。

本書の概要　本書は「不安障害の認知行動療法」シリーズ全3巻の第1巻にあたり，7章から構成されている。第1章で本書の使い方が示され，第2～3章では不安障害全般および認知行動療法（CBT）の総論が述べられている。第4章以降はパニック障害と広場恐怖に関する各論で構成され，第4～5章では症状と治療に関する解説がなされ，第6章では治療者向けガイドが，第7章では患者さん向けマニュアルが示されている。

第1章「本書の使い方」では本書の全体像を概観し，各章の目的や特徴が示されている。

第2章「不安障害すべてに共通する問題点」では不安障害全般の概論が述べられている。不安障害を定義づける症状は続発する不安であるが，機能障害をもたらすのは特異的症状とそれらに対する恐怖である。治療者は不安障害全体に共通すると考えらえる一般的脆弱性を改善すると同時に，各疾患に特異的な恐怖を軽減することを目指す必要があることが指摘されている。また，併存症として人格障害や物質乱用障害について解説されている。

第3章「不安障害の治療総論─治療者向けガイド」では，CBTの主たる技法の背景情報と共に，技法を効果的に用いるために重要な臨床上の諸問題（患者・治療者双方の動機づけや薬物療法の併用に対する考え方等）が論じられている。

第4章「パニック障害と広場恐怖─症状編」ではパニック障害と広場恐怖について，診断，他の精神疾患との鑑別診断，アセスメント，病因，広場恐怖的回避，経過，疫学，併存症という観点から解説されている。

第5章「パニック障害と広場恐怖─治

療編」では実際の治療のポイントが，目的とアプローチ（非薬物療法，薬物療法，それらの組み合わせ）という視点から解説されている。有効な治療とは，パニック発作をコントロールすること，恐怖に駆られてとる回避行動を抑止すること，脆弱性を軽減することであると要約される。

また，治療の際の注意点として以下の2点が論じられている。第1に，治療者は有効性の確立された治療法を用い，かつ組織的に使い続ける必要がある。第2に，治療中にあまり進歩がみられなかった患者に注意を向け，より効果的な治療を検討・策定することが必要である。

第6章「パニック障害と広場恐怖―治療者向けガイド」では治療の際の注意点として十分な行動分析と併存症の影響に注意することの重要性を指摘し，具体的なグループプログラムの概要と治療プロセスにおける効果の妨害要因を解説している。

第7章「パニック障害と広場恐怖―患者さん向けマニュアル」では，実際の患者さん向けマニュアルが紹介されている。本マニュアルは治療ガイドおよびワークブックとして位置づけられ，患者さんは，治療期間中の体験や治療者から受けた個人的アドバイスを記入していくことを求められる。また，治療プログラム終結後もセルフヘルプ資料として役立つことが述べられている。なお，本章は「患者さん向けマニュアル」として別売されている。

認知行動療法を学ぶ上での意義 ｜ パニック障害と広場恐怖を中心に，不安障害に対するCBT的実践を体系的・実践的に学ぶことができる書である。CBTに関する基本的な解説は少なく，やや応用的な内容となっているが，技法を用いる目的・注意点・エビデンス等がバランスよく論じられており，実践経験の乏しい初学者も理解・納得しながら読み進めることができる。

医療領域で臨床心理学的実践を行うためには，単に心理療法を学ぶだけでなく，精神障害の適切な理解はもちろん，薬物療法との併用や並存症の問題等，多岐に渡る知識や視点を身につけておく必要がある。

本書では，このような側面についてもわかりやすく論じられており，CBTの実践方法だけでなく，患者さんとの関わり方の全体像を学ぶことができる。

また，第6章で解説されるグループプログラムは非常に集中的なCBTの実践ガイドであり，日本人にとってはイメージしづらいかもしれない。しかし，本書の最大の特徴である「患者さん向けマニュアル」（第7章）も含めて読み進めると，長期的な視点をもった患者さんとの関わり方のヒントを得ることもできるだろう。

このように，CBTの実践を軸として多側面において参考になる書である。

（山下麻実）

不安障害の認知行動療法（2）
社会恐怖―不安障害から回復するための
治療者向けガイドと患者さん向けマニュアル

G・アンドリュース，M・クリーマー，R・クリーノ，
C・ハント，L・ランプ，A・ペイジ著
古川壽亮監訳

星和書店　A5版175頁　2004年

本書の目的　社会恐怖に認知行動療法（CBT）を適用する際，本書の「治療者向けガイド」は，治療者用の実践マニュアルとしての活用を目的として書かれている。また「患者さん向けマニュアル」は，患者が治療法を理解するためのガイドブックとして，また治療を受ける際の実践の手引きとして活用できるような構成となっている。

本書の概要　社会恐怖を扱う本書は，「不安障害の認知行動療法」シリーズ全3巻の第2巻にあたり，第8章から始まる構成となっている。第8章で社会恐怖の症状について説明し，第9章は治療編として精神療法，薬物療法，比較試験などについて論じている。第10章は治療者向けガイドとなっており，症状評価，治療の過程，生じうる問題の解決法などを説明している。第11章は「患者さん向けマニュアル」として，社会恐怖とは何か説明した後，CBTのさまざまな技法や問題の対処法について述べられている。

第8章「症状編」では，まず社会恐怖のサブタイプと回避性人格障害との関係について症例を交え説明している。続いて社会恐怖と「内気」あるいは社会不安との関係，社会恐怖の疫学的調査，鑑別診断の説明，そして診断尺度について述べている。さらに，社会恐怖の原因や，うつ病などとの併存症について説明している。

第9章「治療編」では最初に精神療法として，社会技能訓練，行動療法，CBTについて説明している。そして治療効果サイズと脱落率，長期的アウトカムについて論じ，CBTが社会恐怖に対する第1選択の治療法であると述べている。続いて薬物治療として，ベータ阻害薬，ベンゾジアゼピン系，MAOI，SSRIなどについて説明した後，薬物治療の適用が確立している状況を併発している場合は，薬物を適宜使用すべきであると主張している。

第10章は，CBTの「治療者向けガイド」となっている。まず，治療形式として個人療法とグループ療法について説明し，

全般型社会恐怖に対するグループ療法の有用性を強調している。次いで，具体的な治療の進め方として「社会恐怖と不安の本質についての教育」から始まり，「不安コントロール技法」としての呼吸法の紹介に続く。そして認知再構成によって不安を下げた後，段階的曝露のプログラムを作り実行するという手順を説明している。

また，段階的曝露の練習として，人前で演説をする訓練を紹介している。即興の話題を課題に織り込むことや，参加者の演説をビデオテープに撮り，それを観ながらメンバー同士で感じたことを率直に話し合う，といった内容である。最後に，治療の重要な構成要素の1つとして自己主張訓練法について説明している。

第11章は「患者さん向けマニュアル」であり，専門家による治療を受けていなくても，このマニュアル部分を自習本として利用できる構成となっている。社会恐怖とは何か，不安の本質とは何か，といった説明から始まり，続いて不安コントロール技法，認知療法，段階的曝露，自己主張といった具体的な技法をわかりやすく説明している。

この部分は実践用のワークブックとなっており，治療者の助けなしで，患者自身がひとりで実行していけるように工夫されている。最後に，「ぶり返したときや壁にぶつかったときの対処」として，CBTの実践における心構えやアドバイスなどを論じている。

認知行動療法を学ぶ上での意義｜本書には不安障害の1つである社会恐怖とそれに対するCBTについての豊富な研究エビデンスが記載されており，それらに基づいた治療が組み立てられているため，非常に説得力のある内容となっている。

また，ネガティブな体験談や症状について長々と論じたものではなく，社会恐怖の具体的な治療法やCBTの技法などが淡々とした文体でわかりやすく紹介されているのも特徴である。

「治療者向けガイド」では，治療による改善の期待度，治療効果が上がらない時の確認事項，起こりがちな問題なども書かれており，臨床経験の少ない治療者でも迷いなく患者を導きながらCBTを実践できるよう配慮がなされている。「患者さん向けマニュアル」の部分は，患者の社会恐怖やCBTの理解を深め，モチベーションを高める効果も期待できるだろう。

また，患者が本書に書き込みながら治療を進めるワークブックとしての構成となっているため，患者は気負うことなく算数ドリルのような感覚で技法に取り組むことができるのではないだろうか。

本書を活用することで，治療者と患者がゴールと現在地を明確に共有でき，患者が主体性を持って積極的にCBTを実践できるようになることが期待できる。社会恐怖へのCBT適用において，本書は最も実践に向いたものの1つであるといえるだろう。

（中野美奈）

不安障害の認知行動療法（3）
強迫性障害とPTSD ―不安障害から回復するための治療者向けガイドと患者さん向けマニュアル

G・アンドリュース，M・クリーマー，R・クリーノ，
C・ハント，L・ランプ，A・ペイジ著
古川壽亮監訳

星和書店　A5版221頁　2005年

本書の目的｜本書は，強迫性障害（OCD）と心的外傷後ストレス障害（PTSD）の認知行動療法（CBT）のパッケージを概説したものである。実践性を重視し，臨床家が2つの障害とその治療について理解を深めると共に，実践につなげられるようにすることを目的としている。また，治療者だけでなく，患者さんが治療について理解するためのガイドブックともなる。

本書の概要｜本書は「不安障害の認知行動療法」シリーズ全3巻の第3巻であり，12～20章の9章から構成されている。12～15章ではOCD，16～19章ではPTSDについて扱われており，それぞれ，症状編，治療編，治療者向けガイド，患者さん向けマニュアルに各1章があてられている。20章は全体の結語となっている。各章の概要は以下の通りである。

第12章「強迫性障害（OCD）症状編」では，OCDの診断基準と症例，鑑別診断や疫学，経過，評価方法，病因論，併存症（うつ病，不安障害，人格障害）などについて述べている。

第13章「強迫性障害（OCD）治療編」では，治療の第1選択は，曝露反応妨害法（ERP）による行動療法と，セロトニン再取り込み阻害剤（SSRI）による薬物療法であり，治療の第1目標は，患者が自らOCDをコントロールできるようになることであると述べ，行動療法については，ERPの基本原則の説明に加え，患者の特徴ごとの有効な介入法，アウトカムに影響を与える要因なども示している。薬物療法については，有効性が示されている薬物を紹介すると共に，薬物を用いることの難点についても言及している。

第14章「強迫性障害（OCD）治療者向けガイド」では，問題行動の評価と治療過程など，治療者がおさえておくべきポイントについて論じている。

第15章「強迫性障害（OCD）患者さん向けマニュアル」では，OCDの症状や原因論，治療（特にERP）についての概説の後，ワークシートと共に治療プ

ログラムを提示している。また，推薦図書も紹介している。

第16章「外傷後ストレス障害（PTSD）症状編」では，PTSDの歴史的経緯，診断基準と臨床症状，症例，関連する他の診断，併存症，有病率と経過，病因，評価などについて記述している。

第17章「外傷後ストレス障害（PTSD）治療編」では，まず重症度や併存症の有無に応じた目指すべき治療ゴールについて述べ，精神療法として不安コントロール技法，曝露療法，認知再構成を取り上げ，各療法とその他の療法についてのアウトカム研究の概略も述べている。また，精神療法に付随して用いたり，中核症状の治療を妨げる並存症の治療に用いたりするものとして，薬物療法を紹介している。そして，きっかけとなる出来事を正確に同定できるPTSDにとって有効と推測されるものとして，予防と早期介入について触れている。ただ，慢性PTSDの治療に関しては，適した治療法の予測，治療反応性の予測因子の解明などが今後の課題であるとも指摘している。

第18章「外傷後ストレス障害（PTSD）治療者向けガイド」では，評価の際に考慮すべき点，慢性経過と並存症，治療を妨げるものについて論じ，治療の過程と用いる技法，そこにおける注意点などについて述べている。

第19章「外傷後ストレス障害（PTSD）患者さん向けマニュアル」は，PTSDについての心理教育と，治療の技法の解説が，語り口調でわかりやすくなされている。

第20章「結語」では，本書が書かれた背景について，不安障害に対するCBTの現状やエビデンス，研究の動向などに触れながら述べている。

認知行動療法を学ぶ上での意義｜ 本書は，不安障害の中でもOCDとPTSDに対してCBTを行うにあたり必要な基本的知識，留意点，技法などについて，エビデンスを示しながら記述された内容となっている。また各障害へのCBTの適用について具体的に書かれているため，それぞれの微細な違いについても知ることができ，実践を行う上で実用的であり，各障害へのアプローチについて効率的に学ぶことができると思われる。本書の特徴の1つである患者さん向けマニュアルは，心理教育的な内容に加えて，治療で使用する尺度等の資料も備え，リソースも紹介されているなど，患者だけでなく，臨床家にとっても役立つものと思われる。とりわけPTSDのマニュアルには紙面が多く割かれており，充実したものとなっている。

一口にCBTと言っても，症例によってはもちろんのこと，対象とする障害によっても，その最適な用い方，留意すべき点などは微妙に異なってくるだろう。その点で，CBTの適用と実践について，障害を限定して詳細に示している本書は，治療をする上での有用な参照枠となるものであり，より適切で細やかなアプローチを可能にするための助けとなる1冊だといえよう。

（佐藤有里耶）

対人恐怖とPTSDへの認知行動療法
ワークショップで身につける治療技法

D・M・クラーク, A・エーラーズ著
丹野義彦編/監訳

星和書店　A5版 197頁　2008年

本書の目的　「3つの普及（研究者へ, 臨床家へ, 社会へ）」と世界の研究の動向を知ることを目的に, 認知行動療法（CBT）の世界的なリーダーである著者らが第6回日本認知行動療法学会（2006年）で行った貴重な講演とワークショップの内容を解説したものとなっている。本書は著者らによって開発された治療モデルとその実践を基に, 監訳者らによって丁寧に解説されており, 具体的なプログラムとその根拠となる臨床試験や効果測定等のエビデンスも図表を使って示されている。

本書の概要　本書は第1章から第6章までの, 全部で6つの章からなる。第1章から第3章では, クラークの治療プログラムについて, 第4章から第6章では, エーラーズの治療プログラムについて, それぞれの理論と実践, それらの監訳者らによって解説されたものが各章ごとに振り分けられて説明されている。

　第1章「【理解編】社会不安障害（対人恐怖）への認知行動療法」では, 対人恐怖の定義や特徴, 持続要因, 治療法について

の基本的な理解を講義形式で表しており, そこからどのような点に注目してクラークが治療プログラムを作ったのか, 開発した治療プログラムの大まかな概要を説明している。ここで特に強調されていることは, 決して対人恐怖は性格的な要因によるものではなく, 必ず治療し克服し得る障碍であるということであり, 実践を目指す臨床家にとっても患者にとっても励まされる導入部となっている。

　第2章「【実践編】社会不安障害（対人恐怖）への認知行動療法」では, クラークの開発した治療プログラムの詳細とそのポイント, その根拠となるエビデンスを照らし合わせながら, ワークショップで行われたものを説明している。プログラムは認知療法が主軸となっており, 徹底的に注意のトレーニングと行動実験を繰り返しネガティブな思考や自己イメージの修正を行っている。

　第3章「【解説】クラークはどのような研究と臨床実践をしてきたか」では, 彼がCBTの効果研究を精力的に行い, ラスカー賞受賞, 世界的なCBTリーダー

として活躍する現在までの変遷が，世界的な動向をふまえながら紹介されている。なかでも，不安障害，特にパニック障害に取り組み提示したモデルは森田療法のモデルと類似しており，森田理論が彼の認知行動モデルを先駆けしていたというのは興味深いといえる。

第4章「【理論編】外傷後ストレス障害（PTSD）への認知行動療法」では，エーラーズが講義で行ったPTSDの定義や持続要因，開発した治療プログラムの概略がまとめられている。治療プログラムは主にトラウマについて話していく再体験技法（イメージエクスポージャー）で構成されており，出来事の意味をアップデートすることに注目し，正確な情報の取捨選択を行いトラウマ記憶の修正を試みている。

第5章「【実践編】外傷後ストレス障害（PTSD）への認知行動療法」では，治療プログラムの詳細と技法について具体的に説明されており，行われたワークショップをまとめたものとなっている。トラウマ記憶をどのように扱っていくかについて注意深く詳細に描かれ，どのように実践的に行っていけばよいかイメージできる。

第6章「【解説】エーラーズの理論と実践」では，彼がこれまで行ってきた研究について解説されている。彼の研究は生理的指標に着目しているという点で特徴的である。また，翻訳者によって，PE（Prolonged Exposure）が，高い効果が実証されているにもかかわらずその利用が多くないという点をふまえ，今後の課題が述べられている。

認知行動療法を学ぶ上での意義 本書は，現場の臨床家からCBTに対する期待と需要は大きいものの，日本ではまだその学習機会はそれほど多くないという当時の現状をふまえ，世界的なCBTのリーダーが実際に開発し使用している治療プログラムを，日本でCBTを牽引する翻訳・編集者らによって丁寧に解説されているものである。本書によって不安障害に位置づけられる社会不安障害とPTSDに関する最先端かつ世界的な動向がわかると同時に，著者らによる熱気を熱々と感じながら読める1冊となっている。

社会不安障害（対人恐怖）とPTSDの定義や特徴など基本的な理解をふまえ，治療がどの点に着目して開発され，どのようにその実践が行われたのか，治療プログラムの理論やモデルが丁寧に図表を用いて解説され，その効果検証となるエビデンスもきっちりと提示されていた。治療内容はどちらも徹底して予測→検討を繰り返し，適宜修正を行うという点が共通しており，CBTらしい王道的な治療プログラムといえるかもしれない。認知療法が主軸となっているが，ビデオやオーディオ機器の使用，行動実験や現場検証など，内容には創意工夫があり，読者にイメージしやすいところも多い。あえて難点をあげるとすれば，学会の内容の翻訳であるため，CBT技法や不安障害に多少通じていないとわかりにくく，初学者には向かないというところであるが，CBTを実践する臨床家にとっては，魅力的な内容になっている。

（高柳亜里紗）

第16章 うつ病への適用

新版
うつ病の認知療法

A・T・ベック, A・J・ラッシュ, B・F・ショウ, G・エメリィ著
坂野雄二監訳　神村栄一, 清水里美, 前田基成訳

岩崎学術出版社　A5版412頁　2007年

本書の目的　うつ病に対する認知療法について, 各技法や面接の構造, セッション例, 研究で示された効果などについて詳細に解説し, 実際の実践に際してのマニュアルを提供する。

本書の概要　本書は全18章の構成となっている。以下, 各章の内容について概説する。

1～4章では認知療法のベースとなる内容が書かれている。第1章「展望」では, うつ病の認知モデルや認知療法の定義, 認知療法の限界など, 本書の導入になるような情報が示されている。

第2章「認知療法における情緒の役割」では, ともすれば感情を軽視したものと誤解されがちな認知療法における, 情緒の重要性と役割について述べられている。

第3章「治療関係:認知療法への応用」では, 認知療法における治療的相互作用や治療効果を促進する治療者の特性などについて紹介されている。第4章「面接の構造」では, 治療者が認知療法を実践するにあたってのガイドラインが示され, また参照枠となる一般的な認知療法の構造が示されている。

5～15章では, 認知療法の各介入段階における介入法や典型的な治療例の紹介（第5章「初回面接」, 第6章「各治療セッションのすすめかた：典型的な治療例」）, 各技法の適用の仕方（第7章「行動的技法の適用」, 第8章「認知的技法」）, 標的にすべき認知面や感情面の各症状について（第9章「標的症状への焦点づけ」）など, 認知療法を実施する際の具体的技法やセッション例が詳細に紹介されている。

特に, うつ病への認知療法を扱った本書において行動的な技法が紹介された第7章は, "認知行動療法" にもつながっていく重要な章であるといえ, 具体的な行動的技法を知ることができることはもちろん, 行動と認知の関連性について再考させられる章となっている。

また, 続く各章では自殺傾向にある患者に対する対応（第10章「自殺傾向のある患者に対する特殊技法」, 第11章「自

殺傾向のあるうつ病患者との面接」）や，うつ病生成的な思い込みについて（第12章「うつ病生成的な思い込み」），ホームワークの活用について（第13章「治療におけるホームワークの活用」），技法導入時や終結・再発に関連した問題への対応（第14章「技法導入上の問題」，第15章「治療の終結と症状の再発に関連した問題」）など，認知療法実践にあたって重要となる各要素や，注意点などが具体的に述べられている。

次の第16章「うつ病患者に対する集団認知療法」では，個人療法としての認知療法の実践の仕方が述べられてきたここまでの章とは異なり，集団療法としての認知療法について紹介されている。集団に対して認知療法を実行する意義や問題点，集団療法を実施するための具体的なステップなど，集団認知療法を実施する上で重要となる事柄が，詳細に述べられている。

第17章「認知療法と抗うつ剤による薬物療法」では，しばしば認知療法と併用される薬物療法について，その効果や患者のアセスメントの重要性，また認知変容技法を通し薬物療法を継続させる方法などが述べられている。

最後の第18章「認知療法の効果に関する研究」では，抑うつ的な個人やうつ病入院患者に対して認知・行動的な治療技法の実践を行い，認知療法の効果について検討した研究（原著が出版された1977年以前のもの）が紹介され，認知療法の効果についてのエビデンスを提示している。

認知行動療法を学ぶ上での意義｜ 本書は，うつ病に対する認知療法を実践するにあたっての基礎的な枠組み，手続き，技法，注意点などが網羅された，認知療法実践マニュアルである。

原著が刊行されたのは1977年とすでに35年が経過していることもあり，最先端の技法などは掲載されていないが，今なお参照・活用できる数々の技法や介入についての詳細が盛り込まれており，認知療法の基盤を知り実践をしていく上で非常に参考になるだろう。

患者と治療者のやりとりも多く記載されているため実際のやりとりをイメージしやすく，また巻末に付録として載せられた非機能的思考記録表や抑うつ尺度などは臨床場面ですぐに活用することもできる。

なお，認知療法を紹介する本書であるが，7章では行動的な技法を紹介するなど，認知的技法に限らないうつ病への介入技法を知ることも可能である。

全18章にわたり，基本的な枠組みはもちろん非常に詳細な実践的内容が盛り込まれている本書は，訳者らが"日々の臨床実践において折にふれ参照されるべき，「最も偉大な治療マニュアルの古典」"と称するように，非常に多岐にわたる示唆に富んだ，臨床実践家の参照枠となる1冊である。

（堤　亜美）

うつ病の行動活性化療法
新世代の認知行動療法によるブレイクスルー

C・R・マーテル，M・E・アディス，N・S・ジェイコブソン著
熊野宏昭，鈴木伸一監訳

日本評論社　A5版288頁　2011年

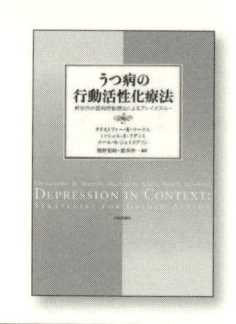

本書の目的　うつ病に対する新しい認知行動療法（CBT）として注目を浴びている行動活性化療法（Behavioral Activation）の理論と技法が解説された書である。緻密な機能分析に基づいて行動変容を促し，「外側から内側を変えていく」ための技法とその理論的背景が本書で解説されている。

本書の概要　本書は3部構成であり，第1部では行動活性化療法の基盤にある文脈主義的な考え方の概要が解説されている。第2部では具体的な援助のための方法が示されており，第3部では課題と今後の方向性が述べられている。各章の概要は以下の通りである。

第1部（第1章〜第3章）では行動活性化療法の理論的基盤が説明されている。

第1章では，うつ病に対する従来の治療法と，それらの背景にある内的原因への重視が論じられている。従来，うつ病には神経科学的な異常や認知の歪みといった"内的原因"が仮定され，それらを治療することが目指されてきた。それに対し第2〜3章で述べられる行動活性化療法の理論モデルでは，うつ病を人と環境の相互作用の中で生じる一連の抑うつ的な行動の総体として捉えようとする（この場合，認知も行動に含まれる）。行動活性化療法においては内的原因の変容を目指すのではなく，機能分析に基づいた強化により抑うつ的な行動と文脈を変容することが目指される。

第2部（第4〜8章）では行動活性化療法の実践のためのノウハウが解説されている。

第4章では行動活性化療法のエッセンスとして，一般的にうつ症状の結果と考えられる回避行動を環境における強化子との接触を奪う原因と考えて注目し，それ自体を介入のターゲットとすることの重要性が述べられている。行動活性化療法では，一般的に考えて楽しいポジティブな活動を増やすのではなく，行動の機能的側面を緻密に検討することで，新しい行動が環境の中で自然に強化されることが目指される。

第5章では実践における導入の方法が述べられ，セッションの構成やホームワーク，初期の面接の進め方が解説されている。

第6章では介入の指針となる機能分析のためのテクニックが説明されており，クライエントと共に機能分析を進める上で重要となる"TRAP"（Trigger, Response, Avoidance-Pattern）と"ACTION"（Assess, Choose, Try out, Integrate, Observe, Never give up）の概念が紹介されている。

第7章では行動活性化療法の中で用いられる評価や介入のための技法が解説され，うつ病において特に問題となる反すう思考への取り組みも説明されている。第8章では行動活性化療法の実践例が2つの事例を通して紹介されている。

第3部（第9～10章）では行動活性化療法の課題と今後の展望が述べられている。

第9章では，治療中に生じうる問題としてクライエントの自殺念慮に対する対応（代替行動の推奨）や，他の治療・援助技法との併用について記述されている。

第10章では結論として，本書で述べられてきた行動活性化療法の理論と実践について総括されている。また，巻末には付録として行動活性化療法の中で使用することができる活動記録表と，クライエントへの心理教育のためのセルフヘルプ・マニュアルが添付されている。

認知行動療法を学ぶ上での意義 本書はうつ病に対するCBTの中でも比較的新しいアプローチである行動活性化療法の理論と実践について学ぶことができるものである。

行動活性化療法の特徴として，行動や認知の内容ではなく機能に着目し，うつ症状の悪循環をもたらす行動を減少させる，という考え方があり，そのような考え方に基づいた援助技法が紹介されている。その根底には，うつ病が人と環境の相互作用の中で定義される文脈的なものであり，行動の変容により苦痛を軽減することができる，という捉え方がある。

クライエントと協働的に治療や援助を進めるというCBTの原則に基づきながら，行動の機能を重視し，抑うつ的でない行動をとれるように援助していく行動活性化療法の考え方は，医学的治療モデルに則らない新しいCBTのあり方を示しているといえる。

学習理論に基づく行動活性化療法の隆盛を，CBTの原点回帰と捉える動きもある。行動活性化療法の隆盛は，問題行動や症状の維持にいかに学習が影響しており，それを解消・緩和するために新たな学習がいかに大きな意味をもつかということを改めて感じさせられるものである。行動活性化療法は他の心理援助の技法と両立しうるものであるため，学習理論に基づく行動的技法を改めて学習する上でも本書は有用であるといえる。

（梅垣佑介）

慢性うつ病の精神療法
CBASP の理論と技法

J・P・マカロウ著
古川壽亮，大野　裕，岡本泰昌，鈴木伸一監訳
医学書院　A5版 334頁　2005年

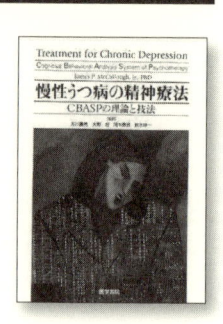

本書の目的 原著者であるマカロウが慢性うつ病患者を対象に限定して，独自に開発した認知行動分析システム精神療法，つまり，Cognitive-Behavioral Analysis System of Psychotherapy (CBASP) について，慢性うつ病の病理の理解を深めた上で，その方法と手順を解説することを目的としている。

本書の概要 本書は，大きく3部で構成されている。第1部で「CBASPと慢性うつ病患者の精神病理」について，第2部で「CBASPの方法と手順」について，第3部で「CBASPの歴史など」について述べられ，さらに巻末には「状況分析を施行するための促し質問」や「遵守率をモニターし，対人関係の質を評価するための評価尺度」等の実践的な付録も掲載されている。

まず第1部（第1～4章）は，慢性うつ病患者の治療に際して治療者が遭遇する問題点にはじまり，CBASP独自の特徴や，ピアジェの発達モデルに基づいた慢性うつ病患者の特徴，慢性うつ病の経過のパターン等が述べられ，慢性うつ病についての一通りの理解ができるようになっている。CBASPでは，うつ病を「個人×環境」の相互作用という観点から概念化し，患者は自分の生活の文脈の中で，自分自身がどのような刺激価になっているかについて学ぶ。状況分析（Situation Analysis：SA）と呼ばれる技法が，治療セッションにおいて患者の精神病理を際立たせるために用いられる。また，CBASPでは成熟発達の停止が，慢性うつ病の病因とみなされており，患者は前操作段階にとどまっていると考える。そこで，治療目標は，ピアジェの形式的操作段階の社会的問題解決能力と社会的相互作用の営みにおける共感的反応性を促進することにある。多くの慢性うつ病患者は，複雑な成育歴等によって，情動成熟過程を前操作段階にとどまらせているのであるが，CBASPでは，成育歴のいかんに関係なく，患者自身のQOLを改善し，うつ病を終焉させる唯一の望みは，現在の自分の生き方に対してしっかりと責任を引き受けることにあると気づくよ

うに手助けする。

続く第2部は、第5章「変化の動機付けを強化するための戦略」、第6章「状況分析の導入」、第7章「状況分析の修正段階」、第8章「行動を修正するために治療者－患者関係を用いる」、第9章「獲得学習と治療効果の般化の測定」として非常に実践的な内容となっている。行動に引き続いて嫌悪状態が終了すれば、有機体は自動的に両者を関連付けるというスキナーの「負の強化」のように、患者の内的あるいは外的行動によって不快感の軽減が見られた場面を「解放の瞬間」と呼び、この解放の瞬間を患者が体験できるように援助することで、動機づけを強化する。その上で、状況分析の「明確化段階」において、患者の対人関係・認知・行動面での病理のさまざまな現れ方を明らかにし、状況分析の「修正段階」において病的な行動を変化のための標的として、期待する結果が得られるような新しい行動へと変化させていくのである。

最後に第3部では、第10章「米国におけるCBASPの登場」、第11章「CBASP精神療法家のトレーニング」、第12章「Beckの認知療法やKlermanの対人関係療法モデルとの比較」、第13章「よくみられる患者の問題と危機を解決すること」の順に記されている。CBASPが慢性うつ病に特化した独特のプログラムであることを考えると、多少なりとも認知行動療法を学んだ者にとっては、特に第12章は興味深いものとなっている。また、第13章でも、自殺の問題や、アクティングアウトの防止、さらには敵対的な患者の扱い方、依存的な患者の扱い方、等と実践においてぶつかりがちな壁についてアドバイスが書かれている。

認知行動療法を学ぶ上での意義 うつ病は、時点有病率は3〜5％程度、生涯有病率は15％という非常に高頻度な疾患である。そして、そのうちの10〜20％以上の人が2年以上持続し、慢性化するとされている。このような慢性うつ病患者662人を対象に、抗うつ薬とCBASP、そして両者の併用療法を比較した、大規模な無作為割り付け比較試験が実施された。薬物療法もCBASPも同等の効果を示したが、その併用によって反応率が2倍近くまで上昇し、慢性うつ病患者の8割が改善を見せ、うち半分は寛解した、という目覚ましい結果を残したのがこのCBASPである。そしてまた、慢性うつ病のみを対象としてデザインされた唯一の精神療法プログラムでもある。

全体を通して、やや直訳気味な表現が多く、読みにくさはあるが、監訳者たちは原著者のワークショップにも参加しており、臨床実践において慢性うつ病を抱えたクライエントと出会う可能性は非常に高い中で、慢性うつ病に特化し、その上、確実な効果が示されているプログラムについて詳細に解説された本書は、臨床家としては一度は目を通す必要がある良書である。

（髙柳めぐみ）

第17章 発達障害・知的障害への適用

発達障害・不登校の事例に学ぶ
行動療法を生かした支援の実際

小野昌彦，奥田健次，柘植雅義編
東洋館出版社　A5版147頁　2007年

本書の目的｜ 日本の学校教育における発達障害のある児童生徒への指導や支援を目指して，学校教育現場の現状と課題を明らかにし，行動療法の基本と実践をわかりやすく説明することで，臨床家だけでなく，教員や保護者にも役立つ支援のあり方を提示することが本書の目的である。

本書の概要｜ 本書は4つの部から構成されている。第1部と第2部では特別支援教育と行動療法の定義を中心に記述し，第3部では行動療法と集団ソーシャルトレーニングの進め方について詳細に説明している。最後に，第4部では行動療法を活かした支援について具体的な事例を紹介している。

第1部「特別支援教育について」では，本教育制度と発達障害への理解を目的とし，その概念の定義や理念，特別支援教育のシステムとその具体的な内容等が紹介されている。特別支援教育は，学習障害（LD），注意欠陥多動性障害（ADHD），高機能自閉症等といった発達障害のある児童生徒への対応に関して，障害の種類や程度だけでなく，一人ひとりのニーズを把握して対応していくことが重要なポイントであると言及している。さらに，障害のある児童生徒のみならず，一般的に学校で問題になっているいじめや不登校の防止，子どもの学力の向上等にもつなげて，教育全体にとって必要とされることを明確に示すことも重要であることを指摘している。これまでの特殊教育では担任の先生ひとりの負担が大きい一方，その成果が見えにくかったが，特別支援教育には，学校の中に適切なシステムが構築され，障害のある生徒に適切に対応していくことを目指した機能が求められている。本書では，そういった機能の具体的な内容と事例などを詳細に紹介している。また，特別支援教育の機能を家族や地域社会などのコミュニティと関連つけて検討し記述しており，その支援の意義や機能をより明確にしている。

第2部「行動療法の基本」では，行動療法の定義と歴史，多く知られている一般的な手続きを説明し，第1部で述べた

現場の状態をふまえた行動療法の実践について論じられている。行動療法とは，対象となる人の不適切な行動をなくし，適切な行動の学習を促進する支援計画を考案し実施することで，行動アセスメントとそれに対応した援助の過程と，評価・測定という過程の2つの過程から構成されたアプローチである。

第3部「行動療法による支援の進め方」では，個別と集団に分け，各々の支援の進め方についてステップごとに解説されている。まず，個別支援計画の進め方では，支援の体制確立，アセスメントを基にした支援計画を決定，実施状況の確認，成果の評価，および長期の計画といった一連の流れを提示し，詳細に記述している。集団の場合，ソーシャルスキルトレーニング（SST）について，事例をあげて支援の実際を記述しており，実際に生じうる問題や現場の雰囲気がつかみやすくなっている。

第4部「行動療法を生かした支援の実際」では，具体的な事例を紹介している。事例ごとにインテーク内容，アセスメントなどの基本的な情報と共に，その事例の成功ポイントが論じられている。事例の選定についても工夫され，発達障害，不登校を伴う障害のある生徒など，よく見かけたり，あるいは診断しにくいケースなど，多様な形態のケースが紹介・解説されている。

認知行動療法を学ぶ上での意義 本書は教育領域の中でもとりわけ発達障害のある子どもやいじめや不登校の問題を抱える子どもに対する支援における行動療法の適用性と有効性について知ることができるものである。本書にも示されているように，2007年4月に改正された特別支援教育法により，日本の学校教育において発達障害のある生徒への指導・支援がより強調されるようになった。その流れの中で，障害による症状だけでなく，障害による生活，および学習面などで生じている困り感も扱うため，多職種の専門家がチームで働きかけることが重要となる。本書では，このような現状をふまえた支援を理解するにあたって必要な特別支援教育の基本的な考えや現状を学ぶことができる。また，特別支援教育において重要な手法として行動療法を位置づけた構成になっており，行動療法や特別支援教育をよく知らない人でも両方の基本概念や実際が理解できるよう工夫されている。特に，著者らが実際扱った事例を紹介し，支援のプロセスも詳細に記述されているため，初心者だけでなく教員や保護者などの非専門家にとってもわかりやすく，すぐ応用できるものとなっている。

発達障害のある子どもの場合，障害が不登校やいじめなどの二次的な他の問題を引き起こすことも少なくなく，今後，彼らの一人ひとり異なった環境や個人のニーズに合った支援がより強調されるだろう。本書は，そういった現状の中で特別支援教育とその中で活用される行動療法の意義を理解し，よりよい支援を行うために役に立つだろう。

（李　健實）

シリーズ教室で行う特別支援教育 2
応用行動分析で特別支援教育が変わる
子どもへの指導方略を見つける方程式

山本淳一，池田聡子著
図書文化社　B5版188頁　2005年

本書の目的　本書の目的は，応用行動分析を用いた特別支援教育のあり方，支援方法を紹介することにある。個別的な教育ニーズのある子どもたちを，通常学級の中でいかに支援するのか，学習する力をいかに向上するのかについて，その支援方法や工夫を具体的に説明する。

本書の概要　本書は第1章から第4章までの4つの章からなる。各章は，応用行動分析の理論，考え方を説明し，その支援方法を具体例を提示しながら解説する形で構成される。

第1章では，応用行動分析の導入を行い，第2章では，応用行動分析の基本技法としてABC教育技法を丁寧に解説している。さらに第3章では学校場面に沿ったより具体的な支援方法について解説し，第4章ではマクロな視点から校内支援システムや連携のあり方が説明されている。

第1章「応用行動分析で子どもの見方が変わる」では，最初に2つの事例を比較することを通して特別支援の問題点をわかりやすく示し，さらにそれに対してどのような観点をもって支援するとよいのかを論じている。そして，本書の基礎となっている応用行動分析とはどういうものか，それを特別支援に生かすことはどういうことかを順を追って説明する。ここでは，子どもへの対応で頻出する「指示が通らない」「着席ができない」といった具体的な問題行動を取り上げ，応用行動分析を援用した支援方法を紹介している。

第2章「子どもを伸ばし，問題行動を防ぐ基本技法」では，行動の原因となる「個人と環境の相互作用」が「先行刺激（Antecedent Stimulus）」「行動（Behavior）」「後続刺激（Consequent Stimulus）」の関係で成り立つとし，この関係を安定させることがABC教育技法であると紹介している。そしてABC教育技法をベースにした，「よい行動を伸ばす支援技法」と「問題行動への対応と支援技法」を紹介している。ここでは，問題行動の悪循環を引き起こし，維持させている中心的な要因を見つけるための

「問題行動分析シート」と，問題行動にかわる適切な行動を増やすための「問題行動解決シート」を紹介し，その活用法も例示している。

　第3章「学習と生活の支援」では，2章までに説明した理論や技法を，実際の学校生活の場面においてどのように活用するのかを具体的に解説する。まず1節では，教員が学級経営や特別支援教育の計画を立てる際の流れにそって，学級・生徒の評価，学内外の連携体制づくり，支援計画の立て方の解説を行う。続く2節では，授業における具体的な学習支援について説明している。「聞く」，「聞いて理解する」，「読む」，「読んで理解する」，「書く」，「書いて理解する」といった学習場面におけるそれぞれの指導法を詳しく例示する。それぞれの学習における「学習評価表」も紹介しており，それを活用し学習の基礎を評価することで，より効果的に支援を行うことができるように工夫されている3章の最終節である3節では，生活・対人関係の支援として，人付き合いの仕方やコツを学ぶための行動理論に基づいたソーシャルスキルトレーニングが紹介されている。

　第4章「校内支援システムと連携」では，特別支援教育を進める際に不可欠な，保護者，職員，特別支援教育コーディネーター，学級支援員，専門家など，学校内外のさまざまな人々の連携について紹介している。1節から3節では，支援を支える人たちとどのように連携を作るのかについて記述し，4節では，個別の支援計画の作成方法を，実際に利用することができるシートを提示し，具体的に紹介している。

認知行動療法を学ぶ上での意義　本書は，特別支援教育で活かす応用行動分析について深く学ぶことができる。

　応用行動分析では，さまざまな行動を個人の「反応」としてだけでなく，環境要因を含めた「個人と環境の相互作用」として捉える。より行動に注目した方法であるが，介入ターゲットを決定し支援を行うなど，その介入方法は認知行動療法との親和性が高い。認知行動療法の実践家は，応用行動分析を学ぶことでより臨床の幅を広げることができるだろう。

　本書は，応用行動分析の基本技法を詳述し，具体的支援方法を解説しているため，応用行動分析および特別支援教育の初学者にとって，読みやすい1冊である。

　また，本書では，主に通常学級に在籍する軽度発達障害をもつ子どもを対象とした教育支援について扱われているが，軽度発達障害をもつ子どもにとどまらず，個別的教育支援が必要な子どもへの関わり，学級全体の授業への参加を促すための工夫など，多くの子どもたちへの教育支援の参考になるだろう。

　さらに，学校現場にそった問題行動が具体的に例示されており，子どもの問題行動や教員のコンサルテーションを行う実践家にとっても有用な著書だといえよう。

（鴛渕るわ）

わかりやすい
発達障がい・知的障がいの
SST実践マニュアル

瀧本優子，吉田悦規編
中央法規出版　B5版252頁　2011年

本書の目的｜大阪府立砂川厚生福祉センター主催の「知的障がい・発達障がいのある人を支援するためのSSTファーストレベル講習会」での講義や演習の内容を1冊の本としてまとめ，読者が「いつでも」「どこでも」「誰とでも」ソーシャルスキルトレーニング（SST）を始められるよう，その講義・演習の内容を読者と共有する。

本書の概要｜本書は3部構成となっている。第1部「SST総論」でSSTの基礎と応用，ウォーミングアップ等についてまとめ，第2部「SST実践導入マニュアル」では発達障がい・知的障がいのある人を対象とした具体的な実践モデルを紹介し，第3部「SST実践事例集」ではアセスメント・目標の設定・セッションの工夫・効果などについて具体的に学ぶための事例を紹介する，という形となっている。SSTの基本から出発して，読み進めるごとにより実践的な内容へとつながっていく，という形式の1冊である。

第1部は，まず「ソーシャルスキルとは何か」そして「SSTとは何か」という，本書で論じる内容の一番の前提を説明することから始まる。SSTの目的（＝その場にふさわしい感情表現の習得，対人関係のストレスの軽減等）や構成要素（＝手本をまねさせ，自分で実行させ，うまくできたところを褒め，再び実行させ，さらに普段の生活の中で自然にできるようにする）等について解説し，SSTの基本的な部分を押さえた上で，今度はSSTの対象を「発達障がいのある人」および「知的障がいのある人」に限定し，SSTの目的と方法，工夫するべきポイントについてまとめている。身体運動の苦手な発達障がいの子どもにはウォーミングアップとして軽運動をすすめる，言語理解の苦手な知的障がい者には視覚的情報を活用する等，障がいの特性に応じた対応のあり方が細かく指摘されている。

また，SSTへのスムーズな導入のためのウォーミングアップについて詳しく解説しているのも第1部の特徴である。

ウォーミングアップに必要なリーダーおよびメンバーの身構えや心構え，深呼吸やウォーキングなどのさまざまなウォーミングアップの内容，各々のウォーミングアップの目的と工夫のしどころ等について詳細に記述されており，ウォーミングアップのマニュアルとしての機能も果たしている。

第2部では，実際に行われているSSTの方法をあげている。ここで特徴的なのは，「対象とする障がいの種類」や「SSTを行う場」などの条件をあらかじめ定めた上で，「このような障がいを対象に，このような場でSSTを行う場合は，どのようにするか」という，極めて具体的な内容を紹介している点である。「発達障がいのある人の就労支援でのSST」「知的障がいのある人の施設でのSST」等，章ごとに扱う「SSTを行使する状況」がバリエーション豊かなものとなっている。加えて，各章を担当する執筆者が，自身のSSTの経験に基づいてその方法の紹介を行うため，SSTを行っている現場の様子がイメージしやすいものとなっている。実際のロールプレイのやりとりを表として提示する，スタッフが実際に活用しているマニュアルを載せる等，現場の状況と結びついた添付資料も豊富である。

第3部は事例の紹介である。各対象者の生育歴や抱える課題等，実際にSSTを適応した個人の背景を掘り下げた上で，そのSSTの工夫のしどころなどを子細に記述している。一方，集団を対象としたSSTの事例として「特別支援教育での事例」「民間教育機関での事例」も紹介されており，個人を対象とする場合と集団を対象とする場合，その両方の具体例から学ぶことができる。

認知行動療法を学ぶ上での意義　本書は発達障がい・知的障がいに対する認知行動療法の中でも主にSSTについて深く学ぶことのできるものである。

まず前半部分で「ソーシャルスキルとは何か」「そのソーシャルスキルを妨げる認知的な問題とは何か」という基本的な部分の解説が丁寧に行われるため，SSTや発達障がい・知的障がいに関して読者が初学者であっても，その内容に入っていきやすいものとなっている。

また，初めにSSTの概要を示した上で，その後で「○○という条件におけるSSTの方法」を示し，最後に「実際にSSTが行われている現場の様子」を提示する，というように，扱う内容が段階的に具体性を増していく構成となっているため，「SSTとは何か」という基本を見失わずに，しかもその実践的な活用法を学ぶことができる。

大部分の執筆者がSSTを行う現場に根づいて実践活動を行っているため，後半になるにつれて増してくるその「具体性」は多くの情報・資料に裏打ちされており，読者がSSTを実践する上での示唆に富んだ内容となっている。

SSTの豊富なバリエーションを提示しており，非常に実践的な1冊であると考えられる。

（高岡佑壮）

お母さんの学習室
発達障害児を育てる人のための親訓練プログラム

山上敏子監修

二瓶社　B5版 199 頁　1998 年

本書の目的　本書は，精神遅滞児の行動障害を改善するための親訓練プログラムを，実際の臨床に役立つように手引書の形式でまとめたものである。本書のプログラムは主に行動療法の理論に基づいたものであり，具体的な事例を通して行動療法の基本的な技法の応用の仕方とその家族への伝え方を習得することを目的としている。

本書の概要　本書は，1991 年から実施されてきた肥前方式親訓練（Hizen Parenting Skills Training：HPST）のプログラムの構成（第 1 部），講義録の実録（第 2 部），事例（第 3 部）からなる。第 4 部には HPST プログラムに実際に使用された資料が掲載されている。

第 1 部は第 1 ～ 3 章からなる。第 1 章「親訓練の意義と歴史」では親訓練が重要である理由を解説し，その歴史的経緯についてまとめている。第 2 章「肥前療養所の親訓練」，第 3 章「HPST プログラムの構成と効果」は，HPST の開発の経緯や具体的なプログラムの構成について紹介し，具体的な効果を事例研究の側面と数量的な側面（問題行動の減少や質問紙の得点）から示している。

第 2 部は実際に親に対して実施された講義の内容であり，第 4 ～ 10 章からなる。第 4 章「HPST の考え方と方法」では，親が子どもに対する希望を行動のレベルで考えること，実体験や観察によって理解することの重要性について触れ，具体的な事例を基に行動療法の基本的な考え方について説明している。第 5 章「学習室の実例から」では，効果の現れやすい親の特徴として，観察記録が上手なこと，子どもの対応において目標をはっきり決めること，の 2 点をあげ，具体例を用いて解説している。第 6 章「行動の観察と記録の仕方」では，行動が具体的であるためには計測可能性，客観性，分割不可能性の 3 つを満たす必要があることや，目標行動が 6 種類に分けられること等，具体的な観察記録のつけ方を実際の例を通して解説している。第 7 章「望ましい行動を増やすには」では強化の法則とその応用の際の留意点，強化スケ

ジュールの説明やさまざまな強化子の種類について解説している。第8章「できない時の手助けの仕方」では，行動を細かくステップに分けていく方法，目標行動の種類に応じて順向型（ステップの最初の方から取り組む）と逆向型（ステップの最後の方から取り組む）のどちらを選ぶのかという判断，手がかりの出し方，等具体的な行動計画の方法について解説している。第9章「環境の整え方」では，環境を変える例として，物理的環境を変化させる，指示を正確，簡潔かつ一貫したものにする，指示のタイミングの工夫，場所や手順の工夫，ワークシステム，課題の組織化等を紹介し，具体的な2つのケースを題材として解説している。第10章「困った行動を減らすには」では，問題行動に対して親がとりやすい行動（叱る，注目する）が逆に問題行動を強化しているメカニズムについて解説した上で，計画的な無視による消去，タイムアウト法について解説し，他にも具体的な手続きとして弁別訓練や他行動の強化，動因操作などを紹介している。

第3部は第11〜16章から構成されており，各章で1つの問題行動の改善に焦点を当てた1つのケースを紹介している。各章ともに生育歴を含むケースの概要，セッション前後の評価項目の得点，約10セッションからなるケースの経過について解説している。各章のテーマは，第11章「スプーンや箸を使う」，第12章「上手に歯磨きができる」，第13章「自傷がなくなる」，第14章「トイレ固執がなくなる」，第15章「自力で食事がとれる」，第16章「朝の泣きぐずりがなくなる」である。

第4部の資料は，第2部で解説された内容がセッションごとにわかりやすく記載されている心理教育資料（資料1），ホームワークシートと目標行動評価シート（資料2），質問紙と終了時アンケート（資料3）から構成されている。

認知行動療法を学ぶ上での意義　本書は基本的な行動療法の技法を，心理学の初心者である母親に具体例を交えてわかりやすく伝えるための手引書の形式をとっている。そのため，本書で書かれたような親訓練によって，観察の視点や行動療法の基礎さえ身につければ，日常場面への汎化という観点・子どもの成長に長期的に関われる存在という観点からみても，親は子どもにとっても最も心強い援助者になりうる。さらに，本書は発達障害児の親面接を行う上で重要であるだけでなく，行動療法を学ぶ学生や心理士が行動療法の基礎を理解し，実際の例に応用していくためにもとても役に立つ本である。本書では行動療法における観察，アセスメントの重要性が繰り返されている。本書に記載されている各技法は1つ1つは複雑なものではないが，どの問題に対して，どのタイミングで，どの技法を，どのように使用するかという点は，丁寧な観察とそれに基づくアセスメントを十分に行わなければわからない。そのため，本書を通じて，ケースの観察力，問題を見る"目"が養われることは，認知行動療法を学ぶ上で重要なことと考えられる。

（松田なつみ）

第18章 統合失調症への適用

統合失調症の認知行動療法

D・G・キングトン，D・ターキングトン著
原田誠一訳
日本評論社　A5版281頁　2002年

本書の目的　本書は統合失調症に対する認知療法の技法，進め方について記したものである。また，統合失調症に関する情報・知見も網羅的に提示されており，臨床家だけでなく当事者およびその家族の，症状や治療法に対する理解を促進させるものとなっている。

本書の概要　本書は3部で構成されている。第1部「統合失調症の認知療法の理論的背景」では，第1～12章において統合失調症に関する説明を多角的に行い，第13章で統合失調症の精神療法について説明している。ここではこれまでの統合失調症へのアプローチに関して，「情報量」と「不安・恐怖の強さ」の間に反比例関係が認められるという原理が無視されてきたこと，そこには「患者を教育プログラムに乗せるのは無謀だ」という専門家の誤った認知，"破局視"，"過度の一般化"が働いていたのではないかと述べられており，統合失調症に対する認知療法も症状に対する情報提供は必須であることが述べられている。他に

も援助者が考え直す点が章ごとのテーマに沿って述べられている。例えば第2章では，実際には，多くの人が抱いている非科学的信念や超心理学的な考え方を，自然科学偏重傾向のある学者全般はあまりにも軽視する構えが強いことが指摘されている。第8章では，幻覚は正常から質的に隔たっている体験ではなく正常体験との同一線上にある正常類似体験であることを，入眠時の幻覚類似体験を例に説明されている。第10章では，陰性症状に対する治療のためには「陰性症状にある患者を保護する働き」を理解し，陰性症状は「取り組み不足の結果」ではなく「取り組みすぎた結果」と理解することが肝要であることが述べられている。第13章ではこれまでの統合失調症に対する精神療法に関して概観し，統合失調症に対して行われたさまざまな力動精神療法ははっきりした治療効果が立証されず，患者の現実検討に働きかける認知療法的精神療法が有効である可能性を示唆している。

　第2部「治療のプロセス」では，13

の症例を通して統合失調症の認知行動療法（CBT）の実際を具体的に示し，事例に応じて治療の技法や留意点等が"レクチャー"されている。

特に，著者の重視する統合失調症患者への情報提供に関しては「正常類似体験・比較説明法」としてレクチャー3で詳細に述べられており，精神病体験は疾患特異的体験ではなく実は一般者も似た体験をすることがあること，特定の条件下（断眠時や感覚遮断時）では誰でも精神病体験と似た経験をすることがあること，妄想やさせられ体験は統合失調症に特異なものではなく一部のカルチャーでは正常体験として公認されていること，一過性の妄想的解釈は誰にでもよく認められるものであること等を説明するべきだと述べている。

また，レクチャー5では，多くの援助者が困難を痛感する妄想への取り組みについて言及されている。面接で妄想を取り扱うためには治療関係が十分に育っていることが前提となり，まずは表層的テーマを話題にし，徐々に妄想を扱っていくのがよいと述べられている。ダイレクトな直面化は控えるべきであり，慎重にアプローチしても混乱させてしまった場合にはいったん撤退し，後日再び面接で扱うチャンスを待つこと等の指針が述べられている。

第3部では「今後の展望」として，治療技法の評価と今後の発展の方向性が論じられている。本書で紹介された認知療法の有効性を示すエビデンスの提出の重要性を指摘しており，対照群をおいた調査研究の必要性が唱えられている。

認知行動療法を学ぶ上での意義 本書は統合失調症への認知行動療法についてまとめたものである。統合失調症は心理療法が適用できない障害であり特にCBTは難しい，統合失調症は予後が悪い，幻覚は異常な体験である，妄想は修正不能である，統合失調症患者は病識に欠けるといった援助者がこれまで当然と考えられた認知に，疑問を投げかけ再考を要求する1冊となっている。

本書は通じて統合失調症と健常者の類似性および連続性が主張されており，統合失調症患者は根本的質的に健常者とは異なるのだろうか，読者は改めて考え直すことができる。

また，本書はこれまで援助者が統合失調症患者に対してだけ心理教育がないがしろにされていたことを指摘しており，統合失調症の認知療法でも心理教育は必須であると「正常類似体験・比較説明法」を具体例を交えながら提示し，具体的に援助者が説明するべき事柄を示してくれている。

読者は本書から統合失調症およびその認知療法の進め方を学習することができる。CBTを実践する者の多くはその技法を統合失調症に適応することに対して積極性に欠ける部分があったのではないかと思われる。本書は，援助者が統合失調症患者にアプローチする際の実践的手引きとなるだけでなく，これまでの疾病理解の見直しを促す1冊となっている。

（川崎　隆）

わかりやすい SSTステップガイド　第2版
統合失調症をもつ人の援助に生かす
〈上巻〉基礎・技法編

A・S・ベラック，S・ギンガリッチ，K・T・ミューザー，J・アグレスタ著
熊谷直樹，岩田和彦，天笠　崇訳

星和書店　A5版 339頁　2005年

本書の目的　本書は「統合失調症の治療ガイドライン」で第1選択として推奨されている「ソーシャルスキルトレーニング（SST）」を実施する人のためのガイドブックである。

本書の概要　第1章「統合失調症と生活技能」では，統合失調症による生活技能の欠損を学習で補う重要性と有用性が指摘されている。生活技能は「社会ルールに合い，社会的に容認できる，対人場面での行動」とされ，対人場面での行動の構成要素はおおまかに「送信技能」と「受信技能」に区別の上，それぞれについて説明がある。また，病をもつ人にとっての対人行動の妨害要因および促進技能なども紹介されている。

第2章「科学的根拠（エビデンス）に基づく治療としてのSST」では，SSTによる社会機能の改善のエビデンス（主要な研究のレビューやその成果）が紹介されている。

第3章「生活技能の評価」では，生活技能の評価に関する議論が紹介される。基準となる時点における各人の技能欠損を丁寧に評価し，それにあわせて構造化されたSSTを実施していくことの大切さやSSTの効果を検討し，改善していく意味でも事前事後の評価の重要性が指摘されている。具体的な生活技能の評価と社会機能についての有用な評価法や工夫も紹介されている。

第4章「生活技能の教え方―SSTの基本的技法」では，技能の訓練テクニックにおける学習理論の使い方が紹介される。モデリング（見本），強化（褒める），行動形成（目標への接近の促進），過剰学習（自然と使えるまで練習する），般化（宿題を通して他の場面へ応用可能な状態にする）などが説明されている。またSST実施の際の大まかなステップや進めるスペースについても学ぶことができる。

第5章「SSTグループを始める」では，SSTの開始時のコツや工夫が紹介されている。例えば，①SSTグループを計画する時に考慮すべきこと，②リーダーの選び方，③SSTの参加者の選択の仕方，④SSTに参加する人への事前準備，

⑤多職種との協力体制の重要さなどが説明されている。

第6章「SSTでカリキュラムを用いる方法」では，SSTのカリキュラムの立て方について，①既存のカリキュラムを使用する際の方法と工夫，②新しいカリキュラムを開発する際の方法と留意点，などが紹介されている。

第7章「SSTを個別のニーズに合わせて工夫する」では，構造化されているSSTを個人のニーズに合わせた形で用いる際の工夫が紹介されている。

第8章「トラブル対策」では，どのようなSSTグループにもみられうる問題とその対策，さらに参加者の症状の種類や重症度の違いごとに起こりやすい問題とその対策について学ぶことができる。

第9章「薬物やアルコールを乱用する人への対応」では，統合失調症を有する人にとっての物質乱用の問題を整理し，その治療法について紹介される。

第10章「支持的な生活環境づくりで再発を予防しよう」では，再発を防止するための支持的なスタッフや家族などを含めた生活環境および生活上で生じるストレスのマネジメント法が紹介される。家族が配慮するとよいポイントも記されている。

第11章「SSTリーダーのコツ」では，SSTの教育的な手順を実施者が学ぶためのポイントが紹介される。そこでは，統合失調症を有する方へのSSTと同様に，学習理論に基づいたSSTを効果的に学ぶための有用な示唆が具体的にまとめられている。

認知行動療法を学ぶ上での意義】SSTは，認知行動療法の理論と技術に基づく効果の支持された介入パッケージの1つである。本書は，SSTにおいて著名な指導者であるベラック博士が中心となった著作であり，海外における最先端のSSTの実践と研究を詳細に学ぶことができる。さらに本書では統合失調症の症状を有するクライエントにおいて問題となる生活場面および対人場面での状況がわかりやすく整理され，そうした状況の解決に必要な社会生活技能や会話技能が具体的に網羅されている。また，そうした技能をクライエントが学習できるようにするためのSST実施の工夫や援助者の学習方法についても示されている。そのため，統合失調症を有するクライエントに対する認知行動療法に基づく支援を提供しようとする援助者や統合失調症を有するクライエントの社会技能を促進する機会を作ろうとしている援助者にとって，本書は有用な指針となる。

また，コミュニケーション能力の向上を促進する技能を学べるという点で，SSTは統合失調症以外のさまざまな困難を抱えるクライエントにとっても示唆に富む内容である。そのため，統合失調症を含むさまざまな場面における臨床の端々で応用できるようになるためにも本書は必読の1冊であろう。なお，本書の別冊資料編となる下巻では，SST実施時に用いることができるツールも準備されており，こうした配慮も実践に携わる者にとって使いやすい1冊といえよう。

　　　　　　　　　　　　（林潤一郎）

統合失調症を理解し支援するための認知行動療法

D・ファウラー，P・ガレティ，E・カイパース著
石垣琢磨，丹野義彦監訳
金剛出版　A5版257頁　2011年

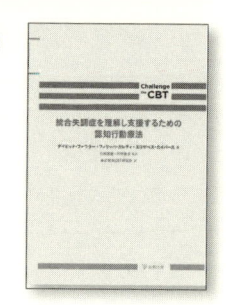

本書の目的　統合失調症に対する認知行動療法（CBT）を理論と実践の両面から解説し，統合失調症患者が示すさまざまな問題に対して理解を深め，CBTを行う上でのテクニックを学ぶことが本書の目的である。

本書の概要　本書は第1部「理論」（第1～8章）と第2部「実践―統合失調症の認知行動療法の実践マニュアル」（第9～16章）の2部構成となっている。各章の概要を以下に述べる。

第1部では，まず第1章「統合失調症患者が抱える問題」において，薬物療法抵抗性の精神症状，感情障害，社会生活障害，再発のリスク等がCBTのターゲットとなる問題として述べられている。

第2章「脆弱性ストレスモデルとその臨床的意義」では，統合失調症を疾病として捉えることのメリットが説明されている。さらに，脆弱性ストレスモデルがもたらす枠組みによって統合失調症の生物・心理・社会的要因について理解が深まることが示されている。

第3章「統合失調症への対処」では，病的体験への患者の適応，対処についての研究のレビューが行われている。続く第4章「統合失調症の体験と信念を深く理解するために」では，統合失調症の病的体験と信念への認知行動的アプローチが紹介されている。これは，患者の抱える問題を理解するための重要なステップである。

第5章～7章では統合失調症の認知モデルの臨床応用についての検討がなされている。第5章「統合失調症の認知モデル1：神経心理学と病的体験」では最新の認知神経心理学の知見から患者の問題をどのように理解できるかが説明される。第6章「統合失調症の認知モデル2：異常体験の意味を理解する」では，患者が状況に意味を見出そうとする意図から妄想や幻覚などの異常体験が生じるという説が検討されている。第7章「統合失調症の認知モデル3：感情障害と統合失調症」では，感情障害の心理的プロセスと妄想との関連について説明されている。

第8章「理論から実践へ」では，問

題をフォーミュレーションする際に必要な仮説の説明と，統合失調症に対するCBTとその他の精神障害に対するそれの異同が取り上げられている。

第2部では，まず第9章「統合失調症の認知行動療法概論」において，治療を行う上で患者と協同するために有用なさまざまなテクニックが紹介される。

第10章～15章では，治療経過に従って配置された治療マニュアルが述べられている。第10章「治療の開始」では，治療初期段階で重要となる治療契約やアセスメントなどの方法が説明されている。第11章「精神症状の自己制御を促進するテクニック」では幻声，衝動性や希死念慮などの苦痛を伴う症状に対処するテクニックが，第12章「患者と協同して統合失調症の新しいモデルを構築する」では患者と協同して統合失調症の新しいモデルを作り上げる方法が紹介されている。治療を進める上での問題への対処として，第13章「妄想と幻声に関する信念に対処するテクニック」では妄想と幻声に関する信念に対処するための認知的方略が，第14章「不適応的な思い込みに対処する方略」では患者の不機能的思い込みを扱うテクニックが述べられている。第15章「社会生活障害と再発リスクへの対処方略」では，治療の最後の段階で重要となるテクニックが紹介されている。

第16章「統合失調症に対する認知行動療法の有効性」では，統合失調症に対するCBTの効果研究の紹介と，本書で紹介されるアプローチの効果のエビデンスの検討が行われている。

認知行動療法を学ぶ上での意義 統合失調症は，これまでは生物学的な側面が主に強調されてきたが，近年生物・心理・社会モデルが重視されるようになったことから心理社会的介入が検討され，CBTの開発がさかんに進められてきた。本書はこうした統合失調症に対するCBTを包括的に学ぶことができるものである。

統合失調症患者は複雑で多次元的な問題を抱えており，一人ひとりの患者によって状態や問題が大きく異なることが特徴である。そのため，心理的介入を行うにあたっては，治療者が患者に対して詳細なアセスメントを実施し，患者の問題についてフォーミュレーションを行って，それを患者と共有することが必要である。したがって，治療者には心理学理論に関する知識とそれを実践するにあたってのテクニックの双方が求められる。

本書は，第1部で認知行動モデルの臨床応用などの理論的な説明がなされ，第2部で臨床実践のガイドラインとして最新の研究に基づくさまざまなテクニックが述べられている構成であるため，治療をすぐに始めたい臨床家は第2部から読み始める，理論について理解を深める場合は第1部から読み始めるなど，目的に応じて多様な使い方が可能である。薬物治療抵抗性の統合失調症の患者などと接するメンタルヘルスの専門家にとって，非常に有益な本であるといえよう。

〈猪ノ口明美〉

第19章 パーソナリティ障害への適用

弁証法的行動療法実践マニュアル
境界性パーソナリティ障害への新しいアプローチ

M・M・リネハン著
小野和哉監訳

金剛出版　A5版 302頁　2007年

本書の目的　本書は，主に境界性パーソナリティ障害（BPD）の患者を対象に行われる，弁証法的行動療法（DBT）の理論に基づいた心理社会的スキル・トレーニングの実施者向けのマニュアルである。感情に左右されずに適応的に行動していく能力を身につけるために，個人精神療法とは別に行われるトレーニングの理論的な背景や全般的注意，トラブルシューティングを示し，治療者のスキルアップを図っている（なお，本書はM.リネハン著『境界性パーソナリティ障害の弁証法的行動療法―DBTによるBPDの治療』［誠信書房］のサブテキストとなっている）。

本書の概要　本書は第1章から第10章からなる。前半部分の第6章までは，訓練すべき主要なスキルである行動スキルの指導にあたってのガイドラインが示されている。第7章以降では実際のトレーニングの内容と，それらを扱う手順について記述されている。また巻末には，付録として実際のトレーニング場面で用いることのできる配布資料と宿題シートが掲載されている。

第1章「境界性パーソナリティ障害に関する心理社会的スキル・トレーニングの理論」では，BPDの生物社会的理論と，BPDの改善のために認知行動療法（CBT）から発展したDBTの理論について述べている。現実の相互関係性と両極性，そして変化や過程の重要性という，弁証法的視点の3つの基本的特性にも触れている。

第2章「心理社会的スキル・トレーニングにおける実践上の課題」では，トレーニングの対象者の人数・メンバー構成・扱うスキルの順番・個人療法とのかね合い・グループリーダーの役割といった，セッションの外的な側面について検討している。一方，第3章「セッションの形式とスキル・トレーニングの開始」ではセッションの内側の条件についてガイドラインを示しており，時間配分，練習したスキルを参加者がうまく使えなかったと訴える場合の対処法や，トレーニング期間中に継続して話し合われるべき「ス

キル・トレーニングのルール」が示される。

第4章「構造化ストラテジーとスキル・トレーニング手順の心理社会的スキル・トレーニングへの適用」，第5章「他のストラテジーと手順の心理社会的スキル・トレーニングへの適用」では，治療目的の達成のための組織化された対応（ストラテジー）の適用法を記している。弁証法的ストラテジー，コア・ストラテジー，様式的ストラテジー，ケースマネジメント・ストラテジー，統合的ストラテジーの5つのうち，統合的ストラテジーの特有分類である構造化ストラテジーは治療時間の構造化を扱うものとして重要視され，第4章で記述される。その他のストラテジーは第5章に掲載されており，スキルの優先度やセッション中に発生する問題に合わせた，治療者による使用頻度の調節が求められる。

第6章「心理社会的スキル・トレーニングのセッションごとのアウトライン」にはセッションごとの具体的な実施計画が掲載されている。

実際のトレーニング内容は第7章から第10章で示される。DBTにおいて中核となるマインドフルネスのスキルは第7章「コア・マインドフルネス・スキル」で扱い，「把握」「対処」の練習法を示す。第8章「対人関係保持スキル」，第9章「感情調節スキル」，第10章「苦悩耐性スキル」においても，各モジュールの目標と講義・議論のポイント，リーダーへの注意点，身につけるスキルの頭文字を示して覚えやすくするなど，セッションをスムーズに行う手助けがなされている。

認知行動療法を学ぶ上での意義 BPDへのCBTの中でも，"第3の波"の1つとされるDBTについて学ぶことができるものである。BPD治療には，治療者側に多大なエネルギーが求められる。本書に記された標準的なスキル・トレーニングの方法に則って，リーダーの思惑通りに各セッションが進められることの方が少ないとさえ考えられる。しかし本書では，治療構造に影響を及ぼすあらゆる条件や患者・治療者の要因についても細やかな検討を行っている。これは患者を改善の方向に導くためであることはもちろん，セッション実施者が患者の苦しみに巻き込まれ共倒れにならないためにも重要だといえよう。

身につけるスキルの順番やワークの種類は治療期間やグループの特質に合わせて選ぶことができるとされ，オーダーメイドで介入を行うCBTの視点はここで発揮される。また，一連のトレーニングは個人精神療法との組み合わせで行われることが前提となっており，セッション外のフォローの手段として電話が用いられる。このようにコミュニティや病院システムの全体でチームを組んで治療を行っていくスタイルは，まさしくCBTの理論と一致した援助の方法である。CBTが弁証法の考え方を取り入れてBPD治療に大きく花開いたDBTであるが，日本においてDBTを効果的に行う具体的なイメージをつかむにあたって，本書が大きな役割を果たすといえる。

(大上真礼)

パーソナリティ障害の認知療法
スキーマ・フォーカスト・アプローチ
CD-ROM付

J・E・ヤング著
福井　至, 貝谷久宣, 不安・抑うつ研究会監訳
金剛出版　A5版 152頁　2009年

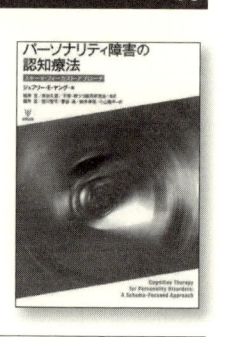

本書の目的｜スキーマ・フォーカスト・アプローチとは，パーソナリティ障害や慢性的抑うつなど，治療困難とされる患者に対する統合的アプローチである。本書は同アプローチの理論と実践を紹介することを目的としている。

本書の概要｜スキーマとは心的活動を行う際の枠組みであり，誰もが多様なスキーマを持つとされる。著者は，パーソナリティ障害を引き起こすスキーマとして 18 種類を特定し「早期不適応スキーマ」とした。そして，そのスキーマに焦点を当てた統合的アプローチを開発した。それがスキーマ・フォーカスト・アプローチである。

本書は同アプローチに関し，第 1 章で理論，第 2 章でアセスメントとケース理解，第 3 章で介入について述べている。巻末には同アプローチ用の質問紙と，クライエントガイドが収録されている。

第 1 章では，同アプローチが誕生した理論的背景について述べられている。著者はパーソナリティ障害の特徴として，「柔軟性のなさ」「回避」「対人関係の障害」の 3 つをあげる。そして，パーソナリティ障害の患者が短期の認知療法に治療反応性を示さないのは，その特徴のためであると述べる。そのため，その 3 つの特徴を考慮し，既存の認知療法モデルを概念的に拡張した。

その中でも重要な概念が「早期不適応スキーマ」である。それは幼少期に形成され，発達と共に精緻化する，著しく非機能的で堅固なテーマである。著者は，①断絶と拒絶，②自律性と行動の損傷，③制約の欠如，④他者への追従，⑤過剰警戒と抑制という 5 領域に渡る 18 のスキーマを特定した。そして，それら非機能的なスキーマが，どのように個人の中で持続され，あるいは回避され，時に過剰補償される（スキーマと正反対の行動をとる）かについて，具体的な行動を例示している。

続く第 2 章では，アセスメントとケース理解のための 8 つのステップについて紹介する。それは，①現在の症状・問題と生活歴の収集，②質問紙の実施，③質

問紙の結果の話し合い，④セッション内外でのスキーマの活性化，⑤スキーマの回避に関する直面化，⑥スキーマにより駆動される行動の明確化，⑦収集した情報に基づくケースの見立ての提示と，それに対する患者からのフィードバック，⑧ターゲットとなる中核スキーマの選択，という段階を経る。

最後の第3章では，認知的・体験的・対人関係・行動的という4つのタイプの介入法について概説されている。認知的技法では，スキーマを支持／矛盾する証拠を検討する。またスキーマが活性化した時に，それに反論するようなフラッシュカードを作成する。それらにより，患者は不合理な信念に対抗するための方法を学ぶ。体験的技法では，親との架空の対話や感情的カタルシスなどを通し，感情に関連したスキーマの変容をはかる。対人関係技法では，治療関係や集団療法を通し，自己破壊的な人間関係パターンの変容をはかる。そしてスキーマ変容の最後の段階として，臨床家は行動的技法により，患者の行動パターンの変容を後押しする。これまでとは異なる行動をとってみることや，必要に応じた環境変容などが試みられる。

全3章の締めくくりとして，本アプローチと短期認知療法との違いがまとめられている。

認知行動療法を学ぶ上での意義　本書はパーソナリティ障害を含む治療困難性の高い患者に対する認知行動療法のアプローチを学ぶことができるものである。

パーソナリティ障害に限らず，臨床において標準的な認知療法ではうまく行かないケースに出会うことがある。本書の例でいえば，自らの思考・感情を把握できない，主訴が不明確である，協力的な治療関係が構築できないなどのケースである。そのようなケースに出会った際に，臨床家の手引きとなりうる点が本書の意義である。

具体的には次の3つが意義としてあげられる。まず第1は，パーソナリティ障害や慢性的抑うつ等，難治性の患者に対する新たなアプローチを獲得することができることである。本アプローチを学ぶことで，なぜ従来のやり方ではうまくいかないのか，その理由も知ることができる。

第2は，そのアプローチを，すぐに臨床の現場で活用することができることである。本書はアセスメントや介入の手法が具体的な事例をベースに解説されている。加えて，治療を効果的に進めるための質問紙も収録されており，実践に役立てることができる。

第3は，治療困難なケースに対する臨床家のあるべき態度について，うかがい知ることができることである。著者は，治療困難の原因を患者に帰するのではなく，その特徴に即した形で認知療法を改変した。この客観的で柔軟な態度が，スキーマ・フォーカスト・アプローチ誕生の基礎となっている。そのような著者の態度に学ぶ部分は大きいのではないかと思われた。

（高山由貴）

自傷行為治療ガイド

B・W・ウォルシュ著
松本俊彦，山口亜希子，小林桜児訳
金剛出版　A5 版 324 頁　2007 年

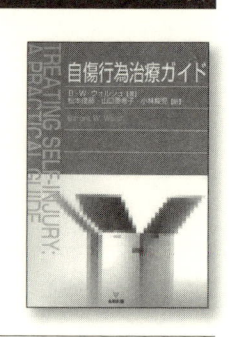

本書の目的　自傷行為に関するさまざまなトピックを現代的な水準で網羅し，豊富な実証的知見・臨床経験を基に，治療法を実践に生かせるよう具体的かつ詳細に解説する。

本書の概要　本書は全部で 3 部（17 章）の構成になっている。第 I 部（第 1 〜 4 章）では自傷の定義と背景，第 II 部（第 5 〜 15 章）では自傷のアセスメントと治療，第 III 部（第 16・17 章）では自傷に関わる特殊な問題について，それぞれ解説されている。各部の概要は以下のようになっている。

第 I 部「定義と背景」では，治療に先立って，自傷の基本的情報について記述されている。本書では，自傷を「意図的に，みずからの意思の影響下で行われる，致死性の低い身体損傷であり，その行為は，社会的に容認されるものではなく，心理的苦痛を軽減するために行われる」と定義している。このような自傷の定義に始まり，自殺と自傷の鑑別，自傷の分類，自己破壊的行動のスペクトラムの概観，自傷を行う集団の拡大とその理由についての考察，自傷と身体改造行動との関連について，解説がなされている。また，自傷行為と自殺企図，また他の自己破壊的行動との鑑別が自傷をアセスメントする際に重要であるとしており，鑑別時に利用可能な表やチェックリストを提示している。さらに，自傷行為が重篤な問題を持たない者に広がっていることを指摘すると同時に，そのような者の行う自傷行為を過小評価せず，背景にある心理的苦痛について考える必要があることを強調している。

第 II 部「アセスメントと治療」では，本書の中心となる自傷行為のアセスメントと治療，そしてそれに関わる援助者のあり方について解説している。本書は，自傷行為を生物 − 心理 − 社会的な現象として理解しようという立場から書かれており，自傷行為を適切にアセスメントするために，まず自傷行為を構成する 5 次元（環境，生物学，認知，感情，行動）についてレビューを行っている。初回面接で援助者に求められる姿勢を述べ

た後，自傷について行動分析の原理に基づいたアセスメント手続きを解説しており，①行動に「先行」しているもの，②「行動」そのもの，③行動の「結果」という3段階における測定可能なデータを収集する必要があると述べている。また，援助者が介入に必要なベースライン・データを系統的に収集することができるよう，記録法についても説明されている。アセスメントについての解説以降，実際の治療について解説がなされており，自傷の頻度を減少させるための随伴性マネージメントが介入の第1段階として紹介されている。以降，介入の中心となる技法として，置換スキルのトレーニング，自傷に至る否定的な思考に対する認知療法的アプローチ，トラウマの既往をもつ自傷者に対する曝露療法，自傷者がいる家族に対する認知行動療法的アプローチ，薬物療法を紹介し，各技法について症例と共に具体的に解説を行っている。また，第Ⅱ部の最後では，治療に関わる要因として，自傷者に対応する中で援助者に生じてくる陰性反応について解説がなされ，対処の方法についても言及している。

第Ⅲ部「特殊な問題」では，自傷に関わる特殊な問題として自傷の伝染を取り上げ，解説を行っている。自傷が伝染する要因やメカニズムについて解説した後，学校における自傷に対して著者が実際に行った対応を紹介し，さらに学校における自傷の伝染について学校の中でどう扱い，どう予防していくのかについて提言を行っている。

認知行動療法を学ぶ上での意義 本書は自傷行為について，詳細かつ包括的にまとめられており，自傷にまつわる問題に対する認知行動療法の適用可能性と実践的技術を学ぶことができる。『自傷行為治療ガイド』の名の通り，援助の専門家が実践に生かせるよう，さまざまな療法について詳しい解説がなされ，実際に用いることのできるガイドやマニュアルが豊富に提示されており，各療法における具体的な症例も多く記述されている。また，自傷行為の理解に生物－心理－社会モデルを採用し，そのため介入として精神薬理学的および認知行動療法的な方法を用いていることも，エビデンスに基づいた介入を行うことがますます求められている現代の心理援助者にとっては重要な点といえよう。

しかしながら，文章は平易で読みやすく，内容も詳細かつ丁寧に記述されており理解しやすいため，一般の人でも読むことは可能であると考えられる。そのため，実際に自傷を行っている人にとっては自傷行為に向き合うために重要な示唆が，自傷を行っていない人，または自傷行為を行っている人が身近にいる人にとっては，自傷に対する正確な理解や予防的な効果が期待できるだろう。

本書は自傷行為治療に関わるすべての援助者の必読書であると同時に，自傷に対する正確な理解の促進や予防効果の期待など社会的な観点からも意義ある良書であると考えられる。

（鈴木善和）

第20章 不眠・摂食障害・疼痛への適用

不眠症の認知行動療法
治療者向けマニュアル

CD-ROM付

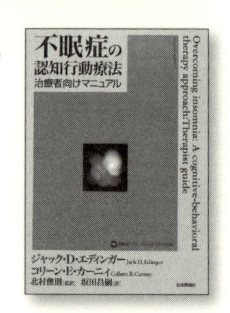

J・D・エディンガー，C・E・カーニィ著
北村俊則監訳　坂田昌嗣訳
日本評論社　A5版144頁　2009年

本書の目的　原発性不眠症および認知行動療法（CBT）の理解を促すと共に，事例を用いながら種々の手法を段階的に示すことで，実践現場での治療が行えるようにすることを目的としている。

本書の概要　本書は全部で6つの章からなる。第1章では，不眠症と不眠症のためのCBTに関する基礎知識が紹介されている。第2章から第5章では治療の進め方がまとめられており，実際の教示の仕方と共に，付録の患者用ワークブックについて紹介されている。第6章では，さまざまな患者や現場での不眠症のCBTの適用について示されている。

第1章「治療者のための導入的情報」では，原発性不眠症の基礎知識を紹介した上で，不眠症のためのCBTの成り立ちとエビデンス，理論，薬物療法などと比較した位置づけについて説明している。原発性不眠の認知行動モデルでは，不眠の原因に関する誤った帰属や睡眠に関連する刺激に対する注意のバイアス，睡眠が乏しいことに関する心配や反芻などの認知が症状維持に寄与する要因であり，そうした要因が睡眠を混乱させる習慣と条件づけられた感情反応を支えることで不眠の状況が維持されていると考える。CBTによる治療は，一時的な眠気が強まる副作用はあるものの，安全で治療効果も長いため効果的であるといえる。

第2章「治療前のアセスメント」では，原発性不眠症および他の不眠症の診断・評価法を紹介している。面接法を用いて，睡眠状態の経過と共に状態を維持している心理的要因および行動的要因をアセスメントする。また，睡眠日誌を患者が2週間以上記録することで，治療者が情報を得られるだけでなく患者自身が睡眠パターンをモニターすることができる。さらに，睡眠の症状や重症度を評価するための数々の質問票やアクチグラフィ，睡眠ポリグラフィについても説明されている。

第3章「セッション1：心理教育と行動療法」では，心理教育や行動療法と共に，治療アドヒアランスやフォローアップマネジメントに参加できない患者のマ

ネージメントについても紹介している。患者への睡眠教育では睡眠時間の個人差や生物学的なメカニズム，睡眠への不安や努力が逆に不眠を悪化させていることを示す。また，寝床での行動変容と床上時間の制限をするといった行動への介入について説明している。

第4章「セッション2：認知療法」では，セッション1の振り返りの仕方と共に"心配の枠づけ"や思考記録表を用いた認知的介入，抵抗への対応について紹介している。"心配の枠づけ"は，夕暮れのうちにこの方法を用いて心配事を扱い睡眠前の覚醒の減少を目指す。また，本来うつ病に用いられていた思考記録表を用いて不眠症患者に特徴的な認知の再構成を目指す。

第5章「フォローアップ・セッション」では，床上時間の調整や治療へのアドヒアランスの振り返りと強化，トラブルシューティングと共に"失われた時間"を探し出すことについて，事例を用いながら紹介している。まったく眠れていないと主張する患者の語りを注意深く聞き，眠れたことを示すエピソードを引き出していく。

第6章「CBTの普及：あらゆる患者，現場への挑戦」では，より発展的な内容として睡眠薬依存や併存障害を有する不眠症患者への治療について事例を用いながら紹介している。また，今後の不眠症のCBTの普及可能性についても述べている。

なお，付録として巻末に睡眠歴質問票がついており，CD-ROMには患者向けワークブックが収められている。

認知行動療法を学ぶ上での意義 今日では，不眠症状を抱える成人が非常に多いことが知られている。効果研究により，不眠症へのCBTは患者に有効な治療法であると共に，危険性においても効果の維持においても薬物療法と比較して数々の利点があることが実証されている。しかしながら訳者が指摘しているように，日本ではいまだ普及しておらず，不眠症を抱える方々が治療法を本格的に受けられる機会が大変限られてしまっているのが現状である。

一方，治療者側においても臨床現場において不眠症を抱える方々に遭遇する機会は多いにもかかわらず，不眠症へのCBTについて学べる機会が非常に少ない。そのような状況の中で，本書はさまざまなタイプの原発性不眠症のメカニズムとCBTによる治療法について学ぶことができる貴重な1冊となっている。さらに，不眠症へのCBTの実施手順が段階的に説明されていることに加えて，実際の教示の仕方や患者用ワークブックがついており，すぐに本書で学んだ内容を治療に反映させることができる。この1冊で，不眠症の基本理解から体系的な治療の実施までカバーすることができるのではないだろうか。

今後はプライマリケアも含め，より多くの臨床現場で不眠症を抱える方々に対し，CBTによる治療が提供できるようになることを期待している。

（羽澄　恵）

摂食障害の認知行動療法

C.G. Fairburn 著
切池信夫監訳

医学書院　A5版 376頁　2010年

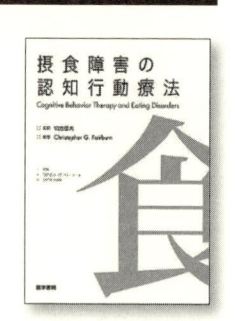

本書の目的 ｜ 摂食障害のための認知行動療法である CBT-E の理論と実施法を，包括的に説明した書である。

本書の概要 ｜ 本書は 3 部構成である。第Ⅰ部では CBT-E の戦略とその根拠，および治療のためのアセスメントについて論じられ，第Ⅱ部では具体的な実施法が治療の流れに沿って説明されている。第Ⅲ部では拡大適用について述べられており，巻末にはアセスメントに用いる質問票が掲載されている。

　第Ⅰ部「総論」では，まず第 2 章において，摂食障害における神経性食思不振症や過食症といった診断分類を包括した超診断学的な見方が解説されている。患者の病理を，「体型・体重およびそれらをコントロールすることへの過大評価」を中心とする摂食障害に固有な病理と，抑うつや不安など他の障害と共通する病理に分けて理解することで，治療において焦点を当てるべき病理が明確になる。続く第 3 章では CBT-E の概要が説明され，治療の戦略と全体構造がわかるようになっている。CBT-E は，4 つのステージに構造化された全 20 回（低体重の場合は 40 回）の回数限定のプログラムである。治療技法はその患者の病理に合わせてオーダーメイドに用いられるが，構造や枠を守ることは重要視される。セッション内での体重測定や，自己モニター記録を徹底して行うなど，基本的には認知の再構成よりも行動変化へのアプローチが中心となり，行動を変えることで認知や感情を操作できることを実感できるよう働きかける。第 4 章では CBT-E 導入に関わるアセスメントについて述べられている。質問票やガイドラインによる情報収集と身体検査を通して，摂食障害の性質と重症度を見極める必要があり，「体格の指標である BMI が 15〜40 で食行動問題が大きく，問題の質が明確な場合」に CBT-E 導入となる。身体合併症や自殺のリスクがある場合など，適用対象外となる例についても説明されている。

　第Ⅱ部「CBT-E のコアプロトコール」では，20 セッションの治療の中身について，実施内容と目標，注意点が詳細に

説明されている。ステージ1（第5～6章）におけるセッション内容は，定式化や自己モニター記録，記録食生活の整備などかなり詳細に構造化されている。よいスタートを切るためには，うまく動機づけを引き出し，早期に何らかの変化を起こすことが重要となるため，そのテクニックについても書かれている。ステージ2（第7章）では，次の段階に進むために，これまでの変化や内容を振り返り，問題の維持要因を見つけて今後の治療を計画する手順が説明されている。治療の中核となるステージ3（第8～11章）では，個々人の問題の維持要因に合わせて，取り組む内容や順番が決定される。例えば，摂食抑制が強い場合は「体型へのこだわり」という中核的な精神病理から取り組み，出来事や気分によって摂食行動が引き起こされやすい場合は，気分調整法や問題への対処法から取り組む。このようにそれぞれの病理・問題に適した治療技法でアプローチする。最後にステージ4（第12章）では，治療終了に向けて評価を行うと同時に，終了後も改善が続くことを目指す。ある程度症状が残っていても，基本的に終了する。

第Ⅲ部「CBT-Eの適用」では，まず第13章において，拡大版CBTで用いるモジュールが紹介されている。これは，「病的完全主義」「極端に低い自尊心」「対人関係」のいずれかの問題が重く，治療の変化を妨げていると判断された場合に，ステージ3の前に取り組むものである。そして第14～15章では，若年患者や複雑な症例を対象とする際の注意点や，入院CBT-E，集団CBT-Eなど，通常と異なるセッション形式で行う方法が紹介されている。

認知行動療法を学ぶ上での意義 本書では，摂食障害の超診断学的理解から，アセスメント，そしてCBT-Eのセッション手順までを学ぶことができる。ある程度の治療経験をもつ臨床家を対象としているため，経験者にとって実用的な書であるが，すべての実践内容には根拠が述べられており「なぜその介入を行うのか」を理解しながら読み進めることができるため，初学者にとっても摂食障害の病理と介入を学ぶのに適していると思われる。

また本書は，構造化された治療に対する理解を深める上でも役に立つ。CBT-Eのように極めて構造化されたプログラムは，介入がマニュアル化されているという印象を抱きやすいが，本書を読むと，セッション内でその個人の病理と維持要因を精緻に見定め，豊富な選択肢の中から必要な技法を用いることで，オーダーメイドの治療が生み出されることがわかる。また治療全体を通して，枠組みや制限といった構造が，本人のモチベーションのみならず，病理に対しても大きな治療効果を持っていることがわかる。このような，構造化された治療の「内容の豊かさ」と「構造化されていること自体がもたらす効果」の学びは，摂食障害以外の治療においても役立つものであると考えられる。

（平野真理）

慢性疼痛の治療：治療者向けガイド
認知行動療法によるアプローチ

J・D・オーティス著
伊豫雅臣，清水栄司監訳

星和書店　A5版 144頁　2011年

本書の目的｜ 慢性疼痛に関する基本的知識と効果的な介入方法を実施手順に沿って解説することで，慢性疼痛により社会生活に影響が生じている患者の行動活性化および否定的な認知の変容を促すための技術を習得できるようにする。

本書の概要｜ 本書は全部で 13 の章と付録からなる。第 1 章では治療に必要な基本的知識，第 2 章では疼痛の評価方法について説明している。第 3～13 章では実際のプログラムの各セッションにおける介入の理論的背景と介入手順について例を示しながら解説している。

第 1 章「治療導入に向けた治療者のための情報」では，慢性疼痛の基礎知識および介入プログラムのエビデンス，アウトライン，適用の前提などについて述べられている。疼痛による苦痛は痛み自体のみならず，疼痛による生活の制限や認知への影響にまで及ぶ。第 2 章「疼痛の評価」では，疼痛のパターンや強度，影響の評価について面接シートの記入例を用いながら説明されている。主に疼痛の質と強度，能力障害，情緒的な苦悩，対処能力について評価する。

第 3 章「セッション 1：慢性疼痛についての教育」では，疼痛の心理社会への影響のメカニズムと治療全体の目標について説明している。治療により，生活への影響や対処，身体的および感情的機能の改善と共に治療薬への依存の低減を目指す。

第 4 章「セッション 2：痛みの理論と腹式呼吸」および第 5 章「セッション 3：漸進的筋弛緩法と視覚イメージ法」では，感情や認知など状況によって疼痛の強度が変化するというゲートコントロール理論に基づき，腹式呼吸法や漸進的筋弛緩法をはじめとしたリラクゼーションについて解説している。

第 6 章「セッション 4：自動思考と疼痛」および第 7 章「セッション 5：認知の再構成」では，認知への介入の概説が中心である。否定的な認知や感情により痛みへの耐性が弱くなることから，Burns（1999）の認知の誤りリストを参考に，否定的な認知の洞察と再構成の促

進について説明している。

第8章「セッション6：ストレスマネージメント」では，ストレスと疼痛の関連性を指摘した上で，ストレスを減少させるための生活習慣あるいは認知および行動の変容を促す方法を説明している。

第9章「セッション7：時間に基づいたペース配分」および第10章「セッション8：楽しい活動の予定を立てる」では，行動への介入の概説が中心である。日常生活における諸々の活動を疲労の程度ではなく時間に基づいてペース配分を行うことで疼痛の憎悪や再燃による生活の制限を軽減する，楽しい活動を増やすことで否定的思考や感情を減少させ疼痛を弱めていくといったことを目的として，具体的な計画の立て方について説明している

第11章「セッション9：怒りの管理」では，やはり疼痛の憎悪を引き起こすであろう怒りの感情の管理の仕方に関する介入法について述べている。自身の怒りへの気づき，内的な反応の修正，自己主張的な反応といったスキルの獲得を目指す。第12章「セッション10：睡眠健康法」では，睡眠により心身の修復がなされることから，十分な睡眠を得るための生活指導や行動の工夫について述べられている。

最後に第13章「セッション11：再発予防と再燃への備え」で，症状の再燃の管理の仕方として，再燃への準備，立ち向かうこと，危機的瞬間，考察と計画の4段階に分けて対応する方法および終結の仕方について述べている。

認知行動療法を学ぶ上での意義 近年は認知行動療法（CBT）の普及に伴って用いる場面も多様化しており，それは精神疾患を抱える患者のみならず身体疾患を抱える患者にまで及ぶ。特に慢性疼痛においては，訴えの数が多いだけでなく，精神的苦痛や日常生活への影響が大きいことは自分自身の体験からも容易に想像できる。文献上でも慢性疼痛へのCBTの有効性が示されており，心理職による介入の必要性が明白である。しかしながら，いまだ該当患者への介入方法を学べる場は数少なく，治療者自身も対応に窮しているのが現状となっている。

その中で，本書は，日本語で学べる数少ない慢性疼痛へのCBTガイドとなっている。疼痛の種類や影響，疼痛に伴って生じる認知だけでなく，患者の認知や感情が疼痛に影響するメカニズムなども含めた疼痛に関する基礎知識全般を理解できるようになっている。

さらに，疼痛に関連した訴訟を抱えているかなど，特有の注意事項も記載されている。また，介入方法が具体的な教示と共に手順に沿って解説されていることに加え，付録として患者用ワークシートをウェブサイトからダウンロードすることができるため，すぐに実践に反映することが可能となっている。

特に，総合病院をはじめとした医療領域で働く心理技術者には必須の1冊といえるだろう。

（羽澄　恵）

おわりに

　本書は，単に認知行動療法（CBT）の解説書として編まれたものではありません。現在，メンタルヘルス領域においては多職種協働チームによる活動が展開しつつあります。本書は，多職種が協働する臨床現場においてCBTを使いこなすための体系的な学習支援を目的として編まれたものです。厚生労働省は2010年に「今後の精神保健医療福祉のあり方等に関する検討会」報告書を出し，「入院医療中心から地域生活中心へ」をモットーに政策転換を進め，多職種協働のチーム医療を採用する方針を明確に打ち出しました。心理職がこのような多職種協働の場において活躍するために必要とされるのがCBTです。ところが，日本の臨床心理学においては，CBTの体系的な教育訓練システムが確立していません。それにもかかわらず，この数年「認知行動療法」という名称を冠した多数の書物が出版され，学習過程に混乱が起きていました。

　編者のひとりである下山は，この10年ほど，心理職の教育訓練，特にメンタルヘルス領域において有効な活動ができる心理専門職の訓練カリキュラムの構築をテーマとしてきました。上記のCBTの学習過程の混乱に接し，強い危機感をもち，日本の心理職がCBTを基礎から応用までを体系的に学ぶ道筋を示すとともに，そのために役立つ読書案内を提案したいと考えるようになりました。幸い文部科学省の科学研究費「医療領域の心理職養成カリキュラムに関するプログラム評価研究」（2011-2015年：基盤研究A/課題番号23243073）を得ることができたので，最初の研究として日本語で出版されているすべてのCBT関連書籍を購入し，その内容を分類し，分析するレビューを行いました。その中から"CBTを基礎から応用まで体系的に学ぶ"ために適した書物を70冊ほど精選し，大学院授業で輪読しました。それが参加者のCBT学習に役立ったことを確認できたので，最新の書籍も加えて最終的に74冊を選び，体系的に分類整理し，ブックガイドを編みました。

　なお，「イントロダクション」でも述べたように，現在のCBTは一枚岩でなく，それぞれの世代を経て発展を遂げてきた経緯があります。そのため，本書で紹介した書籍においても，同一（もしくは類似）概念に対して異なる説明

用語が用いられているものもありました。そこで，読者の混乱を少なくするために，書籍紹介時には原文の用語をそのまま用いることとした上で，同一概念および関連性の高い概念を示す用語については索引で確認できるように工夫しました。各世代（もしくは各書籍）の説明用語を超えて，CBTで行われていることを理解する際の参考にしてください。

　本書は，このような研究過程を経て作成されたものであり，その点で上記科研費の最初の研究成果の報告といえるものです。書籍の選択，選択された書籍の体系的分類，全体の統一性のチェックなどについては，新進気鋭のCBT実践者であり研究者である林潤一郎さんに，共同編者として協力を得ることができました。その結果，新鮮な視点を得て，立体的で，厚みのある構成になったと感じております。また，企画段階から編集部小寺美都子さんをはじめとして岩崎学術出版社の皆様にはたいへんお世話になりました。記して感謝いたします。

　2012年　秋

編者を代表して　下山晴彦

原書一覧

イントロダクション

心理療法の統合を求めて―精神分析・行動療法・家族療法　Wachtel, P.: *Psychoanalysis, Behavior therapy and the Relational Word.* APA, 1997.

心理療法におけることばの使い方―つながりをつくるために　Havens, L.: *Making Contact: Use of Language in Psychotherapy.* Harvard University Press, 1986.

専門職としての臨床心理士　Marzillier, J & Hall, J.: *What is Clinical Psychology? 3rd Edition.* Oxford University Press, 1999.

02　認知行動療法臨床ガイド David Westbrook, Helen Kennerley, Joan Kirk: *An Introduction to Cognitive Behaviour Therapy: Skills and Applications.* Sage Publications Ltd, 2007.

06　神経症の行動療法―新版　行動療法の実際 Joseph Wolpe: *The Practice of Behavior Therapy. 3rd ed.* Pergamon Press Inc., 1983.

07　認知行動療法入門―短期療法の観点から Berni Curwen, Stephen Palmer, Peter Ruddell: *Brief Cognitive Behaviour Therapy.* Sage Publications Ltd, 2000.

08　認知療法実践ガイド基礎から応用まで―ジュディス・ベックの認知療法テキスト *Judith S. Beck: Cognitive Therapy: Basics and Beyond.* The Guilford Press, 1995.

09　認知療法―精神療法の新しい発展 Aaron T. Beck: *Cognitive Therapy and the Emotional Disorders.* Mark Paterson and International Universities Press, Inc., 1976.

10　臨床行動分析のABC Jonas Ramnerö, Niklas Törneke: *The ABCs of Human Behavior: Behavioral Principles for the Practicing Clinician.* New Harbinger Publications; Context Press, 2008.

11　マインドフルネス認知療法―うつを予防する新しいアプローチ Zindel V. Segal, J. Mark G. Williams, John D. Teasdale: *Mindfulness-Based Cognitive Therapy for Depression: A New Approach to Preventing Relapse.* The Guilford Press, 2001.

12　認知行動療法家のためのACTガイドブック Joseph V. Ciarrochi, Ann Bailey: *A CBT Practitioner's Guide to ACT: How to Bridge the Gap Between Cognitive*

Behavioral Therapy and Acceptance and Commitment Therapy. New Harbinger Publications, 2008.

13　認知臨床心理学入門―認知行動アプローチの実践的理解のために Windy Dryden, Robert Rentoul(ed.): *Adult Clinical Problems: A Cognitive Behavioural Approach*. Routledge, 1991.

14　認知行動療法の科学と実践 David M. Clark, Christopher G. Fairburn(ed.): *Science and Practice of Cognitive Behaviour Therapy*. Oxford University Press, 1996.

15　エビデンスベイスト心理治療マニュアル Michel Hersen, Vincent B. Van Hasselt(ed.): *Sourcebook of Psychological Treatment Manuals for Adult Disorders*. Springer, 1996.

17　はじめての応用行動分析―日本語版 第2版 Paul A. Alberto, Anne C. Troutman: *Applied Behavior Analysis for Teachers. 5th ed*. Prentice-Hall, Inc., 1999.

18　行動変容法入門 Raymond G. Miltenberger: Behavior Modification: *Principles and Procedures*. Brooks/Cole, 1996.

21　認知行動療法を始める人のために Deborah Roth Ledley, Brian P. Marx, Richard G. Heimberg: *Making Cognitive-Behavioral Therapy Work: Clinical Process for New Practitioners*. The Guilford Press, 2005.

24　認知行動療法トレーニングブック Jesse H. Wright, Michael E. Thase, Monica R. Basco: *Learning Cognitive-Behavior Therapy: An Illustrated Guide*. American Psychiatric Publishing, Inc., 2005.

25　認知行動療法トレーニングブック―統合失調症・双極性障害・難治性うつ病編 Jesse H. Wright, David Kingdon, Douglas Turkington, Monica R. Basco: *Cognitive-Behavior Therapy for Severe Mental Illness*. American Psychiatric Publishing, Inc., 2008.

26　30のキーポイントで学ぶマインドフルネス認知療法入門 Rebecca Crane: *Mindfulness-Based Cognitive Therapy: Distinctive Features*. Routledge, 2008.

27　弁証法的行動療法実践トレーニングブック―自分の感情とよりうまくつきあってゆくために Matthew McKay, Jeffrey C. Wood, Jeffrey Brantley: *Dialectical Behavior Therapy Skills Workbook: Practical DBT Exercises for Learning Mindfulness, Interpersonal Effectiveness, Emotion Regulation, & Distress Tolerance*. New Harbinger Publications, 2007.

28　ACT（アクセプタンス＆コミットメント・セラピー）をはじめる―セルフヘルプのためのワークブック Steven C. Hayes, Spencer Smith: *Get Out of Your Mind and*

Into Your Life: The New Acceptance and Commitment Therapy. New Harbinger Publications, 2005.

29　ACT（アクセプタンス＆コミットメント・セラピー）をまなぶ―セラピストのための機能的な臨床スキル・トレーニング・マニュアル Jason B. Luoma, Steven C. Hayes, Robyn D. Walser: *Learning ACT: An Acceptance and Commitment Therapy Skills-Training Manual for Therapists*. New Harbinger Publications, 2007.

30　子どもと若者のための認知行動療法ワークブック―上手に考え、気分はスッキリ Paul Stallard: *Think Good - Feel Good: A Cognitive Behaviour Therapy Workbook for Children*. Wiley, 2002. 子どもと若者ための認知行動療法ガイドブック―上手に考え、気分はスッキリ Paul Stallard: *A Clinician's Guide to Think Good-Feel Good: Using CBT with children and young people*. Wiley, 2005.

31　認知行動療法による子どもの強迫性障害治療プログラム―OCDをやっつけろ！ John S. March, Karen Mulle: *OCD in Children and Adolescents: A Cognitive-Behavioral Treatment Manual*. The Guilford Press, 1998.

32　子どもと家族の認知行動療法シリーズ Paul Stallard, et al.: *Series: CBT with Children, Adolescents and Families*. Routledge, 2008-2009.

33　熟練カウンセラーをめざすカウンセリング・テキスト Gerard Egan: *The Skilled Helper: A Systematic Approach to Effective Helping. 3rd ed*. Thomson Brooks/Cole, 1986.

34　動機づけ面接法―基礎・実践編 William R. Miller, Stephen Rollnick: *Motivational Interviewing, 2nd ed.: Preparing People for Change*. The Guilford Press, 2002.

35　動機づけ面接法実践入門―あらゆる医療現場で応用するために Stephen Rollnick, William R. Miller, Christopher C. Butler: *Motivational Interviewing in Health Care: Helping Patients Change Behavior*. The Guilford Press, 2007.

36　認知行動療法ケースフォーミュレーション入門 Michael Bruch, Frank W. Bond: *Beyond Diagnosis: Case Formulation Approaches in CBT*. Wiley, 1999.

37　認知行動療法におけるレジリエンスと症例の概念化 Willem Kuyken, Christine A. Padesky, Robert Dudley: *Collaborative Case Conceptualization: Working Effectively with Clients in Cognitive-Behavioral Therapy*. The Guilford Press, 2008.

39　ACT（アクセプタンス＆コミットメント・セラピー）を実践する―機能的なケース・フォーミュレーションにもとづく臨床行動分析的アプローチ Patricia A. Bach, Daniel J. Moran, Steven C. Hayes: *ACT in Practice: Case Conceptualization in*

Acceptance and Commitment Therapy. New Harbinger Publications, 2008.

41 認知行動療法における事例定式化と治療デザインの作成―問題解決アプローチ Arthur M. Nezu, Elizabeth R. Lombardo, Christine Maguth Nezu: *Cognitive-Behavioral Case Formulation and Treatment Design: A Problem-Solving Approach*. Springer Publishing Company, 2004.

45 マインドフルネスストレス低減法 Jon Kabat-Zinn: *Full Catastrophe Living: Using the Wisdom of Your Body and Mind to Face Stress, Pain, and Illness*. Delta, 1990.

47 強迫性障害を自宅で治そう！―行動療法専門医がすすめる，自分で治せる「3週間集中プログラム」Edna B. Foa, Reid Wilson: *Stop Obsessing! : How to Overcome Your Obsessions and Compulsions*. Bantam, 2001.

48 PTSDの持続エクスポージャー療法―トラウマ体験の情動処理のために Edna Foa, Elizabeth Hembree, Barbara Olaslov Rothbaum: *Prolonged Exposure Therapy for PTSD: Emotional Processing of Traumatic Experiences Therapist Guide*. Oxford University Press, 2007.

54 統合失調症のための集団認知行動療法 Emma Williams: *Interventions for Schizophrenia*. Speechmark Publishing Ltd, 2004.

55 不安障害の認知行動療法（1）パニック障害と広場恐怖―治療者向けガイドと患者さん向けマニュアル Gavin Andrews, Mark Creamer, Rocco Crino, Caroline Hunt, Lisa Lampe, Andrew Page: *The Treatment of Anxiety Disorders: Clinician Guides and Patient Manuals*. Cambridge University Press, 2002.

56 不安障害の認知行動療法（2）社会恐怖―治療者向けガイドと患者さん向けマニュアル Gavin Andrews, Mark Creamer, Rocco Crino, Caroline Hunt, Lisa Lampe, Andrew Page: *The Treatment of Anxiety Disorders: Clinician Guides and Patient Manuals*. Cambridge University Press, 2002.

57 不安障害の認知行動療法（3）強迫性障害とPTSD―治療者向けガイドと患者さん向けマニュアル Gavin Andrews, Mark Creamer, Rocco Crino, Caroline Hunt, Lisa Lampe, Andrew Page: *The Treatment of Anxiety Disorders: Clinician Guides and Patient Manuals*. Cambridge University Press, 2002.

58 対人恐怖とPTSDへの認知行動療法―ワークショップで身につける治療技法 David M. Clark, Anke Ehlers: *Workshop of Cognitive Behavior Therapy for Social Phobia and PTSD*. 2006年第6回認知療法学会講演とワークショップより, 2008.

59 新版　うつ病の認知療法 Aaron T. Beck, A. John Rush, Brian F. Shaw, Gary Emery:

Cognitive Therapy of Depression. Guilford Press Inc., 1979.

60 うつ病の行動活性化療法――新世代の認知行動療法によるブレイクスルー Michael E. Addis, Neil S. Jacobson, Christopher R. Martell: *Depression in Context: Strategies for Guided Action.* W. W. Norton & Company, 2001.

61 慢性うつ病の精神療法――CBASPの理論と技法 James P. McCullough, Jr.: *Treatment for Chronic Depression: Cognitive Behavioral Analysis System of Psychotherapy (CBASP).* The Guilford Press, 2003.

66 統合失調症の認知行動療法 David G. Kingdon, Douglas Turkington: *Cognitive-Behavioral Therapy of Schizophrenia.* The Guilford Press, 1994.

67 わかりやすいSSTステップガイド――統合失調症をもつ人の援助に生かす〈上巻〉基礎・技法編 Alan S. Bellack, Susan Gingerich, Kim T. Mueser, Julie Agresta: *Social Skills Training for Schizophrenia, Second Edition: A Step-by-Step Guide.* The Guilford Press, 2004.

68 統合失調症を理解し支援するための認知行動療法 David Fowler, Elizabeth Kuipers, Philippa Garety: *Cognitive Behaviour Therapy for Psychosis: Theory and Practice.* John Wiley & Sons, 1995.

69 弁証法的行動療法実践マニュアル――境界性パーソナリティ障害への新しいアプローチ Marsha M. Linehan: *Skills Training Manual for Treating Borderline Personality Disorder.* The Guilford Press, 1993.

70 パーソナリティ障害の認知療法――スキーマ・フォーカスト・アプローチ Jeffrey E. Young: *Cognitive Therapy for Personality Disorders: A Schema-Focused Approach.* Professional Resource Exchange, 1999.

71 自傷行為治療ガイド Barent W. Walsh: *Treating Self-Injury: A Practical Guide.* The Guilford Press, 2006.

72 不眠症の認知行動療法――治療者向けマニュアル Colleen E. Carney, Jack D. Edinger: *Overcoming Insomnia: A Cognitive-Behavioral Therapy Approach Workbook.* Oxford University Press, 2008.

73 摂食障害の認知行動療法 Christopher G. Fairburn: *Cognitive Behavior Therapy and Eating Disorders.* The Guilford Press, 2008.

74 慢性疼痛の治療：治療者向けガイド――認知行動療法によるアプローチ John Otis: *Managing Chronic Pain: A Cognitive-Behavioral Therapy Approach Therapist Guide.* Oxford University Press, 2007.

事項索引

あ行

アクセプタンス　28, 46, 47, 83, 84, 108, 109
アクセプタンス＆コミットメント・セラピー（ACT）　23, 25, 29, 43, 46, 47, 57, 82-85, 94, 108, 109
アクチグラフィ　178
アクティングアウト　157
アサーション　25, 34, 73, 81, 95, 128-129, 147
アサーション（＝アサーティブネス）・トレーニング　95, 111, 128, 129
アジェンダ　73, 74, 106, 111, 114
アセスメント　17-19, 24, 26, 29, 30, 36, 48, 52, 53, 63, 70, 74, 76, 78, 88-90, 94, 106, 111, 114, 115, 117, 122, 123, 130, 138, 139, 144, 153, 159, 162, 165, 171, 174-176, 177, 178, 180, 181
アドヒアランス　77, 100, 178, 179
アナログ研究　48
ありのまま　81, 84
アルコール依存　49
怒り　27, 40, 129, 183
いじめ　91, 158, 159
一事例実験　42
イメージ　25, 37, 39, 125, 150, 151, 182
　ボディ・―　49, 53
イメージエクスポージャー　151
陰性症状　77, 138, 139, 166
ウィリングネス　82, 83, 84
うつ病（性障害）（＝大うつ病性障害）　13, 25, 27, 29, 31, 37, 40, 41, 44, 45, 51-53, 56, 57, 70-73, 76-79, 90, 91, 95, 113, 114, 117, 134-137, 142, 146, 148, 152-157, 179 →難治性うつ病，抑うつも参照
　―再発脆弱性　78, 79
エクササイズ　47, 57, 82-85, 109, 119
エクスポージャー→曝露
　内部感覚―　117
エビデンス（＝実証）　21, 23, 33, 48, 49, 51-53, 78, 79, 95, 104, 109, 116, 117, 120, 121, 132, 136, 145, 147, 149-151, 153, 167, 168, 171, 177, 178, 182
エビデンスベースド・アプローチ　21
大うつ病性障害（＝うつ病）　114
オペラント　31, 64
　―条件づけ　30, 35, 42, 43, 64, 110, 118
親訓練　31, 143, 164, 165

か行

外在化　91, 114, 130
学習性無力感理論　48
概念化　18, 25, 36, 38, 50, 68, 69, 72, 74, 84, 85, 94, 104, 105, 109-111, 156, 188 →ケースフォーミュレーション，ケース概念化，症例概念化，事例定式化，認知的概念化も参照
概念としての自己　46, 85
回避　75, 78, 81-85, 109, 112, 116, 174, 175
　―行動　52, 62, 64, 145, 154
回避性人格障害　146
学習障害（LD）　158
学習理論　22-24, 30-33, 35, 42, 51, 123, 155, 168, 169 →行動理論も参照
確立操作　43
過剰学習　168
過剰修正　61
過食症　180
家族介入　49
家族療法　15
課題分析　32
カタルシス　175
活動（＝行動）スケジュール　41, 75, 111
カップル　27
過度の一般化　40, 166
関係フレーム理論（RFT）　23, 29, 42, 43, 46, 82, 108
感情調節　57, 80, 81, 173
　―スキル　80, 81, 173
完全主義　181
儀式行動　124, 125
吃音　35, 63
機能的アセスメント　24, 63 →機能分析も参照
機能分析　18, 25, 42, 43, 61, 154, 155 →行動分析，機能的アセスメント，行動アセスメント，刺激－反応分析，三項随伴性も参照
気分変調性障害　114
逆制止法　31
逆説的志向　35
強化　32, 62, 81, 99, 108, 134, 137, 154, 157, 164, 165, 168, 179
　正の―　61, 62
　負の―　61, 62, 157
境界性パーソナリティ障害（BPD）　29, 91, 111,

115, 143, 172
強化スケジュール　164
共感　15-17, 74, 96, 98, 156
教示　32, 45, 178, 179, 183
協働関係　17, 26, 36, 93, 102, 103, 105
協同的経験主義（＝協同（的）実証主義）　65, 70, 74, 104
強迫　41, 89
　確認―　124
　繰り返し―　124
　洗浄―　124
強迫性障害　31, 35, 37, 51, 52, 56, 57, 66, 67, 87-90, 95, 114-116, 124, 125, 142, 148
恐怖症　37, 41, 87, 103, 113
拒食症　115
苦悩　46, 80, 82, 104, 173, 182
苦悩耐性スキル　80, 173
クライエント中心（療法）　15, 16, 17, 19, 72, 97
グループ　27, 28, 78, 81, 95, 122, 130, 131, 133-139, 145-147, 168, 172, 173
傾聴　16, 81, 96, 101
系統的脱感作法　31, 32, 34, 35, 63, 64, 119
ケース概念化　94, 110, 111 →概念化も参照
ケース・フォーミュレーション　17-19, 24, 25, 86, 90, 91, 108, 109 →概念化も参照
嫌悪療法　35, 37
幻声　171
幻聴　49, 76, 77
原発性不眠症　53, 178, 179
効果研究　13, 21, 26, 34, 44, 45, 48, 87, 113, 127, 133, 137, 141, 150, 171, 179
高次条件づけ　62
向精神薬　35
構造化　22, 26, 28, 32, 38, 39, 43, 70, 71, 74, 103, 106, 115, 123, 134, 137, 168, 169, 173, 180, 181
　―ストラテジー　173
後続結果（後続刺激）　31, 160
行動アセスメント　22, 30, 159 →機能分析も参照
行動活性化　43, 47, 73, 75, 117, 182
　―療法　29, 142, 154, 155
行動契約　63
行動実験　27, 50, 51, 65, 104, 150, 151
行動障害　164
行動（＝活動）スケジュール　41, 75, 111
行動制御　61
行動分析　18, 23, 29, 34, 35, 42, 43, 66, 67, 75, 118, 145, 177 →機能分析も参照
　応用―　32, 56, 58, 60-62, 118, 142, 160, 161,

187
　臨床―　23, 29, 42, 108
行動変容技術（行動変容法）　56, 62, 63, 99, 187
行動リハーサル　75, 111
行動理論　17, 30, 34, 161 →学習理論も参照
高齢者　20, 49
コーピングカード　65, 114
呼吸法　27, 89, 118, 120, 147, 182
古典的条件づけ→レスポンデント条件づけ
子どもと若者　57, 86, 87, 90, 91, 188
コミットメント　23, 25, 26, 29, 43, 46, 47, 57, 82-84, 94, 108
コミュニティ療法　49
コンサルテーション　161
コンプライアンス　88, 156

さ行

催眠　36, 37
作業仮説　72
三項随伴性　24 →機能分析も参照
3分間呼吸空間法　79
シェイピング（シェーピング）　30, 33, 61, 62
刺激統制（刺激制御）　32, 43, 53, 61, 110
刺激－反応分析　58, 59
思考記録表（＝非機能的思考記録表）　38, 39, 65, 153, 179
思考中断法　33
思考停止　89
自己強化　33
自己教示　33, 119
　―トレーニング　119
自己効力感　98
自己コントロール理論　48, 49
自己視線恐怖　115
自己臭恐怖　115
自己主張トレーニング→アサーション・トレーニング
自己注目　29
自己破壊的行動　176
自己マネジメント・プログラム　48
自殺　37, 53, 69, 73, 77, 90, 91, 152, 155, 157, 176, 180
自傷　90, 107, 143, 165, 176, 177, 190
　―行為　90, 143, 176, 177, 190
　―の伝染　177
持続エクスポージャー療法（PE）　8, 95, 126, 189
自尊心　77, 105, 181
自尊心の低下　77
実験心理学　22, 23, 35, 49, 141

事項索引　193

実証（＝エビデンス）　23, 24, 26, 35, 45, 50-52, 70, 81, 83, 87, 88, 104, 126, 136, 137, 151, 176, 179
自動思考　25, 38, 40, 65, 72, 75, 90, 130, 131, 182
自閉症　31, 62, 158
死別　91
社会学習理論　32, 33, 58, 118
社会技能訓練→社会的スキル訓練
社会恐怖（＝対人恐怖，社会不安障害）　50, 52, 115, 142, 146, 147, 150, 151, 189
社会構成主義　103
社会的学習理論　123
社会的スキル訓練（SST）（＝社会技能訓練）　49, 52, 81, 95, 122, 123, 138, 139, 142, 143, 146, 159, 161-163, 168, 169
社会不安障害→社会恐怖
弱化（＝罰）　61-64
習慣逆転　63
重症精神障害　57, 76, 77
集団ソーシャルトレーニング　158
集団認知行動療法（集団CBT）　8, 95, 130, 132-138, 181, 189
集中訓練　89
柔軟性モデル　23, 46
宿題（＝ホームワーク）　15, 89, 90, 127, 168, 172
主張訓練→アサーショントレーニング
守秘義務　90
消去　30, 61-63, 165
状況分析　156, 157
条件性強化子　62
条件性情動反応　62
情動処理理論　126
情動知能（EI）　47
小児Yale-Brown強迫尺度　89
症例概念化　68, 72→概念化も参照
職場復帰（＝復職）　24, 25, 134
自律訓練法　119
事例定式化　7, 72, 95, 106, 112, 113, 189→概念化も参照
心気症　51
神経症　22, 34, 35
神経性習癖　63
神経性食思不振症（＝神経性無食欲性，拒食症）　180
神経性大食症（＝過食症）　49, 51
神経性無食欲症（＝神経性食思不振症，拒食症）　49
新行動Ｓ－Ｒ理論　32, 58
心身症　35
身体醜形障害　53

心的外傷後ストレス障害（PTSD）　37, 90, 95, 126, 127, 142, 148-151, 189→トラウマも参照
侵入思考　51
信念　38, 39, 50, 51, 65, 81, 139, 166, 170, 171, 175
　中核—　39, 65, 114
　媒介—　39, 65
心配　50, 51, 89, 138, 178, 179
心理教育　18, 51, 53, 69, 70, 75-77, 86, 87, 90, 91, 106, 107, 113, 115, 123, 136, 143, 149, 155, 165, 167, 178
心理力動学派　14, 16
随伴性マネジメント　43
睡眠教育　179→心理教育も参照
睡眠制限　53
睡眠ポリグラフィ　178
スーパーバイジー　107
スーパービジョン　27, 68, 69
スキーマ（＝中核信念）　39, 65, 72, 73, 75, 114, 139, 143, 174, 175
　—フォーカスト・アプローチ　143, 174, 175
　—焦点化療法　27
　早期不適応—　174
ストレス　28, 37, 44, 70, 78, 79, 95, 119, 120, 121, 126, 130, 131, 139, 149, 151, 162, 169, 170, 183, 189
ストレス免疫法　119
性格神経症　35
静座瞑想練習　79
静座瞑想法　120
脆弱性ストレスモデル　170
正常類似体験・比較説明法　167→ノーマライジングも参照
精神科　66, 135
　—デイケア　25, 135
精神身体障害　41
精神遅滞　142, 164
精神病　27, 49, 167
精神分析　14, 15, 19, 35, 40, 118, 119
性的逸脱　35
性反応　35
生物－心理－社会モデル　19, 177
摂食障害　25, 27, 31, 49, 51, 53, 75, 90, 115, 143, 180, 181
絶望感理論　48
セルフ・コントロール　118
セルフヘルプ　27, 82, 83, 95, 124, 125, 130, 131, 139, 145, 155
セルフモニタリング　33, 51, 65, 114, 115, 117, 136
先行刺激　31, 160

全般型社会恐怖　146
全般性不安障害（GAD）　37, 50
双極性障害　5, 56, 75-77, 114, 187
躁転　114
躁病　77
ソーシャルスキルトレーニング→社会的スキル訓練
ソクラテス式問答（＝ソクラテス式質問，ソクラテス的対話）　26, 27, 47, 72, 86, 90, 134

た行

第1世代　13, 17, 18, 21, 27
第3世代　13, 17, 18, 21-24, 26-29, 42, 43, 45, 57, 78, 81, 83, 85, 142
第3の波　17, 21, 45, 82, 94, 108, 173
対象認識把握技術　32, 33→アセスメント，ケースフォーミュレーション，機能分析も参照
対人関係スキル　80, 81
対人関係療法　157
対人恐怖（＝社会恐怖，社会不安障害）　50, 52, 115, 142, 146, 147, 150, 151, 189
第2世代　13, 17, 18, 21, 29
タイムアウト　63, 165
対立行動の強化　61
現実脱感作法　63
脱中心化　44, 79
脱フュージョン　46
短期療法　26, 36, 37
チェイニング　62, 63
チェインジ・トーク　98-101
チック（障害）　31
　運動―　63
　音声―　63
知的障害　20, 62, 142, 162, 163
注意訓練　29
注意欠陥多動性障害（ADHD）　31, 158
中核信念→スキーマ
治療関係　72, 74, 76, 84, 110, 111, 152, 167, 175→治療同盟も参照
治療契約　101, 171
治療同盟　68, 101, 127, 138→治療関係も参照
爪噛み　63
抵抗　69, 81, 98, 99, 179
ディタッチメント・マインドフルネス　29
電話　68, 69, 173
動因操作　165
動機づけ　17, 18, 25, 58, 59, 67, 69, 80, 85-87, 89-91, 93, 94, 96-101, 105, 117, 121, 127, 144, 157, 181

動機づけ面接　17, 86, 93, 94, 98, 100, 101, 117, 188
統合失調症　25, 49, 56, 75-77, 95, 122, 123, 138, 139, 143, 166-171
逃避行動　62
トークンエコノミー　63
読書療法　37
特別支援教育　142, 158-161, 163
閉じられた質問　101
トラウマ　27, 91, 126, 127, 151, 177→心的外傷後ストレス障害も参照

な・は行

難治性うつ病　5, 56, 76, 77, 187→うつ病，抑うつも参照
人間中心的（ヒューマニスティック）→クライエント中心
認知機能障害　77, 122
認知行動分析システム精神療法（CBASP）　156
認知行動療法理論　32, 33, 58
認知再構成法　25, 27, 46, 69, 71, 73, 90, 114
認知的概念化　25, 36, 38→概念化も参照
認知的概念図　39
認知の再構成　48, 110, 179, 180, 182
認知の歪み　41, 48, 49, 51, 65, 73, 154
ノーマライジング　76
パーソナリティ障害　75, 143, 174, 175
媒介信念　39, 65
破局視　166
曝露（療法）（＝エクスポージャー）　25, 32, 37, 43, 51, 52, 64, 65, 69, 75, 95, 115-117, 125-127, 139, 149, 151, 177
　段階的―　69, 147
曝露反応妨害法（ERP）　25, 31, 32, 66, 67, 88, 95, 101, 115, 124, 148
罰（＝弱化）　61-64
発達障害　31, 142, 158, 159, 161, 164, 165
パニック障害　31, 37, 50, 52, 70, 71, 103, 113, 115-117, 142, 144, 145, 151
ハビットリバーサル　89
般化　40, 61, 62, 63, 157, 166, 168
反射　16
反応曝露法　37
被害妄想　77
非機能的思考記録表（＝思考記録表）　38, 39, 153
ヒステリー　41
肥前方式親訓練　164
肥満（症）　25, 35, 49, 53
開かれた質問　99, 101

広場恐怖　35, 52, 87, 142, 144, 145
不安階層表　34, 66, 89, 115
不安管理訓練（AMT）　110
不安障害（不安神経症）　25, 27, 31, 37, 41, 48, 50, 75, 90, 91, 115, 142, 144-146, 148-151
フェイディング　33
復職（＝職場復帰）　134, 136
物質使用（乱用）障害　27, 75, 144
不登校　31, 87, 91, 158, 159
フラッディング　35
プローブ　96
プロセスとしての自己　46
プロンプティング（プロンプト）　32, 61, 62
分化強化　61, 63
分極化した考え　40
文脈としての自己　47, 85
弁証法的行動療法（DBT）　29, 57, 80, 81, 143, 172, 187
弁別　62, 64, 165
　―訓練　165
変容技術　22, 32, 56
飽和　89
ホームワーク（＝宿題）　39, 45, 73, 75, 106, 107, 153, 155, 165
歩行瞑想法　120
ボディー・スキャン　120
ボディスキャン練習　79

ま行

マインドフルネス　23, 28, 29, 44, 45, 57, 78-83, 90, 120, 130, 173
　―・スキル　80, 173
　―・ストレス低減法　28, 78, 79, 95, 120
　―認知療法（MBCT）　23, 26-28, 44, 57, 78, 79
マインドフルムーブメント練習　79
慢性疼痛　25, 44, 143, 182, 183
無作為化対照実験　83
無条件性強化子　62
明確化　16, 60, 90, 96, 99, 112, 118, 126, 157, 175
メタアナリシス　48
メタ認知療法（MCT）　27-29
妄想　49, 76, 77, 139, 167, 170, 171
目標行動　30, 31, 60, 164, 165
モデリング　30, 33, 37, 111, 137, 168
森田療法　17, 151
問題解決　24, 27, 39, 41, 70, 71, 73, 75, 95-97, 99, 110, 112-114, 116, 117, 129, 131, 139, 156
問題解決（技）法　71, 73, 91, 114, 131
問題解決モデル　95, 112, 113

問題行動　22, 24, 30, 63, 105, 142, 148, 155, 160, 161, 164, 165

や・ら行

薬物依存　49, 98
薬物問題　100, 169 →物質使用（乱用）障害も参照
薬物療法　57, 66, 89, 116, 117, 125, 144-146, 148, 149, 153, 157, 170, 177-179
　―治療抵抗性（＝薬物抵抗性）　136, 170, 171
ユング心理学　14, 19
ヨーガ瞑想法　120
抑うつ　35, 40, 48, 49, 59, 103, 111, 114, 153-155, 174, 175, 180 →うつ病，難治性うつ病も参照
リラクセーション　25, 27, 37, 53, 89, 95, 110, 115, 118-120, 124
リラックス　80, 118
レーズン練習　79
レジリエンス　94, 104, 188
レスポンデント条件づけ　30, 34, 35, 42, 43, 62, 64, 118
ロールプレイ　52, 71, 77, 90, 111, 122, 135, 137, 163
論理療法　119, 128
ワークシート（シート・質問紙）　39, 47, 56, 70, 72 ,74, 75, 77, 81, 86, 87, 89, 91, 95, 107, 113, 114, 124, 130, 131, 135-138, 148, 161, 164, 165, 172, 174, 175, 182

A〜Z

ABCD理論　128
ABC分析→機能分析
ACT→アクセプタンス＆コミットメント・セラピー
ADHD→注意欠陥多動性障害
BMI　180
BPD→境界性パーソナリティ障害
CBT-E　180, 181
CBASP→認知行動分析システム精神療法
DBT→弁証法的行動療法
ERP→曝露反応妨害法
GAD→全般性不安障害
MBCT→マインドフルネス認知療法
MCT→メタ認知療法
MI→動機づけ面接
OCD→強迫性障害
PTSD→心的外傷後ストレス障害
RFT→関係フレーム理論
SST→社会的スキル訓練

人名索引

天笠　崇　122, 168
荒井まゆみ　80, 100
飯倉康郎　20, 66
飯田　栄　96
家接哲次　78
五十嵐透子　118
池田聡子　160
石垣琢磨　130, 170
石川健介　108
伊藤絵美　38, 70, 106, 112, 114, 130
井上和臣　68
伊豫雅臣　50, 182
岩田和彦　122, 168
内山喜久雄　34
大石幸二　62
大島郁葉　130
大野裕史　60
大野　裕　40, 72, 74, 78, 104, 134, 156
岡嶋美代　82, 88
岡田佳詠　134
岡本泰昌　136, 156
奥田健次　158
奥村泰之　132
小野和哉　172
小野昌彦　158
貝谷久宣　174
神村栄一　38, 64, 152
加瀬昭彦　122
片山奈緒美　124
菊池安希子　138
北村俊則　178
木下久慈　76
木下善弘　76
切池信夫　180
金　吉晴　126
国里愛彦　136
熊谷直樹　122, 168
熊野宏昭　28, 84, 108, 154
黒澤麻美　68
越川房子　44
後藤　恵　98, 100
小西聖子　126
小林桜児　176

坂田昌嗣　178
坂野雄二　52, 64, 152
佐久間徹　60
佐藤幸江　122
嶋田洋徳　46
清水栄司　182
清水里美　152
下山晴彦　15, 19, 24, 26, 36, 58, 86, 90, 102
鈴木伸一　64, 136, 154, 156
園山繁樹　62
髙橋　史　84
瀧本優子　162
田島美幸　134
谷　晋二　60
丹野義彦　48, 150, 170
柘植雅義　158
中島美鈴　132
中野敬子　110
中村聡美　134
鳴澤　實　96
野呂文行　62
原井宏明　16, 82, 88, 116
原田誠一　166
春木　豊　120
平木典子　128
福井　至　174
藤澤大介　38
古川壽亮　76, 144, 146, 148, 156
前田基成　152
松島義博　98
松永美希　136
松丸未来　86
松見淳子　42
松本俊彦　176
松山　剛　134
宮下照子　30
武藤　崇　42, 46, 82, 84, 108
免田　賢　30
安元万佑子　130
山上敏子　32, 58, 164
山口亜希子　176
山本淳一　160
遊佐安一郎　80

吉岡昌子　82, 108
吉田悦規　162
吉村晋平　136
米山直樹　42
渡部匡隆　62

Addis M.E. アディス　154
Alberto P.A. アルバート　60
Andrews G. アンドリュース　144, 146, 148
Bach P.A. バッハ　108
Bailey A. ベイリー　46
Basco M. R.　74, 76
Beck A.T. ベック　40, 152
Beck J.S. ベック　38
Bellack A.S. ベラック　168
Bond F.W. ボンド　102
Brantley J. ブラントリー　80
Bruch M. ブルック　102
Butler C.C. バトラー　100
Carney C.E. カーニィ　178
Ciarrochi J.V. チャロッキ　46
Clark D.M. クラーク　50, 150
Crane R. クレーン　78
Creamer M. クリーマー　144, 146, 148
Crino R. クリーノ　144, 146, 148
Curwen B. カーウェン　36
Dryden W. ドライデン　48
Dudley R. ダッドリー　104
Edinger J.D. エディンガー　178
Egan G. イーガン　96
Ehlers A. エーラーズ　150
Fairburn C.G.　50, 180
Foa E.B. フォア　124, 126
Fowler D. ファウラー　170
Garety P. ガレティ　170
Gingerich S. ギンガリッチ　168
Havens L. ヘイヴンズ　16
Hayes S.C. ヘイズ　82, 84
Heimberg R. ハイムバーグ　68
Hembree E.A. ヘンブリー　126
Hersen V.B.V. ハッセル　52
Jacobson N.S. ジェイコブソン　154
Kabat-Zinn J. カバットジン　120
Kennerley H. ケナリー　26
Kingdon D.G. キングトン　76, 166
Kirk J. カーク　26
Kuipers E. カイパース　170
Kuyken W. クイケン　104

Ledley D.R. レドリー　68
Linehan M.M. リネハン　172
Lombardo E.R. ロンバルド　112
Luoma J.B. ルオマ　84
March J.S. マーチ　88
Martell C.R. マーテル　154
Marx B. マルクス　68
Marzillier J. マツィリア　19
McCullough J.P. マカロウ　156
McKay M. マッケイ　80
Miller W.R. ミラー　98, 100
Miltenberger R.G. ミルテンバーガー　62
Moran D.J. モラン　108
Mueser K.T. ミューザー　168
Mulle K. ミュール　88
Nezu A.M. ネズ　112
Otis J.D. オーティス　182
Palmer S. パーマー　36
Ramnerö J. ランメロ　42
Rentoul R. レントゥル　48
Rollnick S. ロルニック　98, 100
Rothbaum B.O. ロスバウム　126
Ruddell P. ルデル　36
Rush A.J. ラッシュ　152
Segal Z.V. シーガル　44
Shaw B.F. ショウ　152
Smith S. スミス　82
Stallard P. スタラード　86, 90
Teasdale J.D. ティーズデール　44
Thase M.E.　74
Törneke N. トールネケ　42
Troutman A.C. トルートマン　60
Turkington D. ターキングトン　76, 166
Wachtel P. ワクテル　15
Walser R.D. ウォルサー　84
Walsh B.W. ウォルシュ　176
Westbrook D. ウェストブルック　26
Williams E. ウィリアムズ　138
Williams J.M.G. ウィリアムズ　44
Wolpe J. ウォルピ　34
Wood J.C. ウッド　80
Wright J.H.　74, 76
Young J.E. ヤング　174

【編者紹介】

下山晴彦（しもやま　はるひこ）
　イントロダクション担当。
　1983年，東京大学大学院教育学研究科博士課程中退。東京大学学生相談所助手，東京工業大学保健管理センター講師，東京大学大学院教育学研究科助教授を経て，現在，東京大学大学院臨床心理学コース教授。
　博士（教育学），臨床心理士。

林潤一郎（はやし　じゅんいちろう）
　各部の解説担当。
　2009年，東京大学大学院教育学研究科博士課程中退。東京大学学生相談ネットワーク本部・学生相談所助教を経て，現在，成蹊大学経済学部（心理学担当）専任講師兼同大学学生相談室専任カウンセラー。
　修士（教育学），臨床心理士。

【執筆者一覧】（50音順）

猪ノ口明美／梅垣佑介／遠藤麻貴子／大上真礼／小倉加奈子／鶯渕るわ／柿爪茉南／樫原　潤／河合輝久／川崎舞子／川崎　隆／坂口由佳／佐藤有里耶／末木　新／菅沼慎一郎／鈴木善和／鈴田純子／園部愛子／高岡佑壮／高柳亜里紗／髙柳めぐみ／高山由貴／堤　亜美／中野美奈／野津弓起子／能登　眸／野中舞子／羽澄　恵／平良千晃／平野真理／藤尾未由希／本田麻希子／松田なつみ／松丸未来／向江　亮／山下麻実／吉田沙蘭／李　健實
上記以外に，髙橋美保（東京大学大学院教育学研究科准教授）にも執筆をいただいた。

迷わず学ぶ
認知行動療法ブックガイド

ISBN978-4-7533-1054-8

編者
下山晴彦
林潤一郎

2012年11月27日　第1刷発行

印刷　新協印刷(株)　／　製本　中條製本工場(株)

発行所　(株)岩崎学術出版社　〒112-0005　東京都文京区水道1-9-2
発行者　村上　学
電話 03(5805)6623　FAX 03(3816)5123
©2012　岩崎学術出版社
乱丁・落丁本はおとりかえいたします　検印省略

行動療法 3
山上敏子著

苦痛が軽くなり，生活しやすくなるように という臨床の目的に向けて，その臨床ごとに自在に形を変え役立てていく行動療法の実際。A5判 200頁 本体 3,200円

強迫性障害治療のための
身につける行動療法
飯倉康郎・芝田寿美男
中尾智博・中川彰

「極端なことを強引にさせる，心を扱わない表層的な治療」等の行動療法をめぐる誤解を払拭し，その実用性と奥深さを強迫の臨床を通して伝える。A5判並製 344頁 本体 4,000円

統合的観点から見た認知療法の実践
理論，技法，治療関係
東斉彰著

初学者や他技法に基盤をおきつつ認知療法も学びたい臨床家向けの入門書。治療関係や認知療法にある他学派との統合的性格にも着目している。A5判並製 184頁 本体 2,400円

パーソナリティ障害の認知療法
ケースから学ぶ臨床の実際
井上和臣編著

日常臨床で出会う様々なパーソナリティ障害に認知療法を適用した野心的な試みから，治療に携わる人に新しい視点を提供する。A5判並製 240頁 本体 3,000円

精神科臨床における行動療法
強迫性障害とその関連領域
飯倉康郎著

精神科臨床のいたるところで応用できる行動療法の実用性と柔軟性を，実際のケースと豊富な図表で鮮やかに示す。A5判 232頁 本体 3,400円

改訂第2版 パーソナリティ障害の認知療法
全訳版
A・T・ベック，A・フリーマン他著
井上和臣・友竹正人監訳

治療が困難だとされるパーソナリティ障害患者を，効果的に治療するための認知療法の最新の治療技術を解説した待望の改訂版。A5判並製 504頁 本体 5,200円

双極性障害の認知行動療法
D・H・ラム，S・H・ジョーンズ他著
北川信樹，賀古勇輝監訳

薬物療法との相補的な治療法としてのCBTを，治療の全体像から具体的な技法や社会的問題への取り組みまで，豊富な事例を交えて解説する。A5判並製 224頁 本体 2,500円

この本体価格に消費税が加算されます。定価は変わることがあります。